3
tres

¡Avancemos!

Heritage Learners Assessment

McDougal Littell
A DIVISION OF HOUGHTON MIFFLIN COMPANY
Evanston, Illinois • Boston • Dallas

ISBN-13: 978-0-618-76636-9
ISBN-10: 0-618-76636-7 2 3 4 5 6 7 8 9 – CKI – 10 09 08 07 06
Internet: www.mcdougallittell.com

CONTENTS

UNIDAD 5

UNIDAD 6

UNIDAD 7

UNIDAD 8

To the Teacher

The *¡Avancemos!* Assessment Program includes a complete array of differentiation options for assessing students' knowledge of Spanish.

The four assessment options are:

1. **On-level:** These tests are for the average student. Their degree of complexity matches the activities in the pupil edition. These tests match the most commonly-held expectations that teachers have for their students.

2. **Modified:** These tests are for students with some learning difficulties. Activities in the modified tests are more guided and provide more support for students as they produce the target language. Students who take the modified tests are required to produce the same lesson or unit content as students who take on-level tests, but do so under more structured circumstances.

3. **Pre-AP*:** These tests are for high-achieving students. They require that students produce the target language with a minimum of support and guidance. These tests have more open-ended questions that offer students the opportunity to expand and elaborate upon their answers, and to use the target language at a more sophisticated level. In *¡Avancemos!* level 3, new question-types are introduced that follow the format of the Spanish AP language test, further preparing students for success at the Advanced Placement level.

4. **Heritage Learners:** These tests are designed for students who have prior experience hearing and speaking Spanish at home. Students are held responsible for producing the target lesson or unit language, and are also given the opportunity to take advantage of their prior knowledge of Spanish. These tests are entirely in Spanish.

All tests require students to correctly produce the target grammar and vocabulary taught in the program. The difference between levels lies in the scope and complexity of the assigned linguistic tasks and in the degree of support provided for completing each activity.

* Pre-AP is a registered trademark of the College Entrance Examination Board, which was not involved in the production of and does not endorse this product.

QUIZZES

Quizzes may be used as additional practice or as an assessment tool. Each quiz supports a specific section of the pupil edition and is designed to assess recognition and production of the target language at a fairly discrete level. Quizzes are not leveled.

There are five 1-page quizzes for each lesson:

Vocabulary Recognition Quiz: This multiple-choice quiz checks students' ability to recognize the lesson vocabulary. It may be assigned at any time, but is designed to support the *Presentación* and *Práctica de vocabulario* sections of the lesson.

Vocabulary Production Quiz: This quiz asks students to produce the lesson vocabulary. It may be assigned any time after the vocabulary is presented, but is designed to correspond to the *Vocabulario en contexto* section.

Grammar Quizzes: There are two quizzes per lesson, one for each grammar presentation. Quizzes also cover the short grammar points taught in the *Notas gramaticales.*

Culture Quiz: Each culture quiz targets the cultural information covered in the lesson. It includes topics covered in the *Comparación cultural* features, *Lecturas culturales*, and *Proyectos culturales.*

TESTS

The *¡Avancemos!* Assessment program offers lesson-level and unit-level tests. Each test begins with a list of goals linking the test to the corresponding pupil edition lesson, and ends with a checkbox of goals achieved.

Each test has six sections: Listening, Vocabulary and Grammar, Reading, Culture, Speaking, and Writing.

Escuchar This section assesses students' comprehension of the language taught in each lesson or unit in context. Teachers may administer the listening section simultaneously to a mixed classroom of students, since the Modified, On-level, and Pre-AP tests share the same listening passage. Each test varies the difficulty of the questions and the amount of support according to its level. The listening selections for Heritage Learners are unique, and offer a more rapid pace and richer language, suitable for this audience.

Vocabulario y Gramática This portion of the test assesses students' ability to produce the target vocabulary and grammar under fairly controlled circumstances.

Leer This section assesses students' ability to comprehend a short reading passage that incorporates the target lesson or unit material. The first activity focuses on straightforward comprehension. The second activity asks more open-ended or personalized questions related to the reading. Heritage Learners are encouraged to contribute their views based on their cultural background.

Cultura This portion of the test assesses factual knowledge and also tests students' comprehension of the cultural concepts taught in the lesson.

Hablar In levels 1 and 2, this section provides an open-ended speaking task that encourages students to use all the language they have learned in the lesson or unit, in a creative, communicative way. The On-level and Modified tests in level 3 follow the same format.

The Speaking sections of the Pre-AP and Heritage Learners tests in level 3 are specifically designed to prepare students for the Spanish Language Advanced Placement Test. The tests follow the format of two question-types that are new to the Spanish Language AP test. In the first type, students read a short passage and then listen to an audio selection on a related theme. Then students prepare an oral presentation that integrates information from these two sources. In the second type, students take part in a directed conversation, responding to informal audio prompts based on an outline of the conversation.

Escribir In levels 1 and 2, this section provides an open-ended writing task that encourages students to use all the language they have learned in the lesson or unit, in a creative, communicative way. The On-level and Modified tests in level 3 follow the same format. Writing tasks may be formal or informal in nature.

The Writing sections of the Pre-AP and Heritage Learners tests in level 3 are designed to help prepare students for the formal writing portion of the Spanish Language Advanced Placement Test. The *¡Avancemos!* tests offer a slightly modified version of the formal writing task on the Spanish Language AP test, as a building block toward successful completion of the full, AP-level task. On the *¡Avancemos!* tests, students read a passage and listen to an audio selection on a related theme. Then students prepare a formal writing passage that integrates information from these two sources. The Advanced Placement test requires students to read two passages, listen to an audio selection, then complete a formal writing task. The *¡Avancemos!* formal writing task gives students practice in completing a multi-step test section on a more manageable scale.

DIAGNOSIS AND REMEDIATION

Each test includes easy-to-use diagnostic check-boxes in every section of the student answer sheet. When students receive their answer sheets back, they have a built-in indicator of how well they've done, and where to look for further support if it's needed. (With page numbers!) In addition, teachers can assign the corresponding Reteaching and Practice Copymasters to remediate targeted weak areas.

DIFFERENTIATION WITHIN THE *¡AVANCEMOS!* ASSESSMENT PROGRAM

Each differentiated test within the *¡Avancemos!* Assessment Program assesses the target language presented in the student text. Students are expected to produce the same lesson or unit material, but at varying levels of complexity. Students who successfully complete any of the tests can progress to the next lesson with confidence that they have a solid foundation to built upon.

On-level Assessment Teachers will find that these tests and quizzes are appropriate for a majority of their students. Their degree of complexity matches that of the student text. These assessment instruments meet expectations that teachers have for their students who are performing at grade level.

Modified Assessment These tests are a modification of the On-level lesson and unit tests, and are designed for students on Individual Education Plans or for any student experiencing challenges learning Spanish or in a test-taking environment. These tests differ from the On-level Assessment in that the directions provided may be more thorough, activity-types are generally more structured, and more support is provided to correctly complete the exercises. Even with these modifications, students must produce the target lesson or unit language in order to be successful.

Pre-AP Assessment These tests are designed for faster-learning students and expect them to complete the assigned tasks with less-detailed support. The Pre-AP Assessment offers students the opportunity to understand and produce the target language at a more sophisticated level, to expand and elaborate upon their answers, and to perform more open-ended linguistic tasks. At level 3, the speaking and writing sections offer practice with the question types that appear on the Spanish Language Advanced Placement Test.

Heritage Learners Assessment The Heritage Learners Assessment, written entirely in Spanish, is for students who have prior experience hearing and speaking Spanish in their home or community. These tests incorporate high-frequency language and structures that native speakers are likely to know, even though they may not have been formally taught in the program. Also, activities may call for more complete or detailed answers, as well as production of more sophisticated and complex language than non-natives in the same class would be able to produce.

To encourage correct written usage, the writing task in the Heritage Learners Assessment includes a checklist to help students self-correct errors that are common among native speakers.

At level 3, the speaking and writing sections offer practice with the question types that appear on the Spanish Language Advanced Placement Test.

BACK-TO-SCHOOL DIAGNOSTIC

Back-to-School Diagnostic The Back-to-School Diagnostic, found in the On-level Assessment book, is a practical six-page test that will indicate the material that students may need to review before moving forward to learn new material. (There is no diagnostic for Level 1.)

Heritage Learner Diagnostic The Heritage Learner Diagnostic test helps teachers place heritage learners in the most appropriate classroom, whether beginning, intermediate, or advanced Spanish. In addition, it will help teachers determine which students in their class will benefit most from the activities in the *Cuaderno para hispanohablantes* and which students will benefit more from the mainstream workbook activities.

The Heritage Learner Diagnostic is largely reading- and writing-based. The Diagnostic focuses on assessing comprehension and production of the language, and increases in complexity as the students move through the Diagnostic. Part 1 tests students' knowledge of basic vocabulary and grammar, for placement in the appropriate level class (level 1, 2, or 3). Parts 2 and 3 include activities that test reading and writing skills. If you decide to assign the *Cuaderno para hispanohablantes*, students' performance on this section will indicate the appropriate level of difficulty within the *Cuaderno para hispanohablantes*. The leveled practice pages labeled A, B, or C are written at three levels of difficulty, from easiest (A) to most challenging (C).

Students are graded from 1–100, and the diagnostic is based on point ranges:

Scale	Diagnosis	Grade Level Assignment	Workbook Level Assignment
0–10	Level of Spanish is almost equivalent to a monolingual English Speaker	stays in assigned level	*Cuaderno: práctica por niveles* (mainstream workbook)
11–40	Has basic knowledge of Spanish, may learn to read and write more easily than a non-native speaker	stays in assigned level	*Cuaderno para hispanohablantes* level A
41–70	Is able to read and write, but with some difficulty	stays in assigned level	*Cuaderno para hispanohablantes* level B
71–90	Reads and writes Spanish; may make grammatical and other kinds of errors	stays in assigned level	*Cuaderno para hispanohablantes* level C
91–100	High level of mastery; able to handle a more advanced class	moves to next level or to a designated class for Heritage Learners	*Cuaderno para hispanohablantes* (next level)

Uniting Teaching, Learning, and Assessment: Tips for veteran and novice teachers

Assessment is a central component of the teaching-learning process. Assessment helps teachers, students, parents, and administrators measure the progress that is being made toward reaching course objectives and instructional goals. Planning for assessment involves a consideration of national, state, and local guidelines, as well as parental expectations. With the *¡Avancemos!* Differentiated Assessment Program, the teacher has ready-made assessment instruments for students with varying backgrounds, interests, abilities, and learning styles. As part of their assessment plan, teachers must decide which mix of assessment instruments will best suit their students', school's, and district's needs. Teachers must also decide how to assign an appropriate "weight" to the various components of the student's grade.

There are several different ways to handle assessment. Here are some basic tips which can help both veteran and novice teachers design a balanced assessment plan for their classes.

Include Formative and Summative Assessments

Include both formative and summative assessments as components of the student's grade. Formative assessments are the stepping stones that help students build their skills, while summative assessments provide a summation of what has been learned to that point.

In *¡Avancemos!*, the formative assessment is built right into the student text. The *Para y piensa* self-checks are a convenient tool that can be assigned by you, the teacher, or used independently by students. You can assign the corresponding Reteaching and Practice Copymaster as support, or send students to Classzone.com to download the appropriate copymaster.

Quizzes, another common type of formative assessment, can provide helpful feedback to both teacher and students. Giving quizzes cooperatively in pairs or small groups can be particularly effective and fun. The *¡Avancemos!* vocabulary and grammar quizzes lower students' anxiety level, help students think critically about word meaning and linguistic structures, and increase retention of the material. (Also, the teacher has fewer papers to grade!)

Both lesson and unit tests provide teachers with summative assessment tools. Teachers can use the Midterm and Final Exams as culmination tests.

Include Traditional and Alternative Assessments

Provide opportunities for different types of students to excel in their areas of strength by including both traditional assessments (pencil and paper) and alternative assessments such as portfolios, journals, video/class presentations, visual/audio projects, and interviews.

¡Avancemos! provides built-in support in this area. The *Para y piensa* self-checks give students what they need to assess their own understanding every step of the way. The Reteaching and Practice Copymasters tie directly to each self-check, so that students who are struggling have a resource to help them understand and work more on the content that is giving them trouble.

The testing program includes contextualized quizzes and tests designed to assess both discrete and global skills in listening, speaking, reading, writing, and culture at both the lesson and unit level, as well as midyear and final exams. The easy-to-use Test Generator CD-ROM and additional Multiple Choice Test Questions make customizing assessment convenient. Rubrics for grading projects, writing assignments, and oral activities are provided at point-of-use in the pupil and teacher's edition. As always, the classroom teacher may expand and adapt these rubrics for individual needs.

View Assessment as a Process

Remember that assessment is an ongoing process, and that *you*, the classroom teacher, are in charge. Use the *Para y piensa* self-checks to continually monitor the progress that your students are making, and don't be afraid to make adjustments to your assessment plans, as needed, to enhance the teaching-learning process. For example, assessing the progress of native speakers of Spanish in your classes may begin with the Back-to-School Diagnostic tests and continue with the special Heritage Learners Diagnostic test. Once you have established a level of performance for students, assessment may expand to include special research projects, reports, and presentations.

Develop a Sense of Community

Finally, look for ways to make assessment more enjoyable for both you and your students. If you are using the *¡Avancemos!* Vocabulary or Grammar Quizzes, you may find that they can provide a non-threatening culminating activity that synthesizes material for students at the end of the class period. As the sense of collaborative learning is reinforced, the classroom can truly become a community of learners. Develop projects that allow students to collaborate and extend the sense of community within the classroom. When assigning grades for these projects, reward students for creativity and effort, as well as for linguistic accuracy.

Assessing a second language involves the careful balance between formative and summative instruments, between traditional and alternative formats, and the appropriate assessment of all skills. The *¡Avancemos!* Assessment Program provides a wide range of differentiated support materials to allow teachers to choose the most effective tools to manage class time efficiently to reach their course objectives and instructional goals. Designing a balanced assessment plan helps to create a program that *encourages* students to build the skills they need to communicate and interact in the community of Spanish speakers.

Nombre ______________________ Clase __________ Fecha __________

BACK-TO-SCHOOL DIAGNOSTIC TEST

Examen de diagnóstico

Parte 1. Vocabulario y gramática

A. Selecciona la mejor palabra o frase para completar cada oración. Indica la letra de la respuesta correcta. (10 puntos)

1. Felipe, ¡ayúdame a limpiar la casa! _____
a. No puedo ahora, tengo que estudiar. **b.** ¡Claro que viene! **c.** ¡Qué lastima! **d.** ¡Estoy convencido!

2. Me encanta ver películas cómicas. _____.
a. Me hacen reír. **b.** Me dan miedo. **c.** Me hacen llorar. **d.** Me dan calor.

3. Es muy importante _____ todos los días para mantenerse en forma.
a. escribir **b.** navegar en Internet **c.** hacer ejercicio **d.** leer

4. Recuerda llevar _____ para tomar fotos de nuestro viaje a Cancún.
a. la cámara digital **b.** la maleta **c.** el bolso de mano **d.** el boleto

5. No hay nada mejor que _____ frutas y vegetales para estar saludable.
a. hacer **b.** comer **c.** hablar **d.** alcanzar

B. Selecciona la frase que mejor complete el diálogo. Encierra en un círculo la letra de la respuesta correcta. (10 puntos)

1. —¿Qué te pareció la película?
a. Por favor y gracias. ¿Y tú? **c.** Claro que sí.
b. No me gustó. **d.** No puedo ir.

2. —El vestido largo de color rojo.
a. ¿Cuándo es la fiesta? **c.** ¿Cómo es la fiesta?
b. ¿Qué tipo de fiesta es? **d.** ¿Qué ropa debo ponerme para la fiesta?

3. —Puerto Rico es una isla tropical que está en el Mar Caribe.
a. Sí, su ciudad capital se llama San Juan. **c.** Sí, a veces había barcos de piratas en el mar.
b. Sí, la capital de Costa Rica es San José. **d.** Sí, Oaxaca, en México, es un lugar fascinante.

4. —¿Por qué se tardaron tanto en llegar?
a. Tuvimos 90 en el examen de inglés. **c.** Tuvimos muchos amigos.
b. Tuvimos llegar que tarde. **d.** Tuvimos un accidente en la carretera.

5. —Está cayendo nieve. La temperatura está muy baja.
a. Tengo frío. **c.** ¡Ponte el traje de baño!
b. Hace calor. **d.** Vamos a la playa.

BACK-TO-SCHOOL DIAGNOSTIC TEST

C. Estela estuvo de visita en Puerto Rico y nos cuenta lo que hizo durante su visita a esta isla del Caribe. Escribe las palabras o frases del banco de palabras para completar la información. (20 puntos)

pájaros restaurantes voleibol playero cantantes tiendas museos turista se escucha anillos discotecas dar caminatas pinturas montar en bicicleta la tabla de vela centro comercial joyería conciertos animales paisaje naturaleza

1. En el Viejo San Juan, puedes visitar ____________ para ver exhibiciones de ____________ y esculturas.
2. En Hato Rey, se encuentra el Parque Central de San Juan, donde los amantes del ejercicio pueden correr, ____________ o ____________.
3. Si lo que te gusta es disfrutar de la vida nocturna, en San Juan hay ____________ y clubes donde ____________ música variada.
4. Con su clima tropical los 365 días del año, Puerto Rico tiene playas hermosas donde puedes nadar, montar ____________ o jugar ____________ en la arena.
5. ____________ como Ájili Mójili le ofrecen al ____________ que visita la Isla platos exquisitos con lo mejor de la comida puertorriqueña e internacional.
6. Si te gusta ir de compras, el ____________ Plaza Las Américas tiene ____________ de ropa y de zapatos, librerías, cines y todo lo que necesitas para pasar un día divertido.
7. Si necesitas hacerle un regalo a esa persona especial, la ____________ Perla del Caribe tiene aretes y ____________ muy bonitas y elegantes.
8. ¿Te gusta la música? Las ____________ de artistas puertorriqueños como Luis Fonsi, Marc Anthony y Olga Tañón se escucha en todas partes y, a veces, los artistas presentan ____________ para el público general.
9. Si lo tuyo es la ____________, ven al Paseo de Piñones, donde puedes observar el hermoso ____________ de la costa.
10. ¿Amante de los ____________? Visita el Zoológico de Mayagüez, donde podrás ver leones, jirafas, ____________ y otros animales.

Parte 2. Leer

Lee los siguientes textos y realiza las actividades indicadas para cada uno de ellos.

D. Lee los siguientes anuncios clasificados. Luego, indica si la información de las oraciones es cierta o falsa. Encierra en un círculo tu respuesta para cada pregunta. (20 puntos)

APRENDE la guitarra flamenca

Método cómodo y sencillo. Cada mes recibirá un CD de audio en el que se interpreta todo el material contenido en las lecciones. Llama a Claudia. Tel: 567-890-0140.

VENDO dos perros Chihuahuas, uno blanco y otro negro. Se entregan vacunados. Garantía y seriedad. Interesados llamar al 616-209-620 o visite nuestra página web:www.perros.com

SE ALQUILA piso en la ciudad. Tres habitaciones y un baño. Lavadora y secadora. Ideal para estudiantes universitarios. $1,500 mensuales. Tel: 516-555-9567.

VENDO auto deportivo año 2001. $13,000 o mejor oferta. 73 mil millas. Radio AM y FM. Aire acondicionado. Miguel. Tel: 212-555-7851.

REGALO libros de ciencias y matemáticas. Tel: 516-555-0167. Preguntar por Andrés.

SE VENDE piano electrónico, $500,00. Tel: 516-555-5372, Paula. Llamar de 1 a 3 de la tarde.

CLASES DE PIANO BASICO. Sábados, de 10 a 11 de la mañana. El Portal Musical. Tel: 212-555-1654.

SE CAMBIA computadora portátil por bicicleta. Tel: 217-555-6639. Preguntar por Gonzalo.

REGALAMOS gatito negro dc dos meses, muy simpático. Llamar y preguntar por Lupe o Rocío, 212-555-1431

SE OFRECE guitarra eléctrica Gibby prácticamente nueva, con accesorios, $125. Daniel, Teléfono 561-555-6345

1. Claudia vende un instrumento musical. C F
2. Los perros son de la misma raza. C F
3. El piso tiene tres habitaciones. C F
4. Miguel vende un auto nuevo. C F
5. Andrés ofrece clases de matemáticas y ciencias. C F
6. Hay que llamar a Paula en la tarde. C F
7. El Portal Musical vende instrumentos de música. C F
8. Gonzalo necesita un carro. C F
9. Lupe vende animales. C F
10. Daniel vende una guitarra con accesorios. C F

E. Lee el siguiente artículo sobre El Yunque. Luego elige la palabra o frase que mejor complete la información. Encierra en un círculo la letra de la respuesta correcta. (10 puntos)

¿Le gusta disfrutar de la naturaleza? ¿Caminar entre árboles, plantas y flores? ¿Escuchar el sonido de aves y coquíes? Si su respuesta es sí, le recomendamos que visite El Yunque, el único bosque pluvial tropical que forma parte del Sistema Nacional de Parques Forestales de Estados Unidos, y que se encuentra en Puerto Rico.

Conocido oficialmente como Bosque Nacional del Caribe, El Yunque está localizado entre los pueblos de Río Grande y Luquillo, a sólo 45 minutos de San Juan. Estamos hablando de una reserva natural de 28 mil acres de terreno, potegida para la investigación científica y la práctica del ecoturismo.

En este hermoso bosque, las personas de todas las edades pueden pasar un día magnífico. En El Portal, un moderno centro de visitantes, se presentan exhibiciones acerca de la historia, flora, fauna y biodiversidad de este ecosistema. También conocerás información sobre diversos puntos de interés turístico como, por ejemplo, las torres de observación Yokahú y Mt. Britton, las 13 millas de veredas recreativas, las cascadas La Coca y La Mina, las piscinas naturales Baño Grande y Baño de Oro y las áreas de pasadías y de acampar.

1. El Yunque es un bosque ____

a. seco
b. tropical
c. europeo
d. pequeño

2. El nombre oficial de El Yunque es ____

a. Bosque Nacional del Caribe
b. Bosque Tropical del Caribe
c. Bosque Seco de Guánica
d. Bosque Nacional de América

3. En el Yunque hay ____

a. mercado de artesanías y biblioteca
b. librerías y parque de diversiones
c. centros comerciales, playas y rascacielos
d. veredas recreativas, piscinas naturales y áreas de acampar

4. Las personas que visitan El Yunque pueden ver ____

a. La flora y fauna del bosque
b. ropa de última moda
c. obras de teatro
d. leones

5. El Yunque está localizado a ____ de San Juan

a. una hora de San Juan.
b. cinco minutos de San Juan
c. cuarenta y cinco minutos de San Juan
d. tres horas de San Juan

F. Lee el siguiente texto informativo. Luego, responde a las preguntas. Indica cuál es la letra de la respuesta correcta. (10 puntos)

Amistad electrónica

Un día estaba muy aburrida y decidí meterme en Internet para leer la información de las personas que participaban en el salón de charla. Fue así como leí lo siguiente:

Nombre: Roberto *Edad: 17 años* *Profesión: Estudiante de escuela superior*

Pasatiempos: Leer, escuchar música, jugar al béisbol *Nacionalidad: dominicano*

Personalidad: Soy un amigo sincero, alegre y siempre dispuesto a ayudarte

Me gustó mucho la descripción de Roberto. Me pareció que teníamos muchas cosas en común. Decidí enviarle el siguiente mensaje:
Hola. Me llamo Carola. Soy dominicana y tengo 17 años como tú, y estoy en mi último año de escuela secundaria. También me gusta escuchar música, pero no me gusta leer mucho. Me gustaría hablar contigo porque creo que podríamos ser buenos amigos en el futuro. Espero tu respuesta.

Un día más tarde. Roberto me contestó.
Hola Carola. ¿Dónde estudias? Yo estudio en la escuela superior Luis Domínguez, en la ciudad de Los Ángeles. ¿Y tú?

Cuando leí su mensaje me emocioné porque resulta que yo también estudiaba en esa escuela. Seguimos hablando en el salón de charlas por varios días hasta que nos dimos cuenta de que estábamos en el mismo salón de clase y teníamos a los mismos profesores.

Este año, Roberto y yo nos graduamos y ahora estamos en el primer año de la universidad. Él estudia literatura y yo estudio comunicaciones. Y seguimos siendo buenos amigos.

1. ¿Cómo se conocieron Roberto y Carola?
- **a.** hablando por teléfono
- **b.** hablando en un salón de charlas
- **c.** hablando en el parque
- **d.** hablando en la cafetería

2. ¿Qué le gusta hacer a Roberto?
- **a.** escuchar música y leer
- **b.** jugar baloncesto y cantar
- **c.** jugar damas y billar
- **d.** ver la televisión y dormir

3. ¿Cómo se sintió Carola cuando leyó el mensaje de Roberto?
- **a.** triste
- **b.** enojada
- **c.** feliz
- **d.** preocupada

4. ¿Cuál fue la coincidencia más grande entre Roberto y Carola?
- **a.** que vivían en el mismo país
- **b.** que estudiaban en la misma clase secundaria
- **c.** que los dos iban a estudiar en la universidad
- **d.** que eran hermanos

5. ¿Qué relación tienen Roberto y Carola hoy?
- **a.** ya no se hablan
- **b.** son profesores en Los Ángeles
- **c.** estudian la misma carrera universitaria
- **d.** su amistad sigue intacta

BACK-TO-SCHOOL DIAGNOSTIC TEST

Parte 3. Escribir

G. Escribe un párrafo de cinco oraciones sobre tu libro favorito. Indica de qué se trata y por qué te gusta. (5 puntos)

H. Escribe un breve ensayo sobre uno de los siguientes temas. (15 puntos)

Tema 1: Es muy divertido pasar el tiempo con los amigos. Describe a tus amigos y habla de las actividades que realizas cuando estás con ellos.

Tema 2: Habla de tus últimas vacaciones. Menciona los lugares que visitaste, las actividades que hiciste, el clima y las comidas.

Tema 3: Habla de tus planes futuros.

Examen Lección preliminar

¡AVANZA! **Objetivo:** Demuestra que has aprendido a:

- hablar de ti y de tus amigos
- decir qué sabes hacer
- hablar de gente y lugares que conoces
- describir tu rutina diaria
- hacer comparaciones

Escuchar

HL CD 3 Tracks 1, 2

A. Escucha el diálogo entre Andrea y Hernán. Luego contesta las siguientes preguntas en oraciones completas. (5 puntos)

1. ¿Por qué Andrea dice que el fin de semana tiene cuatro días?

2. ¿A dónde va a viajar Andrea?

3. ¿Quién no va a poder viajar con ella y por qué?

4. ¿Qué actividades va a hacer Andrea con su padre?

5. ¿Qué decidió Hernán al final de la conversación?

B. Escucha lo que nos cuenta Sergio sobre su rutina diaria para completar las siguientes oraciones. (5 puntos)

1. Sergio es __________ por las mañanas.

2. Se __________ a las 7:00, pero no se __________ de la cama hasta las 7:30.

3. Nunca sabe que ropa __________, y se tarda por lo menos veinte minutos en

________.

4. Cuando ya está listo, todavía tiene que preparar su __________.

5. Finalmente, tiene que esperar en la __________ de autobuses.

Vocabulario y gramática

C. Ángela esta mostrándole su barrio a un amigo que la visita. Completa las siguientes oraciones de manera lógica. (5 puntos)

1. En esta __________ preparan el mejor pan del mundo.

2. Aquí, en esta __________ puedes comprarle algunos libros a tus sobrinos.

3. Esta noche podemos venir a este __________ a ver una película.

4. Si necesitas alguna medicina, ahí está __________.

5. Esta __________ es muy antigua. Mi abuela venía aquí para que le arreglaran los zapatos.

D. Escribe cinco oraciones en tiempo presente. Utiliza la información siguiente. (5 puntos)

1. hablar/ mis amigos

2. tomar/ el autobús

3. visitar/ museos

4. hacer/ cola

5. competir/ equipo

E. Carolina está de vacaciones y le envía un correo electrónico a su prima. Completa su mensaje con los verbos apropiados en el presente. (10 puntos)

Querida Isabela:

¡Me encanta este lugar! La comida **1.** __________ sabrosa. Todas las mañanas, **2.** __________ un sándwich de queso y café con leche. Para la cena, yo **3.** __________ papas y pescado, pero lo más que me **4.** __________ es el pollo asado. Todos los mañanas, nosotros **5.** __________ caminatas para conocer la zona. En las __________, **6.** __________ fútbol o **7.** __________ al río a pescar. A veces, yo voy sola a **8.** __________ a caballo. En las noches, nos reunimos en un lago y nos **9.** __________ historias. Esta noche, yo **10.** __________ a casa. Nos vemos pronto.

Carolina

F. Completa las oraciones con la forma correcta de **saber** o **conocer.** (5 puntos)

1. ¿Tú __________ a mi hermana, Patricia?
2. Mi maestro dice que __________ veinte países del mundo.
3. Pedro y yo __________ tomar fotos muy bonitas.
4. Yo no __________ montar a caballo.
5. Yo __________ muy bien este museo.

G. Escribe cinco preguntas utilizando la forma correcta de **ser** o **estar.** (10 puntos)

1. frente a la farmacia
2. persona activa
3. comida picante
4. despierto a las 8:00
5. autobús rápido

H. Estas personas tienen rutinas diferentes. Completa las oraciones con el reflexivo de los verbos entre paréntesis. (10 puntos)

1. Conchita __________ todos los días a las 7am, pero yo __________ a las 8am.
2. Tú tienes que __________ un uniforme para la escuela, pero yo me __________ ropa casual.
3. Mi mamá __________ a las ocho de la noche, pero yo __________ a las once.
4. Mi hermana __________ el pelo con la toalla, pero tú __________ el pelo con la secadora.
5. Mi hermana y yo __________ la cara con jabón y mi hermano __________ el pelo con champú.

I. Haz comparaciones con la información de las oraciones y escríbelas en tu hoja de respuestas. (5 puntos)

1. Juan tiene veinte años y Cecilia tiene dieciséis.
2. Pedro mide seis pies y Ramiro también.
3. Hay veinte muchachas y diez muchachos.
4. Te gusta la clase de álgebra, pero te gusta más la de arte.
5. Silvia come una hamburguesa y Tina se come dos.

Leer

Lee el menú del restaurante «El Malecón».

Restaurante El Malecón
Abierto de 8am a 10pm, lunes a domingo

Especialidades de la Casa

Pollo asado	$6.50
Arroz blanco	$5.00
Arroz moro	$4.50
Ensalada de la casa	$3.50
Plátanos maduros	$3.00

Recomendaciones del chef para la cena

Pescado al ajillo con papas al horno	$14.00
Mofongo con carne de cerdo	$16.00
Bistec en salsa con tostones	$9.50

Postres

Flan de queso	$3.50
Pastel tres leches	$3.75
Pastel de fresa	$4.00

J. Contesta las siguientes preguntas. (10 puntos)

1. ¿Qué plato cuesta menos?
2. ¿Qué plato es un postre?
3. ¿Qué platos cuestan lo mismo?
4. ¿Qué plato es más caro?
5. ¿Para ti, cuál es el mejor plato? ¿Por qué?

Hablar

HL CD 3 Tracks 3, 4

K. Vas a dejar una entrada *(entry)* en el audio-diario personal que tienes en tu computadora. (15 puntos)

Fuente 1: Leer. Lee lo que la estudiante Diana Méndez escribió en su diario personal.

Hoy es un día especial. Esta tarde jugamos contra el equipo de Los Rojos en el estadio de la ciudad. Estoy un poco nervioso porque ese equipo es muy bueno, pero sé que vamos a ganar. Como siempre me levanto a las seis de la mañana, hoy llegué a la escuela temprano. Eso fue después de ducharme, cepillarme los dientes, vestirme y desayunar. Ahora estoy en la escuela durante la hora del almuerzo. ¡Esta tarde voy a llegar al estadio a las dos para jugar contra Los Rojos! Pero después tengo que regresar a casa para hacer la tarea antes de acostarme.

Fuente 2: Escuchar. Ahora, escucha la conversación entre dos jóvenes sobre su rutina diaria. Toma apuntes

Hablar. En tu audio-diario personal, vas a grabar *(record)* la entrada para un día normal o especial en tu vida. ¿Es hoy un día especial? ¿Por qué? También, habla de las actividades que haces o que vas a hacer durante ese día especial, sobre cuándo te levantas y te arreglas, qué haces o qué vas a hacer ese día durante la escuela y después, y lo que vas a hacer por la tarde y por la noche, antes de acostarte.

Nombre ______________________________ Clase __________ Fecha __________

Escribir

HL CD 3 Tracks 5, 6

L. Vas a escribir una breve composición en que comparas a dos personas del mundo del espectáculo. (15 puntos)

Fuente 1: Leer. Lee los datos biográficos del cubano Pepe Regio.

Pepe Regio

Profesión: cantante, compositor, bailarín, empresario

País: Cuba

Edad: 28 años

Tipo de música que le gusta: balada romántica, pop

Premios recibidos: dos premios «Lo nuestro»

Pasatiempos: jugar a los videojuegos, montar en bicicleta, tirarse en paracaídas, pescar

🎧 **Fuente 2: Escuchar.** Ahora, escucha la descripción de otro cantante hispanohablante. Toma apuntes.

Escribir. Escribe la composición. Debes comparar a estos dos artistas, usando expresiones como **más que, menos que, mayor que, tan...como, tanto...como** y **mejor** o **peor que.**

¡AVANZA! ____ de 100 puntos Nota __________

¡Éxito! Has alcanzado todos los objetivos de la lección.

Repaso: Antes de pasar a la siguiente lección, usa tu libro de texto para repasar cómo:

- ❏ hablar de ti y de tus amigos pp. 2–5
- ❏ decir que sabes hacer pp. 6–7, 14
- ❏ hablar de gente y lugares que conoces pp. 2–3, 12–13
- ❏ describir tu rutina diaria pp. 16–19
- ❏ hacer comparaciones pp. 20–23

Nombre ______________________ Clase __________ Fecha __________

PRELIMINARY LESSON Test

Escuchar

A.

1. ______________________
2. ______________________
3. ______________________
4. ______________________
5. ______________________

Puedes:
❑ hablar de ti y de tus amigos
____ de 5 puntos

B.

1. ______________________
2. ______________________
3. ______________________
4. ______________________
5. ______________________

Puedes:
❑ hablar de lugares que conoces
____ de 5 puntos

Vocabulario y gramática

C.

1. ______________________
2. ______________________
3. ______________________
4. ______________________
5. ______________________

Puedes:
❑ hablar de gente y lugares que conoces
____ de 5 puntos

D.

1. ______________________
2. ______________________
3. ______________________
4. ______________________
5. ______________________

Puedes:
❑ hablar de gente y lugares que conoces
____ de 5 puntos

Nombre ______________________ Clase __________ Fecha __________

E.

1. ______________________
2. ______________________
3. ______________________
4. ______________________
5. ______________________
6. ______________________
7. ______________________
8. ______________________
9. ______________________
10. ______________________

Puedes:

❑ hablar de gente y lugares que conoces

____ de 10 puntos

F.

1. ______________________
2. ______________________
3. ______________________
4. ______________________
5. ______________________

Puedes:

❑ decir qué sabes hacer

____ de 5 puntos

G.

1. ____
2. ____
3. ____
4. ____
5. ____

Puedes:

❑ hablar de ti y tus amigos

____ de 10 puntos

H.

1. ______________________
2. ______________________
3. ______________________
4. ______________________
5. ______________________

Puedes:

❑ hablar de tu rutina diaria

____ de 10 puntos

Nombre ______________________ Clase __________ Fecha __________

I.

1. ______________________
2. ______________________
3. ______________________
4. ______________________
5. ______________________

Puedes:
❑ hacer comparaciones
____ de 5 puntos

Leer

J.

1. ______________________
2. ______________________
3. ______________________
4. ______________________
5. ______________________

Puedes:
❑ hacer comparaciones
____ de 10 puntos

Hablar

K.

Puedes:
❑ hablar de ti
❑ decir qué sabes hacer
❑ hablar de tu rutina diaria ____ de 15 puntos

Criterio de habla	5 puntos	3 puntos	1 punto
Contenido	Tus oraciones tienen una secuencia lógica, y demuestras buen uso del vocabulario apropiado.	Algunas de tus oraciones tienen una secuencia lógica, y demuestras bastante buen uso del vocabulario apropiado.	Pocas de tus oraciones tienen una secuencia lógica, y demuestras uso limitado del vocabulario apropiado.
Comunicación	Toda la información que das se comprende perfectamente.	La mayor parte de la información que das se comprende perfectamente.	La mayor parte de la información que das es difícil de comprender.
Precisión	Usas las formas verbales y el vocabulario referente al tema con pocos errores gramaticales.	Usas las formas verbales y el vocabulario referente al tema con algunos errores gramaticales.	Usas algunas formas verbales y el vocabulario referente al tema con bastantes errores gramaticales.

Nombre ______________________ Clase ____________ Fecha ____________

PRELIMINARY LESSON
Test

Escribir

L.

____

____

____

____

____

____

____

____

____

____

____

____

____

____

____

____

____

Puedes:
- ❑ hacer comparaciones

____ de 15 puntos

Criterio de escritura	5 puntos	3 puntos	1 punto
Contenido	Tus oraciones tienen una secuencia lógica, usas vocabulario apropiado, y demuestras facilidad en expresar lo que había o habrá ocurrido, y la historia de un lugar.	Algunas de tus oraciones tienen una secuencia lógica, usas vocabulario apropiado, y demuestras suficiente facilidad en expresar lo que había o habrá ocurrido, y la historia de un lugar.	Pocas de tus oraciones tienen una secuencia lógica, usas vocabulario limitado para expresar lo que había o habrá ocurrido, y la historia de un lugar.
Comunicación	Toda las ideas que das se comprenden perfectamente.	La mayor parte de las ideas que das se comprenden perfectamente.	La mayor parte de las das que das son difíciles de comprender.
Precisión	Usas formas verbales y vocabulario referente al tema con pocos errores gramaticales.	Usas formas verbales y vocabulario referente al tema con algunos errores gramaticales.	Usas algunas formas verbales y vocabulario referente al tema con bastantes errores gramaticales.

Nombre ______________________________ Clase __________ Fecha __________

Examen Lección 1

¡AVANZA! **Objetivo:** Demuestra que puedes:

- describir un viaje de campamento
- hablar de lo que hiciste con amigo
- describir la naturaleza
- usar el pretérito de los verbos irregulares y con cambios en la raíz

Escuchar

HL CD 3 Tracks 7, 8

A. Paola está hablando con Ricardo sobre un viaje que hizo a la selva con su familia. Escucha su conversación y contesta las siguientes preguntas. Usa oraciones completas. (5 puntos)

1. ¿Dónde quería dormir el papá de Paola?
2. ¿Cómo viajó la familia a la selva?
3. ¿Qué equipo llevó la familia a la selva?
4. ¿Por qué la mamá durmió con las botas puestas?
5. ¿Por qué la mamá llenó las cantimploras?

B. Escucha el mensaje que te dejó Raúl y contesta las siguientes preguntas. (5 puntos)

1. ¿A qué lugar fue Raúl hace poco tiempo?
2. ¿Qué animales puedes ver en el parque?
3. Menciona las actividades que pueden hacer las personas en el parque.
4. ¿Por qué piensa Raúl que él puede ser guía?
5. ¿Qué era lo que Raúl no sabía?

Nombre ______________________ Clase __________ Fecha __________

Vocabulario y gramática

C. Estas personas están de vacaciones en México. Mira las fotos y escribe oraciones completas para decir lo que hacen. (10 puntos)

1. 

2. 

3. 

4. 

5. 

D. Escribe las palabras que te piden a continuación. Escoge tres de estas palabras y escribe tres oraciones con ellas. (6 puntos)

1. Escribe dos actividades que puedes practicar en el río.

2. Escribe dos cosas que puedes hacer en el bosque.

3. Escribe dos artículos que debes llevar a una excursión.

E. Lee el párrafo siguiente. Luego, completa las oraciones con los verbos apropiados. Usa el pretérito. (10 puntos)

Cuando fuimos de excursión, nosotros **1.** __________ en el bosque. Mi mamá **2.** __________ la comida y yo la **3.** __________ a encender la estufa. Mi hermana **4.** __________ la tienda de campaña con sus hijos y mi padre **5.** __________ toda la tarde. Mi amigo Esteban y yo **6.** __________ en el río. Luego, todos **7.** __________ juntos. Mi abuelo, como caminó mucho, **8.** __________ y **9.** __________ un rato. Nosotros **10.** __________ a casa muy contentos.

F. Escribe oraciones completas en pretérito con las palabras siguientes. (4 puntos)

1. andar/ tarde
2. conducir/ camioneta
3. pagar/ tarjeta
4. decir/ todos

G. Escribe un párrafo en el pretérito sobre una excursión que hiciste. Usa los verbos de la caja. (10 puntos)

decir	querer	correr	poder	ir
ser	ver	traer	hacer	poner

Leer

Lee el mensaje de Fredo. Luego, completa las actividades H e I.

Querido Juanjo:

Como sabes, estuvimos en Yucatán. Hicimos la Ruta Maya que tomó seis días y cinco noches. Utilizamos el transporte público y nos quedamos en un hotel de cuatro estrellas. Escalamos las pirámides, hicimos caminatas, vimos la naturaleza y practicamos deportes acuáticos. (Te mando una postal). En casi todas partes pudimos hacer excursiones a pie, montar la tienda de campaña y dormir al aire libre. Un guía bilingüe nos acompañó. Las comidas fueron excelentes. ¡México es inolvidable!

Nos vemos pronto.

Tu amigo,
Fredo

H. Lee las siguientes oraciones relacionadas con la postal de Fredo. Luego, haz un círculo alrededor de la **C**, si son ciertas, o alrededor de la **F**, si son falsas. (6 puntos)

1. La Ruta Maya está en el Distrito Federal.
2. Fredo y su familia condujeron por la costa.
3. Ellos no estuvieron en Yucatán.
4. A Fredo no le gustó la comida mexicana.
5. La familia vio la naturaleza y practicó deportes acuáticos.
6. Pudieron dormir en hoteles.

I. Contesta con oraciones completas. (4 puntos)

1. ¿Qué te parece a ti la comida mexicana? Explica por qué.
2. En tu opinión, ¿qué fue lo más interesante en el viaje de Fredo? Explica.

Nombre ______________________ Clase __________ Fecha __________

Cultura

J. Completa las oraciones siguientes. (4 puntos)

1. Las ruinas de Chichén-Itza y Uxmal conservan ____.

2. En un parque ecológico, se puede ____.

3. El Dr. Atl se inspiró en la naturaleza para ____.

4. En *El laberinto de la soledad,* Octavio Paz ____.

K. Contesta las siguientes preguntas sobre México. (6 puntos)

1. ¿Cómo está dividido geográficamente el territorio de México?

2. Escribe el nombre completo de la capital. Escribe el nombre de dos ciudades en la costa de México.

3. Con tus propias palabras, explica lo que quiere decir Baja California.

Hablar

HL CD 3 Tracks 9, 10

L. Un amigo te llama por teléfono. Te pregunta sobre tus vacaciones. Quiere saber adónde fuiste y con quién. Ustedes comentan las ventajas y desventajas de ir con la familia y discuten quién puede pagar los gastos. (15 puntos)

Lee el guión *(script)* de la conversación telefónica entre tu amigo y tú. Tienes un minuto para leerlo.

Amigo: [Te pregunta algo.]

Tú: [Le respondes.]

Amigo: [Te pregunta otra cosa y te dice algo más.]

Tú: [Le contestas.]

Amigo: [Te dice algo.]

Tú: [Le dices que tienes cómo pagar.]

Amigo: [Te contesta y hace planes.]

Tú: [Le contestas.]

Amigo: [Se despide y cuelga.]

Tú: [Te despides y cuelgas.]

Ahora, escucha la conversación. Fíjate en que sólo una de las personas habla. Luego, vuelve a leer el guión.

Escucha otra vez. Mientras escuchas, completa las pausas de la conversación.

Escribir

HL CD 3 Tracks 11, 12

M. El año pasado estuviste en México D.F. y visitaste algunas reservas biológicas en los alrededores. Ahora vas a escribir un artículo para una nueva guía de viajes. (15 puntos)

Lee la página de la guía de viajes que trajiste cuando visitaste Sierra Gorda.

Aventuras en Sierra Gorda

¡Uno de los lugares más bonitos de México!

Visitar la Sierra Gorda no es para todos. Para llegar allá, no hay caminos ni guías que hablen inglés.

En toda la sierra hay mariposas y pájaros que vienen de los países del norte. Además, la sierra tiene muchos animales.

¡Haga una excursión a este lugar!

El Grupo Ecológico Ambiental le ofrece los mejores itinerarios con guía particular. Puede encontrar su oficina en Jalpán de la Serra.

Ahora, escucha la cinta informativa que pediste al Grupo Ecológico y escribe las cosas más importantes.

Por fin, escribe el artículo para la nueva guía de viaje. Escribe sobre:

¿Qué animales, pájaros y flores hay en la Sierra Gorda? ¿Cómo pueden llegar los turistas a la Sierra? ¿Por qué la Sierra Gorda es importante?

Usa la página de respuestas para escribir tu artículo.

¡AVANZA! ____de 100 puntos Nota __________

¡Éxito! Has alcanzado todos los objetivos de la lección.

Repaso: Antes de pasar a la siguiente lección, usa tu libro de texto para repasar cómo:

- ❏ describir un viaje de campamento pp. 32–33
- ❏ hablar lo que hiciste con tus amigos pp. 32–33
- ❏ describir la naturaleza pp. 32–33
- ❏ usar el pretérito de los verbos irregulares y con cambios en la raíz pp. 37, 42

Nombre ______________________ Clase ____________ Fecha ____________

UNIT 1 LESSON 1
Test

Escuchar

A.

1. ______________________
2. ______________________
3. ______________________
4. ______________________
5. ______________________

Puedes:

❑ describir un viaje de campamento

____ puntos de 5

B.

1. ______________________
2. ______________________
3. ______________________
4. ______________________
5. ______________________

Puedes:

❑ describir un viaje de campamento

____ puntos de 5

Vocabulario y gramática

C.

1. ______________________
2. ______________________
3. ______________________
4. ______________________
5. ______________________

Puedes:

❑ hablar de actividades al air libre

____ puntos de 10

Nombre ______________________ Clase __________ Fecha __________

UNIT 1 LESSON 1
Test

D.

1. ______________ ______________
____
____

2. ______________ ______________
____
____

3. ______________ ______________
____
____

Puedes:
❑ hablar de actividades al aire libre
____ puntos de 6

E.

1. ______________ 6. ______________
2. ______________ 7. ______________
3. ______________ 8. ______________
4. ______________ 9. ______________
5. ______________ 10. ______________

Puedes:
❑ usar el pretérito
____ puntos de 10

F.

1. ______________________________
____

2. ______________________________
____

3. ______________________________
____

4. ______________________________
____

Puedes:
❑ usar el pretérito
____ puntos de 4

G.

____

____

____

____

____

____

____

____

____

____

Puedes:
❑ usar el pretérito
____ puntos de 10

Leer

H.

1. C F

2. C F

3. C F

4. C F

5. C F

6. C F

Puedes:
❑ describir un viaje de campamento
____ puntos de 6

I.

1. ____

____

2. ____

____

Puedes:
❑ describir un viaje de campamento
❑ hablar de actividades al air Libre
____ puntos de 4

Nombre ______________________ Clase __________ Fecha __________

Cultura

J.

1. ______________________________

2. ______________________________

3. ______________________________

4. ______________________________

Puedes:

❏ reconocer la naturaleza y la geografía de México

____ puntos de 4

K.

1. ______________________________

____

2. ______________________________

____

3. ______________________________

____

Puedes:

❏ reconocer la naturaleza y la geografía de México

____ puntos de 6

Hablar

L.

Puedes:

❏ hablar de tus vacaciones

____ puntos de 15

Criterio de habla	5 puntos	3 puntos	1 punto
Contenido	Tus ideas tienen una secuencia lógica y demuestras buen uso del vocabulario apropiado.	Algunas de tus ideas tienen una secuencia lógica y demuestras suficiente uso del vocabulario apropiado.	Muy pocas de tus ideas tienen una secuencia lógica y demuestras insuficiente uso del vocabulario apropiado.
Comunicación	Toda la información que das se comprende perfectamente.	La mayor parte de la información que das se comprende perfectamente.	La mayor parte de la información que das es difícil de comprender.
Precisión	Usas verbos y vocabulario referente al tema con pocos errores gramaticales.	Usas verbos y vocabulario referente al tema con algunos errores gramaticales.	Usas algunos verbos y vocabulario referente al tema con bastantes errores gramaticales.

Nombre ______________________ Clase ____________ Fecha ____________

Escribir

M.

Puedes:

❑ hablar de un viaje de campamento

____ puntos de 15

Criterio de escritura	5 puntos	3 puntos	1 punto
Contenido	Das suficiente información importante para informar a tu primo.	Das alguna información importante para informar a tu primo.	Das muy poca información importante para informar a tu primo.
Comunicación	Toda la información que das se comprende perfectamente.	La mayor parte de la información que das se comprende perfectamente.	La mayor parte de la información que das es difícil de comprender.
Precisión	Usas verbos y vocabulario referente al tema con pocos errores gramaticales.	Usas verbos y vocabulario referente al tema con algunos errores gramaticales.	Usas algunos verbos y vocabulario referente al tema con bastantes errores gramaticales.

Nombre ______________________ Clase __________ Fecha __________

Examen Lección 2

¡AVANZA! **Objetivo:** Demuestra que puedes:

- hablar de vacaciones familiares
- hablar de actividades y habilidades
- describir un lugar y su clima
- usar el imperfecto
- diferenciar el pretérito del imperfecto

UNIT 1 LESSON 2
Test

Escuchar

HL CD 3 Tracks 13, 14

A. Escucha la siguiente conversación entre Claudia y Tere y contesta las preguntas con oraciones completas. (5 puntos)

1. ¿A quién no le gusta la playa y por qué?
2. ¿Quiénes viajaron con Tere y Claudia?
3. ¿Para qué Claudia quiere los chalecos salvavidas?
4. ¿Qué piensa Claudia sobre recoger caracoles?
5. ¿Cuál fue la idea final que tuvo Tere?

B. Escucha la voz de Emilio y contesta las preguntas con oraciones completas. (5 puntos)

1. ¿Adónde iba de vacaciones Ernesto cada año?
2. ¿Qué le gustaba al padrino de Emilio?
3. ¿A qué hora llegaron a la playa?
4. ¿Qué le pasó al padrino al llegar a la playa?
5. ¿Quiénes jugaron en el agua todo el día?

Vocabulario y gramática

C. Escribe cuatro oraciones explicando lo que haces en la playa. (8 puntos)

D. Explica quiénes son las personas siguientes. (5 puntos)

1. Mi bisabuelo es __________.

2. La cuñada de mamá es __________.

3. Los nietos son __________.

4. Mi mamá es la suegra de __________.

5. Los biznietos de mi bisabuelo son mis __________.

E. En el álbum de fotos familiar aparecen los abuelos Ana y Samuel, los padres, el tío y hasta Ramón cuando era niño. Escribe oraciones completas en imperfecto, y di lo que hacían los parientes de Ramón en las fotos siguientes. (8 puntos)

1.

3.

2.

4.

F. Completa el párrafo en imperfecto. (10 puntos)

Cuando yo **1.** __________ pequeña, mi familia **2.** __________ los veranos en San Diego, cerca de la playa. Mi hermano y yo **3.** __________ caracoles y nos **4.** __________ hacer casas en la arena. Como nunca **5.** __________, jugábamos todo el día afuera. A veces, mi abuelita **6.** __________ a visitarnos y nos **7.** __________ dulces y juguetes. Al atardecer, todos **8.** __________ a dar un paseo por la orilla del mar y **9.** __________ la puesta de sol. Aquellas vacaciones **10.** __________ un encanto especial.

G. Completa las oraciones con el pretérito o el imperfecto de los verbos entre paréntesis. (5 puntos)

1. Hace cinco años, yo ____ (viajar) a México por primera vez.
2. Anoche, mis hermanos y yo ____ (dormir) al aire libre.
3. Todos los domingos, nuestros amigos ____ (hacer) una excursión.
4. El viaje a Acapulco ____ (ser) muy divertido.
5. De niño(a) siempre ____ (ir) a casa de mis abuelos. durante las vacaciones.

H. Escribe cinco oraciones para decir lo que tú hacías cuando ocurrió algo. Usa los verbos en imperfecto y en pretérito, en ese orden. Usa la palabra **cuando** para unir las oraciones. (10 puntos)

Leer

Lee el mensaje que tu tía Elena le escribió a tus padres sobre sus ideas para las vacaciones. Luego, escucha el mensaje del gerente (*manager*) del hotel y completa las actividades I y J.

Queridos Lucho y Sara:

¡Llegó el momento de las vacaciones! Como el año pasado fuimos a las montañas, este año pensamos ir a Acapulco. Mi madrina Tonia y sus sobrinos fueron la primavera pasada y dicen que el lugar es ideal y que los amaneceres y las puestas de sol en el Pacífico son bellísimos. Además, hay actividades para todos: voleibol playero, *surfing,* ir a pescar, viajes en velero… Carlitos puede practicarlos todos con Esteban.

Aunque hace calor, siempre tenemos el mar para refrescarnos; los abuelos pueden mirar el mar y refugiarse del sol debajo de las sombrilla. No necesitamos traer nada, pues podemos alquilar en el hotel todo el equipo necesario para los deportes acuáticos.

¡Contesten pronto! Tenemos que hacer las reservaciones; el hotel necesita saber cuántas habitaciones necesitamos.

Elena

I. Completa las oraciones con la opción más lógica. (4 puntos)

1. Elena tiene información sobre Acapulco porque se la dio ____
a. sus sobrinos **b.** su abuela **c.** su madrina

2. Los viajes en velero y a pescar son actividades para ____
a. las personas mayores **b.** los jóvenes **c.** los mayores y los jóvenes

3. Para las vacaciones ____
a. no encuentran hotel **b.** pueden alquilar el equipo **c.** necesitan tres habitaciones

4. Los abuelos pueden ____
a. dormir al aire libre **b.** tomar el desayuno **c.** mirar el mar

J. Contesta la pregunta con dos o tres oraciones. Da detalles. (6 puntos)

1. ¿Qué tienen que preparar tu familia y tú cuando van de vacaciones y necesitan un hotel?

2. Dinos dónde comiste cuando fuiste de vacaciones el año pasado: en el hotel, en restaurantes o en cualquier otro sitio. ¿Por qué?

Cultura

K. Contesta las preguntas siguientes con oraciones completas. (4 puntos)

1. Laura Esquivel es una famosa escritora mexicana. ¿Cuál es el título de su novela más famosa?
2. ¿Qué incluyen las ruinas de Tulum?
3. ¿Qué es un clavadista?
4. ¿Qué trabajos había que hacer en los ranchos de México a principios del siglo XX?

Hablar

HL CD 3 Tracks 15, 16

L. El gerente de un hotel te llama por teléfono. Quiere que le des algunos datos importantes sobre tu viaje.

Lee el guión (*script*) de la conversación entre el gerente y tú. Tienes un minuto para leerlo.

Gerente: [Te saludo, te pregunta algo.]

Tú: [Le respondes.]

Gerente: [Te pregunta sobre las personas que viajan contigo.]

Tú: [Le respondes.]

Gerente: [Te pregunta algo más.]

Tú: [Le respondes.]

Gerente: [Te dice algo sobre la comida.]

Tú: [Le respondes.]

Gerente: [Se despide.]

Ahora, escucha la conversación. Fíjate que sólo una de las personas habla. Luego, vuelve a leer el guión.

Escucha otra vez. Mientras escuchas, completa las pausas de la conversación. (15 puntos)

Escribir

HL CD 3 Tracks 17, 18

M. Lee el artículo del periódico *(newspaper)* de Acapulco. Luego, escucha el mensaje. Escribe la respuesta. (15 puntos)

Noticias locales

El sol no brilló *(shined)* ayer en Acapulco

¡Ayer los turistas en las playas de Acapulco tuvieron un mal día!

El huracán (*hurricane*) del sur trajo vientos fuertes hasta las playas de México, también trajo mucha agua. Los surfistas perdieron sus tablas de surf y los que navegaban tuvieron que pedir ayuda. Todos los que estaban en la playa corrieron a refugiarse en el hotel más próximo.

Escucha el mensaje y toma notas.

Ahora, escribe un correo electrónico a tu primo. Usa la hoja de respuestas para hacerlo.

¡AVANZA! _____ de 100 puntos Nota __________

¡Éxito! Has alcanzado todos los objetivos de la lección.

Repaso: Antes de pasar a la siguiente lección, usa tu libro de texto para repasar cómo:

- ❑ hablar de vacaciones familiares pp. 58–59
- ❑ hablar de actividades y habilidades pp. 58–59
- ❑ describir un lugar y su clima pp. 58–59
- ❑ usar el imperfecto p. 63
- ❑ diferenciar el pretérito del imperfecto p. 68

Nombre ______________________ Clase __________ Fecha __________

UNIT 1 LESSON 2
Test

Escuchar

A.

1. ______________________

2. ______________________

3. ______________________

4. ______________________

5. ______________________

Puedes:
❑ hablar de vacaciones familiares

____ de 5 puntos

B.

1. ______________________

2. ______________________

3. ______________________

4. ______________________

5. ______________________

Puedes:
❑ hablar de vacaciones familiares

____ de 5 puntos

Vocabulario y gramática

C.

1. ______________________

____

2. ______________________

____

3. ______________________

____

4. ______________________

____

Puedes:
❑ hablar de actividades en la playa

____ de 8 puntos

Nombre ______________________ Clase __________ Fecha __________

UNIT 1 LESSON 2
Test

D.

1. ______________________
____
2. ______________________
____
3. ______________________
4. ______________________
____
5. ______________________
____

Puedes:
❑ hablar de las relaciones familiares
____ de 5 puntos

E.

1. ______________________
2. ______________________
3. ______________________
4. ______________________

Puedes:
❑ hablar de vacaciones familiares
❑ usar el imperfecto
____ de 8 puntos

F.

1. ______________
2. ______________
3. ______________
4. ______________
5. ______________
6. ______________
7. ______________
8. ______________
9. ______________
10. ______________

Puedes:
❑ usar el imperfecto
____ de 10 puntos

G.

1. ______________________
2. ______________________
3. ______________________
4. ______________________
5. ______________________

Puedes:
❏ usar el imperfecto o el pretérito
____ de 5 puntos

H.

1. ______________________________________
2. ______________________________________
3. ______________________________________
4. ______________________________________
5. ______________________________________

Puedes:
❏ usar el imperfecto o el pretérito
____ de 10 puntos

Leer

I.

1. a b c
2. a b c
3. a b c
4. a b c

Puedes:
❏ hablar de vacaciones familiares
❏ usar el pretérito
____ de 4 puntos

Nombre ______________________________ Clase __________ Fecha __________

J.

1. ______________________________

____

2. ______________________________

____

Puedes:

❑ hablar de vacaciones familiares

____ de 6 puntos

Cultura

K.

1. ______________________________

2. ______________________________

3. ______________________________

4. ______________________________

Puedes:

❑ hacer una conexión cultural México

____ de 4 puntos

Hablar

L.

Puedes:

❑ hablar de un deporte al aire libre

____ puntos de 15

Criterio de habla	5 puntos	3 puntos	1 punto
Contenido	Tus ideas tienen una secuencia lógica y demuestras buen uso del vocabulario apropiado.	Algunas de tus ideas tienen una secuencia lógica y demuestras suficiente uso del vocabulario apropiado.	Muy pocas de tus ideas tienen una secuencia lógica y demuestras insuficiente uso del vocabulario apropiado.
Comunicación	Toda la información que das se comprende perfectamente.	La mayor parte de la información que das se comprende perfectamente.	La mayor parte de la información que das es difícil de comprender.
Precisión	Usas verbos y vocabulario referente al tema con pocos errores gramaticales.	Usas verbos y vocabulario referente al tema con algunos errores gramaticales.	Usas algunos verbos y vocabulario referente al tema con bastantes errores gramaticales.

Escribir

M.

Puedes:

- ❑ hablar de actividades al aire libre

____ de 15 puntos

Criterio de escritura	5 puntos	3 puntos	1 punto
Contenido	Das suficiente información importante para informar a tu primo.	Das alguna información importante para informar a tu primo.	Das muy poca información importante para informar a tu primo.
Comunicación	Toda la información que das se comprende perfectamente.	La mayor parte de la información que das se comprende perfectamente.	La mayor parte de la información que das es difícil de comprender.
Precisión	Usas verbos y vocabulario referente al tema con pocos errores gramaticales.	Usas verbos y vocabulario referente al tema con algunos errores gramaticales.	Usas algunos verbos y vocabulario referente al tema con bastantes errores gramaticales.

Nombre ______________________________ Clase __________ Fecha __________

Examen Unidad 1

¡AVANZA! **Objetivo:** Demuestra que puedes:

- describir un viaje de campamento
- hablar de lo que hiciste con amigos
- hablar de vacaciones familiares
- hablar de actividades y habilidades
- describir la naturaleza, un lugar y su clima
- usar el pretérito de los verbos
- usar el imperfecto de los verbos
- diferenciar el pretérito del imperfecto

Escuchar

HL CD 3 Tracks 19, 20

A. Escucha a Olga y contesta las siguientes preguntas con oraciones completas. (5 puntos)

1. ¿Quién es la señora Padilla?
2. ¿Qué fue lo primero que hizo la clase cuando llegaron al bosque?
3. ¿Qué son las orquídeas?
4. ¿Quién es Manuel y por qué gritó?
5. ¿Qué fotos tomaron los estudiantes?

B. Escucha y contesta las siguientes preguntas con oraciones completas. (5 puntos)

1. ¿Quién está hablando?
2. ¿A dónde viajan los chicos?
3. ¿Para qué los chicos necesitan sacos de dormir?
4. ¿Qué necesitan los chicos para hacer una fogata?
5. ¿Dónde van a cocinar los chicos?

Vocabulario y gramática

C. Contesta las preguntas con oraciones completas. (10 puntos)

1. ¿Qué podemos hacer en el bosque?

2. ¿Cómo podemos llegar al albergue?

3. ¿Qué necesitamos para cocinar al aire libre?

4. ¿Dónde podemos ver el amanecer?

5. ¿Qué hacemos si queremos refugiarnos del calor?

D. Completa las oraciones de manera lógica. (5 puntos)

1. Para hacer surf nos ponemos __________

2. Si tenemos un kayak podemos __________

3. Martín no hace un crucero porque __________

4. Belinda hace una excursión por __________

5. El guía y Javier montan __________

E. El año pasado, tu familia fue de vacaciones. Escribe cinco oraciones completas para decir lo que hizo cada uno de los miembros de tu familia. Menciona el parentesco entre todos. (5 puntos)

Nombre ______________________ Clase __________ Fecha __________

F. Escribe oraciones completas usando en la misma oración la forma correcta del pretérito y del imperfecto del verbo entre paréntesis. Usa tambien las palabras dadas. (10 puntos)

1. verano / la playa / al bosque / ir
2. mis abuelos / casa de mi tía / un hotel / estar
3. pescado / carne / servir
4. la camioneta / muy mal / conducir / mi primo
5. hacer color / verano

G. Tu nuevo(a) compañero(a) de clase es mexicano(a). Escribe las preguntas que le haces sobre su vida así como sus repuestas. Usa las palabras entre paréntesis y el imperfecto del verbo. (10 puntos)

1. (vivir)
2. (actividades acuáticas)
3. (tener)
4. (el amanecer)
5. (ir a la escuela)

Nombre ______________________________ Clase __________ Fecha __________

UNIT 1 Unit Test

Leer

Lee el párrafo siguiente. Luego, completa las actividades H e I.

Aquí tengo una foto de mi familia. Estamos todos en un picnic. El señor mayor es mi abuelo Octavio Suárez. La señora que está a su lado es su esposa. Estos señores tienen cinco nietos. Yo me parezco a Javi, porque es mi hermano. Los sobrinos de mis papás son Rafa, Tonia y Berto; se apellidan Rodríguez. La prima de Rafa, Tonia y Berto, se llama Tati. Los nietos son hijos de Carmen y Rafael, y de Lulú y Pedro. Pedro es el yerno de mi abuelo y Carmen es la cuñada de Lulú. La suegra de mi mamá se llama Sofía.

Ahora ya nos conoces.

H. Completa los oraciones con la opción correcta. (6 puntos)

1. En la familia hay __________
a. nueve personas **b.** diez personas **c.** once personas

2. La persona que habla se llama __________
a. Rafael **b.** Carmen **c.** Tati

3. Sofía es la __________ de Javi
a. abuela **b.** cuñada **c.** tía

4. Rafa, Tonia y Berto son __________ de Carmen y Rafael
a. nietos **b.** primos **c.** sobrinos

5. El matrimonio Rodriguez es __________
a. Octavio y Sofía **b.** Carmen y Rafael **c.** Lulú y Pedro

6. Los hijos de Octavio son __________
a. Rafael y Lulú **b.** Carmen y Pedro **c.** Rafa y Tonia

I. Contesta las preguntas en forma de párrafo. (4 puntos)

Y tu familia, ¿cómo es? ¿Hay muchas personas? ¿Quiénes son y cómo se llaman?

Nombre ________________________ Clase __________ Fecha __________

UNIT 1
Unit Test

Cultura

J. Contesta las siguientes preguntas con oraciones completas. (10 puntos)

1. ¿Cómo es la naturaleza de México? Descríbela.
2. ¿Qué hay cerca de Monterrey, en el Norte de México? ¿Qué se puede hacer allí?
3. ¿Qué libro famoso escribió Octavio Paz? ¿De qué se trata?
4. ¿Qué hacen los clavadistas de La Quebrada?
5. ¿En qué se inspiro Dr. Atl para pintar sus cuadros?

Hablar

HL CD 3 Tracks 21, 22

K. Lee el guión de la conversación con un trabajador del Hotel Mirasol. Tienes un minuto para leerlo. Ahora escucha la conversación. Fíjate en que sólo una persona habla. Luego, vuelve a leer el guión y escucha otra vez. Mientras escuchas, completa las pausas de la conversación. (15 puntos)

[Suena el teléfono]

Tú: [Respondes el teléfono]

Trabajador: [Saluda y pide hablar con alguien]

Tú: [Respondes y preguntas qué pasa]

Trabajador: [Responde y pregunta algo]

Tú: [Respondes]

Trabajador: [Pregunta otra cosa]

Tú: [Respondes]

Trabajador: [Te da información y pregunta una cosa]

Tú: [Le respondes]

Trabajador: [Te da información]

Tú: [Le preguntas sobre los desayunos]

Trabajador: [Vuelve a preguntar]

Tú: [Le vuelves a preguntar]

Trabajador: [Te responde]

Tú: [Le preguntas por los menores de 12 años]

Trabajador: [Te responde y te pregunta algo]

Tú: [Respondes]

Trabajador: [Pregunta dos cosas]

Tú: [Respondes]

Trabajador: [Dice que todo está bien]

Tú: [Respondes]

Trabajador: [Te informa y hace una última pregunta]

Tú: [Contestas]

Trabajador: [Da las gracias]

Tú: [Te despides y cuelgas]

Nombre ______________________ Clase __________ Fecha __________

Escribir

HL CD 3 Tracks 23, 24

L. El verano pasado fuiste de vacaciones a una reserva ecológica y tu primo fue a la playa con la familia. Escribe un correo electrónico a tu primo para contarle lo que hiciste. Hazle preguntas sobre lo que hizo él.
Lee el folleto de la reserva y escucha las direcciones que te dieron para llegar allá. Toma notas mientras escuchas. Luego, escribe tu e-mail. (15 puntos)

Reserva ecológica Mariposa

La reserva ofrece **clases para estudiantes sobre–pájaros y mariposas**

Junio: del 15 al 22

Julio, dos sesiones: del 3 al 10, y del 17 al 24

Agosto: del 1 al 7 Después del 7 de agosto, no hay clases semanales. Ustedes pueden hacer visitas diarias. Les informamos que el calor en agosto es agobiante.

Además de observar las aves y las mariposas, los visitantes pueden:

- hacer excursiones
- hacer fogatas
- dormir al aire libre en tiendas de campaña
- remar en los rápidos
- pescar

Los estudiantes tienen rebajas.

¡AVANZA! ____ de 100 puntos Nota __________

¡Éxito! Has alcanzado todos los objetivos de la unidad.

Repaso: Antes de pasar a la siguiente unidad, usa tu libro de texto para repasar cómo:

- ❏ describir un viaje de campamento pp. 32–33
- ❏ hablar de lo que hiciste con amigos pp. 32–33
- ❏ hablar de vacaciones familiares pp. 58–59
- ❏ hablar de actividades y habilidades pp. 58–59
- ❏ describir la naturaleza, un lugar y su clima pp. 32–33, 58–59
- ❏ usar el pretérito pp. 37–38, 42–43
- ❏ usar el imperfecto p. 63
- ❏ diferenciar el pretérito del imperfecto p. 68

Nombre ______________________ Clase __________ Fecha __________

UNIT 1
Unit Test

Escuchar

A.

> **Puedes:**
> ❑ describir un viaje de campamento
> ❑ usar el pretérito
> ____ de 5 puntos

1. ______________________
2. ______________________
3. ______________________
4. ______________________
5. ______________________

B.

> **Puedes:**
> ❑ describir un viaje de campamento
> ____ de 5 puntos

1. ______________________
2. ______________________
3. ______________________
4. ______________________
5. ______________________

Vocabulario y gramática

C.

> **Puedes:**
> ❑ describir un viaje de campamento
> ____ de 10 puntos

1. ______________________
____
2. ______________________
____
3. ______________________
____
4. ______________________
____
5. ______________________
____

Nombre _______________ Clase _______ Fecha _______

D.

1. _______________
2. _______________
3. _______________
4. _______________
5. _______________

Puedes:
❏ describir actividades al aire libre
____ de 5 puntos

UNIT 1
Unit Test

E.

1. _______________
2. _______________
3. _______________
4. _______________
5. _______________

Puedes:
❏ hablar de lo que hiciste
____ de 5 puntos

F.

1. _______________
____
2. _______________
____
3. _______________
____
4. _______________
____
5. _______________
____

Puedes:
❏ hablar de lo que hiciste con familia y amigos
____ de 10 puntos

Nombre ______________________ Clase __________ Fecha __________

UNIT 1
Unit Test

G.

1. ______________________________

____

2. ______________________________

____

3. ______________________________

____

4. ______________________________

____

5. ______________________________

____

Puedes:
❑ hablar de actividades
____ de 10 puntos

Leer

H.

1. a b c
2. a b c
3. a b c
4. a b c
5. a b c
6. a b c

Puedes:
❑ hablar de la familia
____ de 6 puntos

I.

____

____

____

____

____

____

____

Puedes:
❑ hablar de la familia
____ de 4 puntos

Nombre _______________ Clase _______ Fecha _______

Cultura

J.

1. ______________________________

____

2. ______________________________

____

3. ______________________________

____

4. ______________________________

____

5. ______________________________

____

Puedes:

❑ expresar datos culturales sobre México

____ de 10 puntos

UNIT 1
Unit Test

Hablar

K.

Puedes:

❑ dar información

❑ hablar de vacaciones familiares ____ de 15 puntos

Criterio de habla	5 puntos	3 puntos	1 punto
Contenido	Tus oraciones tienen una secuencia lógica, y demuestras buen uso del vocabulario apropiado.	Algunas de tus oraciones tienen una secuencia lógica, y demuestras bastante buen uso del vocabulario apropiado.	Pocas de tus oraciones tienen una secuencia lógica, y demuestras uso limitado del vocabulario apropiado.
Comunicación	Toda la información que das se comprende perfectamente.	La mayor parte de la información que das se comprende perfectamente.	La mayor parte de la información que das es difícil de comprender.
Precisión	Usas las formas verbales de duda y el vocabulario referente al tema con pocos errores gramaticales.	Usas las formas verbales de duda y el vocabulario referente al tema con algunos errores gramaticales.	Usas algunas formas verbales de duda y el vocabulario referente al tema con bastantes errores gramaticales.

Nombre ______________________ Clase __________ Fecha __________

UNIT 1
Unit Test

Escribir

L.

Puedes:

- ❑ hablar de la naturaleza
- ❑ describir un lugar y su clima

____ de 15 puntos

Criterio de escritura	5 puntos	3 puntos	1 punto
Contenido	Tus oraciones tienen una secuencia lógica, usas vocabulario apropiado, y demuestras facilidad describir un lugar y su clima.	Algunas de tus oraciones tienen una secuencia lógica, usas vocabulario apropiado, y demuestras suficiente facilidad describir un lugar y su clima.	Pocas de tus oraciones tienen una secuencia lógica, usas vocabulario limitado para describir un lugar y su clima.
Comunicación	Toda las ideas que das se comprenden perfectamente.	La mayor parte de las ideas que das se comprenden perfectamente.	La mayor parte de las ideas que das son difíciles de comprender.
Precisión	Usas formas verbales de duda y emoción, y vocabulario referente al tema con pocos errores gramaticales.	Usas formas verbales de duda y emoción, y vocabulario referente al tema con algunos errores gramaticales.	Usas algunas formas verbales verbales de duda y emoción, y vocabulario referente al tema con bastantes errores gramaticales.

Nombre ______________________ Clase __________ Fecha __________

Examen Lección 1

¡AVANZA! **Objetivo:** Demuestra que puedes:

- describir actividades voluntarias
- organizar un proyecto
- persuadir e influenciar a otros
- usar mandatos
- hacer una pregunta amable

Escuchar

HL CD 3 Tracks 25, 26

A. Carmen fue a un café Internet para solicitar la ayuda del dueño, José Ángel. Escucha su conversación y contesta las siguientes preguntas con oraciones completas. (5 puntos)

1. ¿Qué organiza Carmen?

2. ¿Qué tipo de ayuda le pide Carmen a José Ángel?

3. ¿Cómo ayudó Vicente?

4. ¿Cuál es la prioridad de Carmen para el proyecto?

5. ¿Qué cotras cosas van a necesitar para el proyecto?

B. Escucha el siguiente anuncio y contesta las preguntas con oraciones completas. (5 puntos)

1. ¿Para qué sirven las bolsas de plástico azules?

2. ¿Adónde tiene que ir la gente?

3. ¿A quién(es) se le(s) ocurrió la idea para este proyecto?

4. ¿Qué productos van a reciclar?

5. ¿Cómo ayudará este proyecto a la comunidad?

Nombre ______________________ Clase __________ Fecha __________

Vocabulario y gramática

C. Utiliza el banco de palabras para crear oraciones lógicas. Conjuga los verbos cuando sea necesario. (6 puntos)

completar el anuncio	no recibir salario	delegar obligaciones
servir en el comedor	la prensa	los letreros
visitar hospitales	no tomar parte en el proyecto	

1. Necesito que solicites la cooperación de ______________________
2. Los voluntarios, por definición, ______________________
3. Antes de empezar la campaña tienen que ______________________
4. Una obra social es ______________________.
5. Todos podemos ______________________ para ayudar a los pobres.
6. Los coordinadores del programa tienen que ______________________.

D. Escoge la opción más lógica para crear una oración completa. (4 puntos)

1. El año pasado, mi hermana ____ que trajo de los bosques en el parque de la ciudad.
   a. sirvió comidas
   b. plantó árboles
   c. diseñó anuncios
2. También yo ____ en mi comunidad.
   a. depositó los cheques
   b. asistió a la reunión
   c. recicló latas y plástico
3. Para promover el proyecto, mis compañeros ____.
   a. llamaron a la agencia de publicidad
   b. recogieron basura
   c. presentaron el presupuesto
4. Como éramos voluntarios ____.
   a. entrevistamos a la coordinadora
   b. no recibimos paga
   c. fuimos dos veces al hospital

E. Escribe cinco preguntas amables solicitando ayuda. Pregúntales a las personas indicadas. (10 puntos)

1. Ustedes/colaborar en el proyecto
2. Sr. Mendoza/ donar latas de comida
3. Niños/ limpiar el parque
4. Y tú/ recoger botellas
5. Profesor/ diseñar el cartel

Nombre ______________________ Clase ____________ Fecha ____________

F. Paco quiere ayudarte en tu proyecto de acción social. Utiliza los siguientes verbos como mandatos en la forma de **tú** para delegar responsabilidades. Escribe oraciones completas, lógicas y con sentido. (10 puntos)

1. pensar
2. corregir
3. llamar
4. hacer
5. poner

G. Escribe un anuncio corto, dando consejos, para cada una de las situaciones siguientes. (4 puntos)

1.

2.

3.

4.

H. Utiliza mandatos negativos para pedirles a las siguientes personas que hagan lo contrario. Vuelve a escribir oraciones completas. (6 puntos)

1. Tú y yo los ayudamos a ustedes con el proyecto esta semana.
2. Ustedes hacen donaciones hoy.
3. Dices que apoyas la campaña todo el año.

Leer

Querido Marcos:

Ayer leí un artículo en mi revista favorita que me sorprendió. El artículo decía que cada día hay más pobreza en nuestro barrio. También decía que muchos niños y ancianos no tienen hogar. ¿Sabías eso? Yo quiero apoyar a toda la gente que necesita nuestra ayuda. ¿Qué podemos hacer?

Estuve pensando que quizás podemos organizar un evento especial para recaudar fondos. Quiero contar contigo para que me ayudes a planificarlo todo. ¿Qué te parece si apoyamos el comedor de beneficencia de nuestro barrio? Ponemos anuncios en la prensa y solicitamos la cooperación de voluntarios. Así podemos recaudar dinero y latas de comida para el comedor. Tú tienes un amigo que trabaja en la emisora de radio, ¿no? Pues él puede ayudarnos también para hacerle publicidad al evento.

Escríbeme o llámame por teléfono y dime qué piensas sobre estas ideas.

¡Hasta pronto!

Milagros

I. Lee el mensaje de Milagros y contesta las preguntas. Usa oraciones completas. (4 puntos)

1. ¿Cómo sabe Milagros que hay tanta pobreza?
2. ¿Qué tipo de personas no tienen hogar?
3. ¿Qué proyecto de acción social necesita la ayuda de Milagros?
4. ¿Que sugiere Milagros para hacerle publicidad al evento?

J. Escribe oraciones completas para contestar las preguntas según el mensaje de Milagros. (6 puntos)

1. ¿Piensas que Milagros puede organizar el evento sin la ayuda de sus amigos? ¿Por qué?
2. ¿Qué formas de publicidad podría usar Milagros para promover la campaña? Explica.

Nombre ______________________ Clase __________ Fecha __________

Cultura

K. Contesta las siguientes preguntas sobre la cultura en español en Estados Unidos. Usa oraciones completas. (5 puntos)

1. ¿Cuál es el nombre de un museo latino famoso de Nueva York?
2. ¿Quiénes fundaron ese museo?
3. ¿Qué comunidades representa el museo?
4. ¿De qué países hispanohablantes hay obras en el museo?
5. ¿Por qué es importante el museo?

L. Contesta las siguientes preguntas con oraciones completas. (5 puntos)

1. ¿A quiénes representa el arte democrático?
2. ¿En qué siglo se comienza a ver este tipo de arte?
3. ¿En qué país nacío Pablo O'Higgins?
4. ¿Con qué propósito Pablo O'Higgins fue a México?
5. ¿Con qué pintor famoso trabajó O'Higgins por cuatro años?

Hablar

HL CD 3 Tracks 27, 28

M. Jaime llamó a su amigo Sergio para hablarle de la teletón "Todos a una". Le dejó un mensaje. Además, le mandó un anuncio por correo electrónico.

Leer: Lee el anuncio que Jaime le envió a Sergio. (15 puntos)

¡Todos a una!

Lee:

Todos a una prepara su teletón anual.

Demuestra tus habilidades en esta obra benéfica.

Te necesitamos para:

actuar en el escenario

trabajar tras bastidores

diseñar las decoraciones

hacer llamadas

solicitar ayuda

Esta teletón es para ti y para ellos. ¡Todos a una!

* Audiciones: jueves 25 a las 4:30 p.m. en el Teatro Popular.

Para más detalles, llamen al 888 – 363 4792 o búsquenos en la WEB

Escuchar: Escucha el mensaje que Jaime le dejó a Sergio. Toma apuntes.

Hablar: Ahora, llama a Sergio y dile lo que tiene que hacer.

Escribir

HL CD 3 Tracks 29, 30

N. Vas a contestar una carta que leíste hace poco en el periódico *La voz del día*. (15 puntos)

Leer: *La voz del día* publicó la siguiente carta de Elena Fuentes, una de las lectoras del periódico. Léela.

Señor editor del diario *La voz del día*:

Le escribo para darle mi opinión sobre el estado de los parques y jardines en esta ciudad. Yo creía que vivía en un lugar lindo, pero, el domingo pasado salí a dar un paseo y me encontré con que nuestro parque es en realidad un basurero. Hay latas, botellas vacías y papeles por todas partes… Ya sabemos que la gente puede ser descuidada, pero el alcalde no parece hacer nada, pues no hay ni un lugar donde tirar la basura. ¿Qué puede hacer la gente que va de picnic? ¿Traerse las envolturas y los desperdicios a casa? Me parece a mí que es responsabilidad de las autoridades mantener limpios los lugares públicos para que los ciudadanos los disfruten.

Con todo respeto,

Elena Fuentes

Escuchar: Ahora escucha algunas de las declaraciones que hizo el candidato a alcalde en el programa Queridos ciudadanos. Toma notas mientras escuchas.

Escribir: Escríbele una carta a Elena Fuentes. Dile sobre las declaraciones del candidato José Cisneros y sobre las intenciones del candidato para solucionar el problema de los parques y jardines de la ciudad. Usa expresiones impersonales para decirle a Elena Fuentes que es importante votar por el candidato Cisneros.

¡AVANZA! _____ de 100 puntos Nota __________

¡Éxito! Has alcanzado todos los objetivos de la lección.

Repaso: Antes de pasar a la siguiente lección, usa tu libro de texto para repasar cómo:

- ❑ describir actividades voluntarias pp. 92–93
- ❑ organizar un proyecto pp. 92–93
- ❑ persuadir e influenciar a otros pp. 92–93
- ❑ usar mandatos pp. 97, 102
- ❑ hacer una pregunta amable p. 96

Nombre ______________________ Clase ____________ Fecha ____________

Escuchar

A.

1. ______________________
2. ______________________
3. ______________________
4. ______________________
5. ______________________

Puedes:
❑ describir actividades voluntarias
____ de 5 puntos

B.

1. ______________________
2. ______________________
3. ______________________
4. ______________________
5. ______________________

Puedes:
❑ describir actividades voluntarias
____ de 5 puntos

Vocabulario y gramática

C.

1. ______________
2. ______________
3. ______________
4. ______________
5. ______________
6. ______________

Puedes:
❑ describir actividades voluntarias
____ de 6 puntos

D.

1. a b c
2. a b c
3. a b c
4. a b c

Puedes:
❑ describir actividades voluntarias
____ de 4 puntos

Nombre ______________________ Clase __________ Fecha __________

E.

1. ______________________

2. ______________________

3. ______________________

4. ______________________

5. ______________________

Puedes:

❏ hacer una pregunta amable

____ de 10 puntos

F.

1. ______________________

2. ______________________

3. ______________________

4. ______________________

5. ______________________

Puedes:

❏ usar mandatos

____ de 10 puntos

G.

1. ______________________

2. ______________________

3. ______________________

4. ______________________

Puedes:

❏ usar mandatos

____ de 4 puntos

UNIT 2 LESSON 1
Test

Nombre _______________ Clase _______ Fecha _______

UNIT 2 LESSON 1
Test

H.

1. ______________________________
____

2. ______________________________
____

3. ______________________________
____

Puedes:
❑ persuadir e influenciar a otros
____ de 6 puntos

Leer

I.

1. ______________________________
____

2. ______________________________
____

3. ______________________________
____

4. ______________________________
____

Puedes:
❑ describir actividades voluntarias
____ de 4 puntos

J.

1. ______________________________
____

2. ______________________________
____

Puedes:
❑ describir actividades voluntarias
____ de 6 puntos

Nombre ______________________ Clase __________ Fecha __________

Cultura

Puedes:
❑ hacer una conexión cultural con Estados Unidos

____ de 5 puntos

K.

1. ______________________
2. ______________________
3. ______________________
4. ______________________
5. ______________________

Puedes:
❑ hacer una conexión cultural con Estados Unidos

____ de 5 puntos

L.

1. ______________________
2. ______________________
3. ______________________
4. ______________________
5. ______________________

Hablar

M.

Puedes:
❑ persuadir e influenciar a otros

____ de 15 puntos

Criterio de habla	5 puntos	3 puntos	1 punto
Contenido	Tus oraciones tienen una secuencia lógica y demuestras buen uso del vocabulario apropiado y los mandatos.	Algunas de tus oraciones tienen una secuencia lógica y demuestras suficiente uso del vocabulario apropiado y los mandatos.	Muy pocas de tus ideas y oraciones tienen una secuencia lógica y demuestras insuficiente uso del vocabulario apropiado o los mandatos.
Comunicación	Toda la información que das se comprende perfectamente.	La mayor parte de la información que das se comprende perfectamente.	La mayor parte de la información que das es difícil de comprender.
Precisión	Usas las formas verbales y el vocabulario referente al tema con pocos errores gramaticales.	Usas las formas verbales y el vocabulario referente al tema con algunos errores gramaticales.	Usas algunas formas verbales y el vocabulario referente al tema con bastantes errores gramaticales.

Escribir

N.

Puedes:
- ❑ persuadir e influenciar a otros

____ de 15 puntos

Criterio de escritura	5 puntos	3 puntos	1 punto
Contenido	Das suficiente razones para convencer al destinatario.	Das algunas razones que pueden convencer al destinatario.	Das muy pocas razones para convencer al destinatario.
Comunicación	Todas las razones que das se comprenden perfectamente.	La mayor parte de las razones que das se comprende perfectamente.	La mayor parte de las razones que das es difícil de comprender.
Precisión	Usas formas verbales y vocabulario referente al tema con pocos errores gramaticales.	Usas formas verbales y vocabulario referente al tema con algunos errores gramaticales.	Usas algunas formas verbales y vocabulario referente al tema con bastantes errores gramaticales.

Examen Lección 2

¡AVANZA! **Objetivo:** Demuestra que puedes:

- hacer peticiones y recomendaciones
- expresar opiniones
- hablar acerca de los medios de comunicación y de la comunidad
- usar pronombres con mandatos
- usar expresiones impersonales seguidas de infinitivos
- usar la forma impersonal **se**

Escuchar

HL CD 3 Tracks 31, 32

A. Escucha la siguiente conversación y contesta las preguntas con oraciones completas. (5 puntos)

1. ¿Qué proyecto organizan Miriam y Ernesto?
2. ¿A quiénes están entrevistando?
3. ¿Qué es lo más importante para recaudar fondos?
4. ¿Por qué Miriam está preocupada?
5. ¿Quién es Dolores?

B. Escucha el siguiente mensaje telefónico y contesta las preguntas con oraciones completas. (5 puntos)

1. ¿A quiénes llama Andrea?
2. ¿Dónde trabajó el año pasado?
3. ¿Qué idiomas habla Andrea?
4. ¿Qué piensa Andrea sobre la traducción?
5. ¿Qué les va a mandar Andrea por correo?

Nombre ______________________ Clase __________ Fecha __________

Vocabulario y gramática

C. Mira las secciones del periódico. Di qué tipo de artículo mandas a cada una. (5 puntos)

1. 

4. 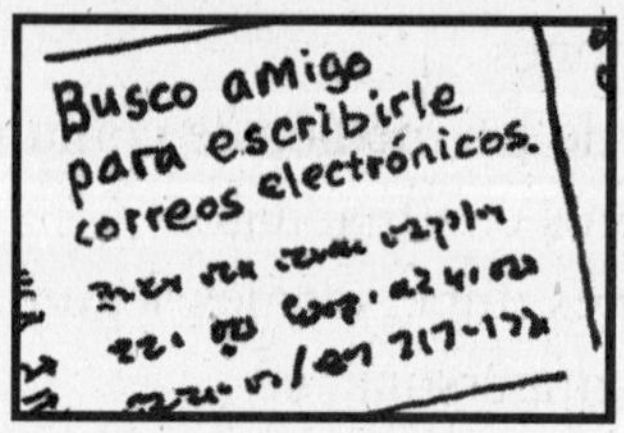

2. 

5. 

3. 

D. Contesta las preguntas en forma familiar y afirmativa con el pronombre de objeto directo correspondiente para indicar los preparativos para la teletón. (5 puntos)

1. ¿Utilizo el grabador durante el evento?
2. ¿Pongo el micrófono en la sala?
3. ¿Empiezo la campaña publicitaria?
4. ¿Mando el anuncio al periódico?
5. ¿Hago las entrevistas?

E. Haz mandatos con pronombres de objeto en la forma negativa. (5 puntos)

1. publicar el artículo (ustedes)
2. contestar a mí (tú)
3. presentar a las personas (usted)
4. entrevistar a nosotros (ustedes)
5. investigar los planes (ustedes)

F. Delega los trabajos entre tus ayudantes y dile a cada uno, de manera formal, lo que tienen que hacer. Usa los pronombres de objetos directo e indirecto. (5 puntos)

1. Entregar la reseña al editor.
2. Explicar a Teresa sus obligaciones.
3. Decir la fecha a los concursantes.
4. Conceder unos minutos a los periodistas.
5. Describir el plan a mí.

G. Los colaboradores no deben hacer ciertas cosas. Díselo. Completa los mandatos de maneras lógica. Dirígete a ellos de manera formal o informal. (10 puntos)

1. A los organizadores: no negar…
2. Al Sr. Belén (creador del programa): no pedir…
3. A todos nosotros: no entregar…
4. A Sandra y Ernesto (tus ayudantes): no dar…
5. A Lucita (una voluntaria de 10 años): no mandar…

H. Completa las oraciones con expresiones impersonales del banco de palabras. (5 puntos)

es importante	fue difícil	va a ser buena idea	era inconveniente	fue necesario

1. El año pasado ____________________________
2. Para esta teletón ____________________________
3. Hace tres años no ____________________________
4. En esta ocasión también ____________________________
5. Cada vez que organizábamos algo ____________________________

I. Estos son los servicios que ofrece una organización social. Cámbialos a anuncios impersonales con el pronombre **se**. (5 puntos)

1. Publicamos las revistas en español
2. Aceptamos donaciones
3. Contratamos talentos
4. Transmitimos el programa por radio y televisión.
5. Aquí cooperamos siempre con la comunidad.

Leer

Lee los siguientes anuncios de empleo en el periódico para hispanohablantes *Cotidiano vivir.*

Anuncios clasificados

Importante emisora de radio y canal de televisión convoca a solicitar a los siguientes puestos vacantes en nuestro dinámico medio.

Escritor(a) bilingüe, con cinco años de experiencia en los medios de prensa, radio o televisión, para escribir en inglés y en español. Debe investigar para el programa de entrevistas y debates *La pregunta de hoy.* Debe respetar fechas límites muy estrictas. Favor enviar currículum.

Productor(a) bilingüe, con diez años de experiencia en la televisión, para emitir el programa de largometrajes *Grandes momentos del cine* y la teletón anual *!Contribuya amigo!* Favor enviar currículum y carta de presentación con historia de empleos y sueldos.

Traductor(a) bilingüe, con seis años de experiencia en los medios de noticias, para preparar y presentar la subtitulación para sordos. También debe apoyar los trabajos de publicidad por correo. Debe presentarse directamente a nuestras oficinas para entrevista en los idiomas inglés y español.

J. Contesta las siguientes preguntas. (10 puntos)

1. ¿Quién manda estos anuncios de empleo a *Cotidiano vivir*?
2. ¿Qué obligaciones tiene el (la) escritor(a) que va a trabajar en el programa *La pregunta de hoy*?
3. ¿Qué deben enviar aquéllos que solicitan al puesto de productor(a) bilingüe?
4. ¿Qué obligaciones tiene el (la) traductor(a)?
5. ¿A qué puesto te gustaría solicitar?

Nombre _______________ Clase _______________ Fecha _______________

Cultura

UNIT 2 LESSON 2
Test

K. Contesta las siguientes preguntas con oraciones completas. (5 puntos)

1. ¿Qué latino es uno de los guitarristas de rock más importantes?
2. ¿Dónde nació este guitarrista?
3. ¿Qué música tocaba su padre?
4. ¿A quiénes apoya la Fundación Milagro?
5. ¿Cuáles son algunas de las canciones más famosas de este guitarrista?

L. Contesta las preguntas sobre la cultura en español en Estados Unidos. Usa oraciones completas. (5 puntos)

1. ¿Por qué existen tantos periódicos en español en Estados Unidos?
2. ¿En qué ciudad se publica el periódico en español con más distribución?
3. ¿Cómo se llama el periódico más popular de Chicago?
4. ¿En qué ciudad se distribuye *La Prensa*?
5. ¿Cuál es el propósito de los periódicos en español?

Hablar

HL CD 3 Tracks 33, 34

M. Vas a participar en una conversación telefónica simulada con tu amiga Claudia. Primero, lee el bosquejo siguiente de la conversación.

[El teléfono suena]

Tú: Contesta el teléfono.

Claudia: (Te pregunta con quién habla)

Tú: Contéstale la pregunta.

Claudia: (Te pregunta algo sobre cierto tipo de programa.)

Tú: Contéstale la pregunta y explica o da razones sobre tu preferencia.

Claudia: (Te pregunta sobre tus gustos o preferencias)

Tú: Contéstale.

Claudia: (Te pregunta algo sobre cierto tipo de programa. También te hace otra pregunta.)

Tú: Contéstale.

Claudia: (Se despide de ti)

Tú: Despídete de ella y cuelga.

Ahora, escucha el audio. Tú sólo oirás lo que te dice Claudia. Entonces, escucha el audio de nuevo. Esta vez participarás en la conversación. Responde de forma oral a lo que te dice Claudia con las indicaciones que aparecen en el bosquejo. Una señal te indicará cuando te toque a ti hablar. (15 puntos)

Escribir

HL CD 3 Tracks 35, 36

N. Vas a escribir sobre los programas de una cartelera de espectáculos. También vas a opinar sobre uno de los programas de esa cartelera. (15 puntos)

Leer: Lee la cartelera siguiente.

Sábado	8 p.m.	9:00 p.m.	10:00 p.m.
Canal 15	Lo que dicen las estrellas (en directo)	Y ahora, ¡a descansar! película con Ramón Beltrán y Paula Cobo (con subtitulación para sordos)	
Canal ABP	En las calles Teletón a beneficio de La casa del barrio (en directo)		Noticiero
Canal 23	El conejo Verdejo Dibujos animados (en español)	¿Qué quieres ver? Sam y Sally Comentario de películas	Biografía: César Chávez

Escuchar: Vas a escuchar parte de uno de los programas que aparecen en la cartelera. Toma apuntes.

Escribir: Ahora, escribe dos párrafos. En el primero, contesta a las preguntas siguientes ¿Cuáles son tus programas favoritos de la cartelera? ¿Cuáles te gustan menos? En el segundo párrafo, da tu opinión sobre lo que escuchaste.

¡AVANZA! _____ de 100 puntos Nota __________

¡Éxito! Has alcanzado todos los objetivos de la lección.

Repaso: Antes de pasar a la siguiente lección, usa tu libro de texto para repasar cómo:

- ❑ hacer peticiones y recomendaciones pp. 118–119
- ❑ expresar opiniones pp. 118–119
- ❑ hablar acerca de los medios de comunicación y de la comunidad pp. 118–119
- ❑ usar pronombres con mandatos p. 123
- ❑ usar expresiones impersonales seguidas de infinitivos p. 128
- ❑ usar la forma impersonal **se** p. 122

Nombre ______________________ Clase __________ Fecha __________

Escuchar

A.

1. ______________________
2. ______________________
3. ______________________
4. ______________________
5. ______________________

Puedes:
❑ hablar acerca de los medios de comunicación
____ de 5 puntos

B.

1. ______________________
2. ______________________
3. ______________________
4. ______________________
5. ______________________

Puedes:
❑ hablar acerca de los medios de comunicación
____ de 5 puntos

Vocabulario y gramática

C.

1. ______________________
2. ______________________
3. ______________________
4. ______________________
5. ______________________

Puedes:
❑ hablar acerca de los medios de comunicación
____ de 5 puntos

D.

1. ______________________
2. ______________________
3. ______________________
4. ______________________
5. ______________________

Puedes:
❑ hacer peticiones y recomendaciones
____ de 5 puntos

Nombre ____________________ Clase __________ Fecha __________

E.

1. ______________________
2. ______________________
3. ______________________
4. ______________________
5. ______________________

Puedes:
❑ usar pronombres con mandatos
____ de 5 puntos

F.

1. ______________________
2. ______________________
3. ______________________
4. ______________________
5. ______________________

Puedes:
❑ usar pronombres con mandatos
____ de 5 puntos

G.

1. ______________________
2. ______________________
3. ______________________
4. ______________________
5. ______________________

Puedes:
❑ usar pronombres con mandatos
____ de 10 puntos

H.

1. ______________________
2. ______________________
3. ______________________
4. ______________________
5. ______________________

Puedes:
❑ usar expresiones impersonales seguidas de infinitivos
____ de 5 puntos

I.

1. ______________________
2. ______________________
3. ______________________
4. ______________________
5. ______________________

Puedes:

❑ usar la forma impersonal de se

____ de 5 puntos

Leer

J.

1. ______________________
2. ______________________
3. ______________________
4. ______________________
5. ______________________

Puedes:

❑ hablar acerca de los medios de comunicación y la comunidad

____ de 10 puntos

Cultura

K.

1. ______________________
2. ______________________
3. ______________________
4. ______________________
5. ______________________

Puedes:

❑ expresar opiniones

____ de 5 puntos

Nombre ______________________ Clase __________ Fecha __________

L.

1. ____

____

2. ____

____

3. ____

____

4. ____

____

5. ____

____

Puedes:

❑ hacer una conexión cultural con Estados Unidos

____ de 5 puntos

UNIT 2 LESSON 2 Test

Hablar

M.

Puedes:

❑ hacer una conexión cultural con Estados Unidos

____ de 15 puntos

Criterio de habla	5 puntos	3 puntos	1 punto
Contenido	Tus oraciones tienen una secuencia lógica, y demuestras buen uso del vocabulario apropiado y de los mandatos.	Algunas de tus oraciones tienen una secuencia lógica, y demuestras suficiente uso del vocabulario apropiado y de los mandatos.	Muy pocas de tus ideas oracionestinen una secuencia lógica, y demuestras insuficiente uso del vocabulario apropiado o de los mandatos.
Comunicación	Toda la información que das se comprende perfectamente.	La mayor parte de la información que das se comprende perfectamente.	La mayor parte de la información que das es difícil de comprender.
Precisión	Usas las formas verbales y el vocabulario referente al tema con pocos errores gramaticales.	Usas las formas verbales y el vocabulario referente al tema con algunos errores gramaticales.	Usas algunas formas verbales y el vocabulario referente al tema con bastantes errores gramaticales.

Nombre ______________________ Clase ______________ Fecha ______________

UNIT 2 LESSON 2
Test

Escribir

N.

Puedes:
❑ expresar opiniones
____ de 15 puntos

Criterio de escritura	5 puntos	3 puntos	1 punto
Contenido	Tus oraciones tienen secuencia lógica, y demuestras buena comprensión de la crítica y buen uso del vocabulario apropiado al tema.	Algunas de tus oraciones tienen secuencia lógica, y demuestras bastante comprensión de la crítica y buen uso del vocabulario apropiado al tema.	Pocas de tus oraciones tienen secuencia lógica, y demuestras poca comprensión de la crítica y uso limitado del vocabulario apropiado al tema.
Comunicación	Toda las razones que das se comprenden perfectamente.	La mayor parte de las razones que das se comprende perfectamente.	La mayor parte de las razones que das es difícil de comprender.
Precisión	Usas formas verbales y vocabulario referente al tema con pocos errores gramaticales.	Usas formas verbales y vocabulario referente al tema con algunos errores gramaticales.	Usas algunas formas verbales y vocabulario referente al tema con bastantes errores gramaticales.

Nombre _______________________ Clase __________ Fecha __________

Examen Unidad 2

¡AVANZA! **Objetivo:** Demuestra que puedes:

- describir actividades voluntarias
- organizar un proyecto
- persuadir e influenciar a otros
- hacer peticiones y recomendaciones
- expresar opiniones
- hablar acerca de los medios de comunicación y de la comunidad
- usar mandatos
- hacer una pregunta amable
- usar pronombres con mandatos
- usar expresiones impersonales + infinitivo
- usa la forma impersonal **se**

Escuchar

HL CD 3 Tracks 37, 38

A. Escucha la siguiente entrevista y contesta las preguntas con oraciones completas. (5 puntos)

1. ¿Cómo Jaime supo de la agencia?

2. ¿Cuándo Jaime se interesó en el trabajo de voluntario?

3. ¿Qué tipo de trabajo sabe hacer Jaime?

4. ¿En qué departamento va a trabajar Jaime?

5. ¿Para qué Jaime necesita la computadora?

B. El encargado de la publicidad para un proyecto de acción social lee unas instrucciones en voz alta. Escucha lo que lee y contesta las preguntas con oraciones completas. (5 puntos)

1. ¿Qué objetivo tienen estas instrucciones?

2. ¿Con quién hay que hablar para poner un anuncio?

3. ¿Para qué es necesario recaudar fondos?

4. ¿Qué tipos de anuncios puede poner en el periódico?

5. ¿Qué se necesita para escribir un titular?

Vocabulario y gramática

C. Completa las oraciones de manera lógica para hablar sobre el barrio. (6 puntos)

1. Hay mucha gente pobre en nuestro barrio. Son personas __________.

2. Para poder ayudarlos, necesitamos __________ de muchos voluntarios.

3. Es necesario que haya un __________ para intercambiar opiniones y proponer cambios.

4. Creo que debemos pensar en una manera efectiva de __________ para ayudarlos. Así, todos podemos dar dinero.

5. Me gustaría filmar un __________ sobre la realidad de estas personas.

6. Para poder filmar necesito __________ a todos los lugares donde viven estas personas.

D. Escribe oraciones completas en el pretérito para expresar ideas sobre la planificación de una campaña que ya ocurrió. Usa las siguientes palabras. (4 puntos)

1. La emisora de radio __________

2. Eligir/la fecha límite __________

3. Los patrocinadores/solicitar la cooperación __________

4. El programa educativo/presentar información __________

E. Usa los verbos para crear mandatos de 'tú' o de 'usted'. Solicita ayuda según la persona indicada. (5 puntos)

1. Sr. Pereira, __________ su punto de vista al público. (explicar)

2. Mario, __________ este volante para mañana. (traducir)

3. Estimados telespectadores, __________ este proyecto. (partrocinar)

4. Srta. Moya, __________ a los donantes. (entrevistar)

5. Lucas, __________ con mi apoyo. (contar)

F. Escribe cinco preguntas amables solicitando ayuda. Pregunta a las personas indicadas. (5 puntos)

1. Paco y Teresa/planificar
2. Sr. Mendoza/ donar latas de comida
3. Mami / investigar
4. Tú /prestar
5. Profesor/ diseñar

G. Usa el (los) pronombre(s) necesario(s) para contestar preguntas con dos respuestas, la primera de forma afirmativa, y la segunda de forma negativa. Utiliza las formas de **tú.** (10 puntos)

1. ¿Le publico los artículos de opinión a Raúl?
2. ¿Gasto este dinero en un anuncio de publicidad?
3. ¿Solicito voluntarios para la teletón?
4. ¿Les explico a ellos mi punto de vista?
5. ¿Presento el diseño para la revista?

H. Usa expresiones impersonales con las siguientes palabras o frases para crear lemas publicitarios. (10 puntos)

1. a beneficio de
2. contar con ustedes
3. colaborar
4. reciclar
5. los ancianos

Nombre ______________________ Clase __________ Fecha ____________

Leer

Lee los datos sobre César Chávez. Presta atención a su vida y sus esfuerzos. Luego completa las actividades I y J.

César Chávez trabajó mucho para ayudar a la gente necesitada. Nació en Arizona. Su padre era un inmigrante mexicano.

La familia Chávez viajaba mucho para encontrar trabajo en el campo, porque eran trabajadores migratorios, es decir trabajadores que migraban de un lugar a otro. Después de muchas dificultades, la familia se quedó en los campos cerca de San José, California.

César Chávez vio la pobreza en su casa y en 1952 empezó a trabajar y a organizar proyectos de acción social en los campos. Colaboró en el Community Service Organization (CSO), organizó la planificación de campañas para apoyar a los trabajadores del campo. César siempre cumplía con sus obligaciones, y los campesinos podían contar con él y con su creatividad. Empezó la *Farm Workers Association* para benificio de los campesinos. Su lema fue siempre : ¡Manos a la obra!

I. Lee las siguientes oraciones y decide si son ciertas o falsas. Si son falsas, escríbelas correctamente. (7 puntos)

1. César Chávez nació en México.

2. El padre de César Chávez era de San José, California.

3. La vida de la familia Chávez fue fácil.

4. César hizo mucho por su comunidad.

5. César empezó su trabajo de acción social en 1952.

6. César ayudó solamente a su familia.

7. César organizaba a la gente con su creatividad.

J. Contesta las preguntas siguientes sobre César Chávez. (3 puntos)

1. ¿Por qué crees tú que César Chávez eligió este tipo de vida?

2. ¿Cómo (de qué maneras o formas) ayudaba César Chávez?

3. ¿Qué proyecto de acción social para tu comunidad podrías hacer tú con tus amigos?

Cultura

K. Contesta las siguientes preguntas con oraciones completas. (4 puntos)

1. ¿Dónde se concentran las comunidades más importantes dominicanas y puertorriqueñas de Estados Unidos?
2. ¿Cuáles son las tres cosas por la que es famosa California?
3. ¿Qué cosas distinguen a Chicago como una ciudad especial?
4. ¿Qué es el Museo del Barrio?

L. Contesta las preguntas siguientes. (6 puntos)

1. ¿Qué se hace en el «Día Manos a la Obra» de Miami?
2. ¿Por qué se puede decir que el arte se hizo más democrático entre los años 1910 y 1950?
3. ¿Por qué hay muchos periódicos en español en Estados Unidos? ¿Cuáles son los más importantes?

UNIT 2
Unit Test

Hablar

HL CD 3 Tracks 39, 40

M. Vas a participar en una conversación telefónica simulada con Emilia Solano, la editora de un periódico. Primero, lee el bosquejo de la conversación. Luego, escucha el audio. Tú solo oirás lo que te dice Emilia. Escucha el audio de nuevo. Esta vez participarás en la conversación. Responde de forma oral a lo que te dice Emilia. Una señal te indicará cuando te toque a ti hablar. (15 puntos)

[El teléfono suena.]

Tú: Contesta el teléfono.

Emilia: (Ella te saluda y te pregunta algo.)

Tú: Salúdala, contesta la pregunta (afirmativamente) y dale detalles.

Emilia: (Te dice que te quiere entrevistar para un artículo que escribe y te pregunta algo.)

Tú: Contesta su pregunta.

Emilia: (Ella te pregunta sobre la T.V. y la radio en relación con el proyecto.)

Tú: Contéstale.

Emilia: (Se despide de ti.)

Tú: Despídete de ella y cuelga.

Escribir

HL CD 3 Tracks 41, 42

N. Contesta a los comentarios de Omar escribiéndole una carta. Ten en cuenta también la información sobre las teletones que te ofrece el artículo de opinión que vas a leer.

Leer. Lee este artículo. Después, escucha la llamada de Omar. Por fin, escribe tu carta para contestar a la demanda de Omar. (15 puntos)

> Teletones ¿populares o no?
>
> Algunas organizaciones caritativas juntan fondos para ayudar a la gente sin hogar, usando la televisión. Un ejemplo es la teletón ¡Todos a una! que patrocina por la Asociación de Ayuda Social en Contacto (AYSC).
>
> Algunas personas critican las teletones porque dicen que publican vidas que, aunque están en las calles, son vidas privadas. La verdad es que con la ayuda de la teletón, más de un millón de personas comen, y 500.000 familias tienen asistencia médica.
>
> Otros programas benéficos con más de 10 millones de telespectadores son, ¡Aquí estamos!, Ahora te toca a ti, y No pases hambre.

Escuchar. Ahora, escucha lo que dice Omar. Toma apuntos.

Escribir. Ahora, escribe tu carta.

¡AVANZA! _____ de 100 puntos Nota __________

¡Éxito! Has alcanzado todos los objetivos de la lección.

Repaso: Antes de pasar a la siguiente unidad, usa tu libro de texto para repasar cómo:

- ❑ describir actividades voluntarias pp. 92–93
- ❑ organizar un proyecto pp. 92–93
- ❑ persuadir e influenciar a otros pp. 92–93
- ❑ hacer peticiones y recomendaciones pp. 118–119
- ❑ expresar opiniones pp. 118–119
- ❑ hablar acerca de los medios de comunicación y de la comunidad pp. 118–119
- ❑ usar mandatos pp. 97, 102
- ❑ hacer una pregunta amable p. 96
- ❑ usar pronombres con mandatos p. 123
- ❑ usar expresiones impersonales + infinitivo p. 128
- ❑ usar la forma impersonal **se** p. 122

UNIT 2
Unit Test

Escuchar

A.

1. ______________________

2. ______________________

3. ______________________

4. ______________________

5. ______________________

Puedes:
❑ describir actividades voluntarias
____ de 5 puntos

B.

1. ______________________

2. ______________________

3. ______________________

4. ______________________

5. ______________________

Puedes:
❑ describir actividades voluntarias
____ de 5 puntos

Vocabulario y gramática

C.

1. ______________

2. ______________

3. ______________

4. ______________

5. ______________

6. ______________

Puedes:
❑ describir actividades voluntarias
____ de 6 puntos

Nombre ______________________ Clase __________ Fecha __________

UNIT 2 Unit Test

D.

1. ______________________
2. ______________________
3. ______________________
4. ______________________

Puedes:
- ❑ hacer peticiones y recomendaciones
- ❑ organizar un proyecto

____ de 4 puntos

E.

1. ______________
2. ______________
3. ______________
4. ______________
5. ______________

Puedes:
- ❑ organizar un proyecto
- ❑ hacer peticiones y recomendaciones

____ de 5 puntos

F.

1. ______________________
2. ______________________
3. ______________________
4. ______________________
5. ______________________

Puedes:
- ❑ hacer peticiones y recomendaciones

____ de 5 untos

G.

1. ______________________
____
2. ______________________
____
3. ______________________
____
4. ______________________
____
5. ______________________
____

Puedes:
- ❑ hacer peticiones y recomendaciones

____ de 10 puntos

Nombre ______________________ Clase __________ Fecha __________

UNIT 2
Unit Test

H.

Puedes:
❑ persuadir e influenciar a otros
____ de 10 puntos

1. ______________________
2. ______________________
3. ______________________
4. ______________________
5. ______________________

Leer

I.

Puedes:
❑ expresar opiniones
____ de 7 puntos

1. C F
____

2. C F
____

3. C F
____

4. C F
____

5. C F
____

6. C F
____

7. C F
____

J.

Puedes:
❑ expresar opiniones
____ de 3 puntos

1. ______________________
2. ______________________
3. ______________________

Nombre ______________________ Clase __________ Fecha __________

Cultura

K.

1. ______________________

2. ______________________

3. ______________________

4. ______________________

Puedes:

❑ hacer una conexión cultural con Estados Unidos

____ de 4 puntos

L.

1. ______________________

____

2. ______________________

____

3. ______________________

____

Puedes:

❑ hacer una conexión cultural con Estados Unidos

____ de 6 puntos

Hablar

M.

Puedes:

❑ hablar de la comunidad y medios de publicidad

____ de 15 puntos

Criterio de habla	5 puntos	3 puntos	1 punto
Contenido	Tus oraciones tienen una secuencia lógica, y demuestras buen uso del vocabulario apropiado.	Algunas de tus oraciones tienen una secuencia lógica, y demuestras bastante buen uso del vocabulario apropiado.	Pocas de tus oraciones tienen una secuencia lógica, y demuestras uso limitado del vocabulario apropiado.
Comunicación	Toda la información que das se comprende perfectamente.	La mayor parte de la información que das se comprende perfectamente.	La mayor parte de la información que das es difícil de comprender.
Precisión	Usas las formas verbales de duda y el vocabulario referente al tema con pocos errores gramaticales.	Usas las formas verbales de duda y el vocabulario referente al tema con algunos errores gramaticales.	Usas algunas formas verbales de duda y el vocabulario referente al tema con bastantes errores gramaticales.

Nombre ______________________ Clase __________ Fecha __________

UNIT 2
Unit Test

Escribir

N.

Puedes:
- ❑ hablar de medios de publicidad y de la comunidad

____ de 15 puntos

Criterio de escritura	5 puntos	3 puntos	1 punto
Contenido	Tus oraciones tienen una secuencia lógica, usas vocabulario apropiado, y demuestras facilidad para hablar de medios de comunicación y obras sociales.	Algunas de tus oraciones tienen una secuencia lógica, usas vocabulario apropiado, y demuestras suficiente facilidad para hablar de medios de comunicación y obras sociales.	Pocas de tus oraciones tienen una secuencia lógica, usas vocabulario limitado para hablar de medios de comunicación y obras sociales.
Comunicación	Toda las ideas que das se comprenden perfectamente.	La mayor parte de las ideas que das se comprenden perfectamente.	La mayor parte de las das que das son difíciles de comprender.
Precisión	Usas formas verbales y vocabulario referente al tema con pocos errores gramaticales.	Usas formas verbales y vocabulario referente al tema con algunos errores gramaticales.	Usas algunas formas verbales y vocabulario referente al tema con bastantes errores gramaticales.

Nombre ______________________ Clase __________ Fecha __________

UNIT 3 LESSON 1 Test

Examen Lección 1

¡AVANZA! **Objetivo:** Demuestra que puedes:

- discutir el impacto de la tecnología
- expresar preocupaciones y posibilidades ambientales
- hacer predicciones y discutir causas y efectos
- usar el futuro
- usar **por** y **para**

Escuchar

HL CD 4 Tracks 1, 2

A. Escucha la siguiente conversación y contesta las preguntas con oraciones completas. (5 puntos)

1. ¿Qué está haciendo Juan Carlos en Internet?
2. ¿Qué tema ecológico le interesa a Juan Carlos?
3. ¿Cómo describe Juan Carlos este fenómeno?
4. Según Juan Carlos, ¿por qué la gente no protege el medio ambiente?
5. ¿Qué decidió Marta al final de la conversación?

B. Escucha la conversación de la clase y contesta las preguntas con oraciones completas. (5 puntos)

1. ¿Qué está discutiendo la clase?
2. ¿Cómo se llaman los recursos que se pueden reutilizar?
3. ¿Cuáles son algunos ejemplos de estos recursos?
4. ¿Cuál es una manera de causar la erosión del suelo?
5. ¿Qué sucede cuando causamos la erosión del suelo?

Nombre ______________________ Clase __________ Fecha __________

Vocabulario y gramática

C. Escribe una oración con cada una de las expresiones siguientes explicando qué lo causa o qué efecto tiene. (5 puntos)

1. la erosión
2. el medio ambiente
3. la sequía
4. la contaminación
5. las inundaciones

D. Escribe un párrafo para explicar qué recursos naturales necesita la sociedad, por qué están amenazados y cómo protegerlos. Utiliza expresiones con **por** y **para** y verbos en el futuro. (10 puntos)

E. Escribe oraciones usando las siguientes palabras y un verbo en futuro. (10 puntos)

1. la basura ______________________
2. el medio ambiente ______________________
3. las especies en peligro ______________________
4. aire puro ______________________
5. las posibilidades de mejora ______________________
6. los efectos de la deforestación ______________________
7. los candidatos políticos ______________________
8. desaparecer ______________________
9. problemas ______________________
10. soluciones ______________________

Nombre ______________________ Clase __________ Fecha ____________

UNIT 3 LESSON 1
Test

F. Escribe las preguntas que cada personaje se hace en los dibujos siguientes. Usa un verbo en futuro. Escribe también las respuestas. (10 puntos)

1.

2.

3.

4.

5.

G. Escribe oraciones con **por** o **para** y usando las siguientes palabras. (10 puntos)

1. los científicos/nuevas técnicas/mejorar el porvenir
2. aire puro/respirar mejor
3. actividades al aire libre/la lluvia
4. a clase en bicicleta/disminuir el smog
5. la deforestación/todo el planeta
6. me preocupo/ti
7. las noticias/informarme
8. biología/Internet
9. patrocinar/recaudar fondos
10. en el viaje/la selva tropical

Leer

Lee el artículo de opinión del periódico *La Gaceta Escolar.* Luego completa las actividades H e I.

En el futuro Editorial

Independientemente de su trabajo o de su carrera en el futuro tendrá que usar Internet. Para empezar, todos los centros de educación darán los estudios en línea y, con el tiempo, nadie irá a la universidad. ¿Quiere informarse sobre el clima en Venezuela? Conecte la tele y busque la página de su diario preferido. Allí encontrará lo que busca.

¿Necesita salir de compras? ¿Tiene que pagar sus cuentas? ¡No salga! Quédese en casa y hágalo a través de la red. Estará más cómodo y tranquilo.

La generación que nace hoy es la generación de la tecnología. En cambio, nuestros padres y abuelos no usaban la computadora. Algunas personas adultas ven en ella una amenaza social. Muchos dicen que pronto no habrá trabajos para los humanos: todo lo harán las máquinas. Además, dicen, la vida privada del ciudadano estará en peligro. Es cierto que el acceso a la información privada está prácticamente al alcance de todos. Pero la industria en general cambiará en el futuro, y hasta veremos usar la computadora a los ciudadanos de generaciones pasadas.

H. Contesta las preguntas. (5 puntos)

1. Según el artículo de opinión, ¿cómo será la universidad del futuro?
2. ¿Qué podremos hacer por Internet?
3. ¿Qué piensan algunas personas adultas sobre la tecnología?
4. ¿Cuáles son algunos problemas de Internet?
5. ¿Cómo cambiará la actitud de generaciones pasadas, según el editorial?

I. Contesta las preguntas con dos o tres oraciones, en forma de párrafo. (5 puntos)

1. ¿Cuáles crees tú que serán los adelantos tecnológicos del futuro?
2. ¿Qué efectos tendrán los cambios tecnológicos en la sociedad?

Cultura

J. Contesta las siguientes preguntas con oraciones completas. (5 puntos)

1. ¿Por qué es famoso el país de Costa Rica?
2. ¿Qué es San Salvador?
3. ¿Quién es Carlos Balaguer?
4. ¿Qué pájaro es un símbolo de Centroamérica?
5. ¿Qué figura representa a un dios indígena?

Hablar

HL CD 4 Tracks 3, 4

K. El año pasado estuviste de vacaciones en Costa Rica y te encantó su belleza natural. Entonces solicitaste un trabajo en una reserva ecológica y ahora recibes la respuesta.

Leer. Lee la información que trajiste del viaje.

Área Nacional de Biodiversidad

El Área Nacional de Biodiversidad (ANA) es uno de los refugios de conservación del gobierno de Costa Rica. ANA protege a más de 2.500 especies, desarrolla un programa a nivel internacional y sus objetivos son:

1. Salvar las especies acuáticas y terrestres en peligro de extinción.
2. Proteger la biodiversidad silvestre.
3. Buscar soluciones a los problemas ambientales.
4. Desarrollar un modelo de realidad tropical, en la que la sociedad no destruye la naturaleza.

De las 2.500 especies, el 25% son artrópodos (insectos, arañas), un 15% son cetáceos (delfines), y el resto son plantas.

* La Fundación Edén ofrece becas y trabajos de estudio en la selva tropical, en los bosques ya dañados y en las aguas de ríos y bahías.

Si está interesado, póngase en contacto con la Oficina de Conservación y Ayuda (OCA), al 34-11- 87345. Le contestarán sin tardanza.

Escuchar. Escucha ahora el mensaje que dejó el secretario del Ministerio del Ambiente de Costa Rica, y toma notas mientras escuchas.

Hablar. Luego, llama a tu amigo Marcos y dale la buena noticia. Dile los planes para el viaje, por qué vas y lo que harás allí. (15 puntos)

Escribir

HL CD 4 Tracks 5, 6

L. Vas a escribir una composición sobre el medio ambiente del futuro.

Leer. Vas a leer el anuncio que apareció en la revista *Vuelta al futuro* acerca de mandarles composiciones que la editora desea publicar.

La revista *Vuelta al futuro* solicita composiciones sobre el medio ambiente en el futuro o sobre «el futuro del medio ambiente». El título de la composición deberá ser «Mirando al futuro desde el presente». Deberá ser de dos a tres párrafos.

Los siguientes temas son sugerencias únicamente. Es decir que puedes decidir escribir sobre otros temas relacionados con el medio ambiente.

- la deforestación: efectos y cómo nos afectará en el futuro
- los cambios del clima y los efectos
- la responsabilidad de proteger el medio ambiente
- cómo comenzaremos a educar para no destruir el medio ambiente
- nuestro medio ambiente: ¿tiene porvenir?

Deberás elegir una perspectiva personal sobre el tema. Por ejemplo, escribirás sobre aspectos positivos y/o negativos, sobre las causas y/o los effectos, sobre los efectos de nuestras prácticas del presente o sobre cómo deberemos fomentar transformaciones en nuestras prácticas del presente para valorar nuestros recursos naturales y mejorar las condiciones del planeta.

Escuchar. Vas a escuchar el comentario de la editora de la revista *Vuelta al futuro* sobre las composiciones que están solicitando para publicar en la revista.

Escribir. Escribe una composición en que presentas tus perspectivas y opiniones sobre el futuro del medio ambiente según los problemas del presente y posibles soluciones en el porvenir. (15 puntos)

¡AVANZA! ____ de 100 puntos Nota __________

¡Éxito! Has alcanzado todos los objetivos de la lección.

Repaso: Antes de pasar a la siguiente lección, usa tu libro de texto para repasar cómo:

- ❑ discutir el impacto de la tecnología pp. 160–161
- ❑ expresar preocupaciones y posibilidades ambientales pp. 152–153
- ❑ hacer predicciones y discutir causas y efectos pp. 155–156
- ❑ usar el futuro p. 157
- ❑ usar **por** y **para** p. 162

Nombre ______________________ Clase __________ Fecha __________

UNIT 3 LESSON 1
Test

Escuchar

A.

1. ______________________

2. ______________________

3. ______________________

4. ______________________

5. ______________________

Puedes:
❑ expresar preocupaciones y posibilidades ambientales

____ de 5 puntos

B.

1. ______________________

2. ______________________

3. ______________________

4. ______________________

5. ______________________

Puedes:
❑ hacer predicciones y discutir causas y efectos

____ de 5 puntos

Vocabulario y gramática

C.

1. ______________________

____

2. ______________________

____

3. ______________________

____

4. ______________________

____

5. ______________________

____

Puedes:
❑ hacer predicciones y discutir causas y efectos

____ de 5 puntos

Nombre ______________________ Clase __________ Fecha __________

UNIT 3 LESSON 1
Test

D.

____

____

____

____

____

Puedes:

❑ expresar preocupaciones y posibilidades ambientales

____ de 10 puntos

E.

1. ______________________________

2. ______________________________

3. ______________________________

4. ______________________________

5. ______________________________

6. ______________________________

7. ______________________________

8. ______________________________

9. ______________________________

10. ______________________________

Puedes:

❑ usar el futuro

❑ expresar preocupaciones y posibilidades ambientales

____ de 10 puntos

F.

1. ______________________________

____

2. ______________________________

____

3. ______________________________

____

4. ______________________________

____

5. ______________________________

____

Puedes:

❑ usar el futuro

____ de 10 puntos

Nombre _______________ Clase _______________ Fecha _______________

UNIT 3 LESSON 1
Test

G.

1. ____________________
2. ____________________
3. ____________________
4. ____________________
5. ____________________
6. ____________________
7. ____________________
8. ____________________
9. ____________________
10. ____________________

Puedes:
❑ usar **por** y **para**
____ de 10 puntos

Leer

H.

1. ____________________
2. ____________________
3. ____________________
4. ____________________
5. ____________________

Puedes:
❑ expresar preocupaciones ambientales
____ de 5 puntos

I.

1. ____________________
2. ____________________

Puedes:
❑ expresar preocupaciones ambientales
____ de 5 puntos

Nombre ______________________ Clase __________ Fecha __________

Cultura

J.

1. ______________________
2. ______________________
3. ______________________
4. ______________________
5. ______________________

Puedes:
- ❑ hacer una conexión cultural con Centroamérica

____ de 5 puntos

Hablar

K.

Puedes:
- ❑ expresar preocupaciones y posibilidades ambientales
- ❑ usar el futuro
- ❑ usar **por** y **para**

____ de 15 puntos

Criterio de habla	5 puntos	3 puntos	1 punto
Contenido	Tus oraciones tienen una secuencia lógica, y demuestras buen uso del vocabulario apropiado, de **por** y **para**, y de los mandatos.	Algunas de tus oraciones tienen una secuencia lógica, y demuestras bastante buen uso del vocabulario apropiado, de **por** y **para**, y de los mandatos.	Pocas de tus oraciones tienen una secuencia lógica, y demuestras uso limitado del vocabulario apropiado, de **por** y **para**, y de los mandatos.
Comunicación	Toda la información que das se comprende perfectamente.	La mayor parte de la información que das se comprende perfectamente.	La mayor parte de la información que das es difícil de comprender.
Precisión	Usas las formas verbales y el vocabulario referente al tema con pocos errores gramaticales.	Usas las formas verbales y el vocabulario referente al tema con algunos errores gramaticales.	Usas algunas formas verbales y el vocabulario referente al tema con bastantes errores gramaticales.

Nombre ______________________ Clase __________ Fecha __________

Escribir

L.

Puedes:

- ❑ hacer predicciones y discutir causas y efectos
- ❑ usar el futuro

____ de 15 puntos

Criterio de escritura	5 puntos	3 puntos	1 punto
Contenido	Tienes suficientes ideas ingeniosas para escribir el cuento.	Tienes algunas ideas ingeniosas para escribir el cuento.	Tienes pocas ideas ingeniosas para escribir el cuento.
Comunicación	Toda las ideas que das se comprenden perfectamente.	La mayor parte de las ideas que das se comprenden perfectamente.	La mayor parte de las das que das son difíciles de comprender.
Precisión	Usas formas verbales y vocabulario referente al tema con pocos errores gramaticales.	Usas formas verbales y vocabulario referente al tema con algunos errores gramaticales.	Usas algunas formas verbales y vocabulario referente al tema con bastantes errores gramaticales.

Nombre ______________________ Clase __________ Fecha __________

Examen Lección 2

¡AVANZA! **Objetivo:** Demuestra que puedes:

- discutir obligaciones y responsabilidades
- presentar y defender una opinión
- expresar un punto de vista y hacer recomendaciones
- usar el presente de subjuntivo
- usar más formas verbales del subjuntivo
- usar expresiones impersonales

UNIT 3 LESSON 2 Test

Escuchar

HL CD 4 Tracks 7, 8

A. Escucha el diálogo y contesta las preguntas. (5 puntos)

1. ¿A qué se dedica Mariana?

2. ¿Por quiénes se interesa Mariana?

3. Según Mariana, ¿por qué mucha gente no va a votar por ella?

4. ¿De qué trata la campaña de Noelia?

5. ¿Qué tienen en común Mariana y Noelia?

B. Escucha el diálogo y contesta las preguntas. (5 puntos)

1. ¿Qué tipo de anuncio es?

2. ¿Cómo se llama la agencia?

3. ¿Qué tipo de personas busca la agencia?

4. ¿Qué ideas debes tener para llamarlos?

5. ¿Qué hace la compañía con tu idea?

Vocabulario y gramática

C. Di qué es necesario hacer para mejorar la sociedad. Escribe oraciones completas con las palabras siguientes y usa expresiones impersonales. (10 puntos)

1. la conciencia social
2. ciudadanos
3. la política
4. penalizar
5. la unidad

D. Contesta las preguntas y escribe oraciones completas. (10 puntos)

1. ¿Crees que es importante que votemos en las elecciones? ¿Por qué?
2. ¿Debemos satisfacer los deseos de todo el mundo? ¿Por qué?
3. ¿Estás a favor o en contra de invertir en un proyecto ecológico? ¿Por qué?
4. ¿Es imprescindible que solucionemos algún problema para seguir adelante sin obstáculos?
5. ¿Te parece que una persona no debe correr porque tiene asma? Di por qué.

E. Aconseja a estas personas. Usa expresiones impersonales y las formas usted/ustedes. (5 puntos)

1. Señor Rodríguez, __________ no __________ errores.
2. Srta. Setién, __________ __________ el problema.
3. Don Ignacio, __________ no __________, por favor.
4. Ernesto, __________ __________ el contenido de su informe.
5. Señores, __________ __________ el aparato.

F. Da tu opinión sobre estos hechos. Usa una expresión impersonal y cambia el verbo al subjuntivo. (5 puntos)

1. Pedro habla mucho.
2. Lola nunca les da dinero a los pobres.
3. Carlos no sabe la noticia.
4. Los encargados no hacen nada.
5. El aire está contaminado.

G. Prepara un discurso para obtener dinero para crear un producto novedoso. Forma cinco oraciones con expresiones impersonales y el subjuntivo. (10 puntos)

Leer

Los purificadores de aire son una maravilla. Mi prima dice que desde que su mamá compró uno, ya no sufre de alergias y puede respirar aire más puro. Estuve pensando que me gustaría comprar uno, pero para el carro de mi papá. ¿Existirán? Voy a investigarlo, porque si nadie ha inventado un purificador de aire para el carro, yo lo haré.

Creo que es una idea excelente, porque no sólo estaré ayudando a la gente con problemas respiratorios; quizás la idea sea muy popular y pueda sacarle una patente al producto y comercializarlo. Se llamaría el "Super Purificador para Autos". Ya le di las gracias a mi prima por inspirarme con esta idea. Ella me criticó; me dijo que sería mejor crear un invento con impacto positivo en el medioambiente. Dice que el purificador de aire ayudaría al conductor del carro y a los pasajeros, pero que en realidad debemos hacer uso del transporte público y usar el carro lo menos posible.

Así que ya sé lo que voy a inventar, ¡un purificador de aire enorme para los autobuses públicos! ¿Qué te parece mi solución?

H. Contesta las preguntas con oraciones completas. (5 puntos)

1. Según la prima del (de la) autor(a), ¿para qué sirven los purificadores?
2. ¿Por qué al (a la) autor(a) le parece buena su idea?
3. ¿Por qué a la prima no le gustó la idea?
4. Según la prima, ¿a quién le serviría el invento?
5. Según la prima, ¿qué debemos hacer para el medioambiente?

I. Escribe tres oraciones para contestar la pregunta siguiente. Trata de utilizar expresiones impersonales con el subjuntivo. (5 puntos)

¿Qué piensas tú del invento de que habla el (la) autor(a)? Explica.

Nombre ______________________ Clase __________ Fecha __________

Cultura

J. Contesta las siguientes preguntas con oraciones completas. (10 puntos)

1. ¿Qué territorio ocupaba la civilización maya?
2. ¿Cuáles eran sus adelantos y contribuciones?
3. ¿Qué animales aparecen en sus leyendas?
4. ¿Crees tú que se interesaban en la biodiversidad? ¿Cómo lo sabes?
5. ¿Dónde se encuentran los templos y monumentos mayas?

Hablar

HL CD 4 Tracks 9, 10

K. Leíste un anuncio en Internet.
La semana pasada compraste, en línea, un acondicionador de aire *(air conditioner)*, pero no hace lo que dice el anuncio. Entonces, llamas al Servicio al cliente *(customer service)*. Lee el guión. Tienes un minuto para leerlo.

Guión

Trabajadora: [Responde el teléfono.]

Tú: [Le haces una pregunta.]

Trabajadora: [Te hace otra pregunta.]

Tú: [Respondes.]

Trabajadora: [Te pregunta otra cosas.]

Tú: [Respondes.]

Trabajadora: [Te da una explicación y pregunta una cosa.]

Tú: [Le respondes.]

Trabajadora: [Te da información.]

Tú: [Le respondes, te despides y cuelgas.]

Escucha el diálogo.

Vuelve a leer el guión y completa las preguntas de la conversación. (15 puntos)

Escribir

HL CD 4 Tracks 11, 12

L. Vas a escribirle una carta electrónica a una abogada sobre solicitar patente para un invento que deseas desarrollar.

Leer. Estás trabajando en un invento que deseas desarrollar. Ayer fuiste a la reunión para inventores de *Mejora ambiental*. Allí se presentaron ideas de nuevos inventos y se discutreron las posibilidades de sacar patentes. A esa reunión asistriron abogados y representates de empresas comerciales. Todos éstos dieron información. Lee una de las hojas que recogiste ayer.

Contratos **Patentes** **Inventos**

Ayudamos a hacer su sueño realidad
Oficina de Abogados de Patentes

Para empezar—Información para inventores nuevos

Es posible que el proceso de esta patente sea una tarea agobiante para jóvenes inventores. A pesar de ello, hay que vencer los primeros obstáculos y por eso es necesario tener algunas ideas prácticas antes de empezar.

1. Es conveniente que trabaje usted con un(a) abogado(a) especializado(a) en patentes. Esto le asegurará la ayuda de una persona de experiencia.
2. Escriba todos los detalles de su idea (por qué es novedosa, para qué sirve, por qué es útil, etc.). También es recomendable que prepare y presente sus documentos en línea. Después de recibir sus documentos, le responderemos por correo electrónico con la evaluación del abogado o de la abogada.
3. Recomendamos determinar primero si su idea es original, o si ya está en el mercado como obra de otro inventor. De esta investigación nos encargamos nosotros. Es importante que sepa que si no llevamos a cabo su negocio con éxito, le devolveremos el dinero que le costó la patente.
4. Nuestros abogados trabajarán con usted hasta que esté satisfecho con todos los detalles. Tan pronto como la patente esté lista, se mandará a *la Oficina de Patentes y Marcas Registradas* de los Estados Unidos, donde será revisada por un experto en patentes. Como el proceso es largo, es urgente que usted continúe con los pasos de la solicitud.

* Hable con nuestro representante o búsquenos en la red tuidea@procin.com

Escuchar. Escucha la conversación de tres inventores jóvenes sobre sus proyectos y la manera de comercializarlos.

Escribir. Decide intentar conseguir una patente para tu invento y seguir las recomendaciones de la oficina de Abogados de Patentes. Escríbeles una carta electrónica en la que explicas tu invento y les dices por qué crees que hay que buscarle una patente. (15 puntos)

¡AVANZA! ____ de 100 puntos Nota __________

¡Éxito! Has alcanzado todos los objetivos de la lección.

Repaso: Antes de pasar a la siguiente lección, usa tu libro de texto para repasar cómo:

- ❑ discutir obligaciones y responsabilidades pp. 178–179
- ❑ presentar y defender una opinión pp. 184–185
- ❑ expresar un punto de vista y hacer recomendaciones p. 189
- ❑ usar el presente de subjuntivo p. 183
- ❑ usar más formas verbales del subjuntivo p. 188
- ❑ usar expresiones impersonales pp. 184–185

Nombre ______________________ Clase __________ Fecha __________

Escuchar

A.

1. ______________________
2. ______________________
3. ______________________
4. ______________________
5. ______________________

Puedes:
- ❑ presentar y defender una opinión

____ de 5 puntos

B.

1. ______________________
2. ______________________
3. ______________________
4. ______________________
5. ______________________

Puedes:
- ❑ discutir obligaciones y responsabilidades

____ de 5 puntos

Vocabulario y gramática

C.

1. ______________________
2. ______________________
3. ______________________
4. ______________________
5. ______________________

Puedes:
- ❑ presentar una opinión
- ❑ usar expresiones impersonales

____ de 10 puntos

D.

1. ______________________________
____
2. ______________________________
____
3. ______________________________
____
4. ______________________________
____
5. ______________________________
____

Puedes:
❏ presentar y defender una opinión
____ de 10 puntos

E.

1. ______________________________
2. ______________________________
3. ______________________________
4. ______________________________
5. ______________________________

Puedes:
❏ hacer recomendaciones
____ de 5 puntos

F.

1. ______________________________
2. ______________________________
3. ______________________________
4. ______________________________
5. ______________________________

Puedes:
❏ expresar un punto de vista
____ de 5 puntos

Nombre ______________________ Clase __________ Fecha __________

UNIT 3 LESSON 2
Test

G.

1. ______________________________________
____

2. ______________________________________
____

3. ______________________________________
____

4. ______________________________________
____

5. ______________________________________
____

Puedes:
❑ expresar un punto de vista y hacer recomendaciones
____ de 10 puntos

Leer

H.

1. ______________________________________
____

2. ______________________________________
____

3. ______________________________________
____

4. ______________________________________
____

5. ______________________________________
____

Puedes:
❑ presentar y apoyar una opinión
____ de 5 puntos

I. ______________________________________
____
____

Puedes:
❑ presentar y apoyar una opinión
____ de 5 puntos

Nombre ______________________ Clase __________ Fecha __________

UNIT 3 LESSON 2 Test

Cultura

J.

1. ______________________________

____

2. ______________________________

____

3. ______________________________

____

4. ______________________________

____

5. ______________________________

____

Puedes:

❑ reconocer la cultura maya

____ de 10 puntos

Hablar

K.

Puedes:

❑ presentar y apoyar una opinión

____ de 15 puntos

Criterio de habla	5 puntos	3 puntos	1 punto
Contenido	Tus oraciones tienen una secuencia lógica y demuestras buen uso del vocabulario apropiado y de los mandatos.	Algunas de tus oraciones tienen una secuencia lógica y demuestras suficiente uso del vocabulario apropiado y de los mandatos.	Muy pocas de tus oraciones tienen una secuencia lógica y demuestras insuficiente uso del vocabulario apropiado o de los mandatos.
Comunicación	Toda la información que das se comprende perfectamente.	La mayor parte de la información que das se comprende perfectamente.	La mayor parte de la información que das es difícil de comprender.
Precisión	Usas las formas verbales y el vocabulario referente al tema con pocos errores gramaticales.	Usas las formas verbales y el vocabulario referente al tema con algunos errores gramaticales.	Usas algunas formas verbales y el vocabulario referente al tema con bastantes errores gramaticales.

Nombre ______________________ Clase __________ Fecha __________

UNIT 3 LESSON 2
Test

Escribir

L.

Puedes:

❑ presentar y apoyar una opinión

____ de 15 puntos

Criterio de escritura	5 puntos	3 puntos	1 punto
Contenido	Tus oraciones tienen secuencia lógica y demuestras buena comprensión del tema y buen uso del vocabulario y expresiones impersonales.	Algunas de tus oraciones tienen secuencia lógica y demuestras bastante comprensión del tema, y buen uso del vocabulario y expresiones impersonales.	Pocas de tus oraciones tienen secuencia lógica y demuestras poca comprensión del tema y uso limitado del vocabulario y expresiones impersonales.
Comunicación	Todas las razones que das se comprenden perfectamente.	La mayor parte de las razones que das se comprende perfectamente.	La mayor parte de las razones que das es difícil de comprender.
Precisión	Usas formas verbales y vocabulario referente al tema con pocos errores gramaticales.	Usas formas verbales y vocabulario referente al tema con algunos errores gramaticales.	Usas algunas formas verbales y vocabulario referente al tema con bastantes errores gramaticales.

Nombre ______________________ Clase __________ Fecha __________

Examen Unidad 3

UNIT 3 Unit Test

¡AVANZA! **Objetivo:** Demuestra que puedes:

- discutir el impacto de la tecnología
- expresar preocupaciones y posibilidades ambientales
- hacer predicciones y discutir causas y efectos
- discutir obligaciones y responsabilidades
- presentar y defender una opinión
- expresar un punto de vista y hacer recomendaciones
- usar el futuro
- usar las preposiciones **por** y **para**
- usar el presente de subjuntivo
- usar más formas verbales del subjuntivo
- usar expresiones impersonales

Escuchar

HL CD 4 Tracks 13, 14

A. Escucha el diálogo y contesta las siguientes preguntas con oraciones completas. (5 puntos)

1. ¿Por qué Esteban está triste?

2. ¿A quiénes va a afectar la deforestación?

3. ¿Qué dice el maestro de Ciencias sobre el Amazonas?

4. ¿Dc dónde viene la mayor parte del oxígeno que respiramos?

5. ¿Por qué el aire está tan contaminado en las ciudades?

B. Escucha a Melinda y contesta las siguientes preguntas con oraciones completas. (5 puntos)

1. ¿Qué leyó Melinda ayer?

2. ¿A dónde puede viajar ese invento?

3. ¿Qué invento moderno parecería de ciencia ficción en el pasado?

4. ¿Qué piensa la gente de un invento al principio?

5. ¿Qué están haciendo los inventores de nuestros días?

UNIT 3
Unit Test

Vocabulario y gramática

C. Completa las oraciones de manera lógica. (10 puntos)

1. Mientras que en algunas regiones hay __________, en otras hay __________ a causa de que hay mucha agua.
2. La destrucción de __________ se debe a todo e __________ que hay en el aire.
3. Si los ciudadanos protegen __________, el mundo __________.
4. Si nosotros __________ a los animales, no estarán en __________.
5. Si nos encargamos de __________, el porvenir __________.

D. Escribe oraciones con las palabras indicadas. (10 puntos)

1. nosotros/respirar
2. ellos/responsables
3. los ciudadanos/reutilizar
4. ustedes/respetar
5. la sociedad/fomentar

UNIT 3 Unit Test

E. Escribe cinco oraciones con la información que aparece a continuación. (6 puntos)

1. yo creo que/los inventos
2. es necesario/innovación
3. por un lado/riesgos
4. en mi opinión/comercializar
5. es imprescindible/la patente
6. por otro lado/recursos

F. Contesta las preguntas con oraciones completas. (6 puntos)

1. ¿Qué pasará si no hay agua en todo el año?
2. ¿Qué pasará si los ciudadanos reciclan la basura?
3. ¿Qué pasará si la gente va al trabajo en bicicleta?
4. ¿Qué pasará si tú no sacas una patente para tu invento?
5. ¿Qué pasará si penalizamos la irresponsabilidad?
6. ¿Qué pasará si les advertimos a los ciudadanos de los riesgos?

G. Escribe cinco oraciones utilizando el subjuntivo con expresiones de deseo (10 puntos)

1. ojalá/los ciudadanos
2. espero/proteger
3. quiero/apoyar
4. ojalá/la conciencia social
5. espero/especies en peligro de extinción

Nombre ____________________ Clase __________ Fecha __________

UNIT 3
Unit Test

Leer

Lee el volante que llegó del Instituto para el Control Nuclear. Luego completa las actividades H e I.

Instituto para el Control Nuclear

El Instituto para el Control Nuclear (ICN) se preocupa por los barcos que llevan residuos nucleares *(nuclear waste)* a través del Canal de Panamá. El gobierno viajará al Canal para observar el paso de un barco extranjero que lleva basura nuclear. Podemos ver que Panamá protege el Canal y se encarga de su seguridad.

En febrero de 1998, unos jóvenes de la organización *Greenpeace* abordaron *(board)* un barco en el Canal y preguntaron: «¿Adónde va esta basura? ¿Dónde la ponen? Esto es una amenaza ambiental que puede destruir el planeta». El presidente del ICN estuvo de acuerdo y dijo: «Los residuos nucleares no son solamente una amenaza ambiental, son también una amenaza internacional. Es imprescindible que esta basura, que puede contaminar las aguas de dos océanos, no pase por el Canal; pero es probable que pasen si no persistimos y nos encargamos del problema. «Es necesario que las autoridades locales evalúen el riesgo y colaboren para encontrar una solución», fue la advertencia del Presidente.

H. Completa con la opción correcta de acuerdo con el artículo. (6 puntos)

1. El Instituto se encarga de ____
a. los barcos que pasan **b.** el control nuclear

2. El gobierno ____
a. se preocupa **b.** viaja en barco

3. Panamá ____
a. protege el Canal **b.** deja pasar los barcos

4. Los residuos nucleares ____
a. son necesarios **b.** son una amenaza

5. El Presidente del ICN ____
a. dio una advertencia **b.** no cooperó

6. Los desperdicios de la industria pueden ____
a. costar caro **b.** contaminar dos océanos

I. Contesta las siguientes preguntas. (4 puntos)

1. ¿Piensas que los residuos (basura) nucleares pueden dañar el medio ambiente? ¿Cómo? Explica.

2. ¿Qué quiso decir el Presidente con «los residuos nucleares son una amenaza internacional»?

3. ¿Por qué es tan importante el Canal de Panamá?

4. ¿Qué pide el Presidente?

Nombre ______________________________ Clase __________ Fecha ____________

Cultura

J. Contesta las siguientes preguntas con oraciones completas. (8 puntos)

1. ¿Cuál es una de las cosas más importantes de Panamá?
2. ¿Qué podemos encontrar en la biodiversidad de Centroamérica?
3. ¿De dónde es el escritor Carlos Balaguer?
4. ¿De qué otra forma se conoce el arte ingenuo que pintó José Antonio Velásquez?
5. ¿Qué sentían los mayas por la naturaleza?
6. ¿Cuál es el país que conecta el océano Atlántico con el Pacífico?
7. ¿De qué país es emblema el pájaro quetzal y qué representa?
8. ¿Qué era antes el Lago de Nicaragua?

Hablar

HL CD 4 Tracks 15, 16

K. Estás preparando un proyecto de reciclaje en tu escuela y tienes que informar a tus ayudantes de sus obligaciones. Lee el editorial que apareció en *El vocero escolar.* Tienes un minuto para leerlo. (15 puntos)

El vocero escolar

26 de abril – El próximo día 30, el Inspector de Parques y Jardines vendrá a visitar la escuela para evaluar las mejoras del ambiente. Nosotros también evaluamos la escuela: tenemos profesores que nos enseñan y ayudan, tenemos lugares para divertirnos, y hasta tenemos un bosque donde podemos pasear o acampar. Pero, por otro lado, parece que, desde que tuvimos la inundación, nadie tiene la responsabilidad de mantener limpios estos lugares. En el campo de fútbol, en el sendero del bosque, se encuentran botellas, latas y bolsas de basura ... Cometemos un error y amenazamos el desarrollo del medio ambiente. No pensamos que le vaya a gustar al Inspector. Aquí pensamos que la solución es el compromiso de todos.

El editor

Ahora, escucha el mensaje del director y vuelve a leer el texto. Luego puedes hablar.

Escribir

HL CD 4 Tracks 17, 18

L. El club *Avance* patrocina un concurso para inventores jóvenes que tengan ideas novedosas. Tú vas a escribir un artículo sobre cómo volar sin motor y las posibilidades de usar la tecnología antigua en vez de las mejoras del presente y el futuro. Lee el artículo sobre el autogiro *(the blimp)* y escucha la conversación, sobre el tema, entre dos de tus compañeros participantes. Por último, escribe un artículo de dos párrafos. (15 puntos)

El invento del siglo

Juan de la Cierva inventó el autogiro, que desarrolló cuando tenía veinticuatro años. El autogiro fue el primer invento de alas *giratorias (turning wings)* que voló Juan de la Cierva. No quería perder velocidad y a la vez disminuir el uso de combustible, que era el petróleo.

Juan de la Cierva dijo: «Superaré los obstáculos». Juan de la Cierva siguió adelante e inventó un aparato, parecido al helicóptero, en que las alas se movían solas y no era necesario el uso de un motor.

En 1920, saca la primera patente, mejoró el modelo y luego sacó nuevas patentes. El primer modelo fue el C.1, que pesaba 350 kg. En 1923, comercializó la marca «Autogiro», para los aparatos voladores y, en especial, aviones sin motor.

Ahora escucha y, finalmente, escribe un artículo de dos párrafos. Debes presentar claramente tus ideas, hacer predicciones y discutir sus efectos en el futuro.

¡AVANZA! ____ de 100 puntos Nota ___________

¡Éxito! Has alcanzado todos los objetivos de la unidad.

Repaso: Antes de pasar a la siguiente unidad, usa tu libro de texto para repasar cómo:

- ❑ discutir el impacto de la tecnología pp. 160–161
- ❑ expresar preocupaciones y posibilidades ambientales pp. 152–153
- ❑ hacer predicciones y discutir causas y electos pp. 155–156
- ❑ discutir obligaciones y responsabilidades pp. 178–179
- ❑ presentar y defender una opinión pp. 184–185
- ❑ expresar un punto de vista y hacer recomendaciones p. 189
- ❑ usar el futuro p. 157
- ❑ usar las preposiciones **por** y **para** p. 162
- ❑ usar el presente del subjuntivo p. 183
- ❑ usar más formas verbales del subjuntivo p. 188
- ❑ usar expresiones impersonales pp. 184–185

Nombre ______________________ Clase ____________ Fecha ____________

UNIT 3
Unit Test

Escuchar

A.

1. ______________________

2. ______________________

3. ______________________

4. ______________________

5. ______________________

Puedes:

❏ expresar preocupaciones y posibilidades ambientales

____ de 5 puntos

B.

1. ______________________

2. ______________________

3. ______________________

4. ______________________

5. ______________________

Puedes:

❏ discutir el impacto de la technología

____ de 5 puntos

Vocabulario y gramática

C.

1. ____________ ____________

2. ____________ ____________

3. ____________ ____________

4. ____________ ____________

5. ____________ ____________

Puedes:

❏ expresar preocupaciones y posibilidades ambientales

____ de 10 puntos

D.

1. ______________________
2. ______________________
3. ______________________
4. ______________________
5. ______________________

Puedes:

❑ expresar preocupaciones y posibilidades ambientales

____ de 10 puntos

E.

1. ______________________
2. ______________________
3. ______________________
4. ______________________
5. ______________________
6. ______________________

Puedes:

❑ presentar y apoyar una opinión

❑ usar expresiones impersonales y el subjuntivo

____ de 6 puntos

F.

1. ______________________
2. ______________________
3. ______________________
4. ______________________
5. ______________________
6. ______________________

Puedes:

❑ expresar preocupaciones y posibilidades ambientales

____ de 6 puntos

Nombre ______________________ Clase __________ Fecha __________

UNIT 3
Unit Test

G.

1. ______________________________

____

2. ______________________________

____

3. ______________________________

____

4. ______________________________

____

5. ______________________________

____

Puedes:

- ❏ presentar y apoyar una opinión
- ❏ usar el subjuntivo y expresiones impersonales

____ de 10 puntos

Leer

H.

1. __________

2. __________

3. __________

4. __________

5. __________

6. __________

Puedes:

- ❏ expresar preocupaciones y posibilidades ambientales

____ de 6 puntos

I.

1. ______________________________

____

2. ______________________________

____

3. ______________________________

____

4. ______________________________

____

Puedes:

- ❏ presentar y apoyar una opinión

____ de 4 puntos

Nombre ______________________ Clase __________ Fecha __________

Cultura

J.

1. ______________________

2. ______________________

3. ______________________

4. ______________________

5. ______________________

6. ______________________

7. ______________________

8. ______________________

Puedes:
❑ expresar datos culturales sobre Centroamérica

____ de 8 puntos

UNIT 3
Unit Test

Hablar

K.

Puedes:
❑ discutir obligaciones y responsabilidades
❑ hacer recomendaciones ____ de 15 puntos

Criterio de habla	5 puntos	3 puntos	1 punto
Contenido	Tus oraciones tienen una secuencia lógica, y demuestras facilidad para hacer recomendaciones.	Algunas de tus oraciones tienen una secuencia lógica, y demuestras bastante facilidad para hacer recomendaciones.	Pocas de tus oraciones tienen una secuencia lógica, y demuestras facilidad limitada para hacer recomendaciones.
Comunicación	Toda la información que das se comprende perfectamente.	La mayor parte de la información que das se comprende perfectamente.	La mayor parte de la información que das es difícil de comprender.
Precisión	Usas el futuro, el subjuntivo y el vocabulario referente al tema con pocos errores gramaticales.	Usas el futuro, el subjuntivo y el vocabulario referente al tema con algunos errores gramaticales.	Usas el futuro, el subjuntivo y el vocabulario referente al tema con bastantes errores gramaticales.

Nombre ______________________ Clase __________ Fecha __________

UNIT 3
Unit Test

Escribir

L.

____
____
____
____
____
____
____
____
____
____
____
____
____
____
____
____
____
____
____

Puedes:

- ❑ expresar preocupaciones y posibilidades ambientales
- ❑ discutir el impacto de la tecnología

____ de 15 puntos

Criterio de escritura	5 puntos	3 puntos	1 punto
Contenido	Tus oraciones tienen una secuencia lógica, usas vocabulario apropiado, y demuestras facilidad para hablar de tecnología y mejoras para el futuro.	Algunas de tus oraciones tienen una secuencia lógica, usas vocabulario apropiado, y demuestras suficiente facilidad para hablar de tecnología y mejoras para el futuro.	Pocas de tus oraciones tienen una secuencia lógica, usas vocabulario limitado para hablar de para hablar de tecnología y mejoras para el futuro.
Comunicación	Toda las ideas que das se comprenden perfectamente.	La mayor parte de las ideas que das se comprenden perfectamente.	La mayor parte de las ideas que das son difíciles de comprender.
Precisión	Usas formas verbales y vocabulario referente al tema con pocos errores gramaticales.	Usas formas verbales y vocabulario referente al tema con algunos errores gramaticales.	Usas algunas formas verbales y vocabulario referente al tema con bastantes errores gramaticales.

Examen Lección 1

¡AVANZA! **Objetivo:** Demuestra que puedes:

- describir a las personas
- decirle a otros lo que deben hacer
- expresar deseos
- usar el subjuntivo
- hablar de cómo las personas famosas ayudan a la gente
- el subjuntivo con verbos de influencia
- sufijos

Escuchar

HL CD 4 Tracks 19, 20

A. Escucha la siguiente entrevista y contesta las preguntas con oraciones completas. (5 puntos)

1. ¿A qué se dedica la Sra. Benítez?

2. ¿Por qué Maribel la visita?

3. ¿Qué tipo de preguntas hace el cuestionario?

4. ¿Qué cualidad necesita Maribel para descubrir lo que quiere?

5. ¿Qué le aconseja la Sra. Benítez a Maribel al final de la entrevista?

B. Escucha la conversación telefónica y contesta las preguntas con oraciones completas. (5 puntos)

1. ¿Quién es Fernando? ¿Para qué estudia?

2. ¿Por qué Maribel quiere que Fernando salga bien?

3. ¿Con qué pregunta del cuestionario Maribel necesita ayuda?

4. ¿Cómo le responde Fernando a su amiga?

5. ¿Qué espera Maribel de la información que le da Fernando?

Nombre ______________________ Clase __________ Fecha __________

UNIT 4 LESSON 1
Test

Vocabulario y gramática

C. Mira las fotos y descríbelas con oraciones completas utilizando vocabulario de la lección sobre las características personales. (5 puntos)

1.

4.

2.

5.

3.

1. ______________________________

2. ______________________________

3. ______________________________

4. ______________________________

5. ______________________________

D. ¿Qué cualidad corresponde a cada uno de los siguientes adjetivos? Escribe una oración para cada cualidad. (5 puntos)

1. generosa

2. modesto

3. vanidoso

4. sinceras

5. tímido

E. Completa la carta de Lourdes, una amiga de Alfredo, con la forma correcta del subjuntivo. Usa los verbos entre paréntesis. (10 puntos)

Querido Alfredo:

Te aconsejo que **1.** ____ (ser) cantante. Tu voz no es para menos. Todos aquí deseamos que **2.** ____ (llegar) lejos, pero también esperamos que **3.** ____ (seguir) siendo tan sencillo como eres ahora. Es lógico que tú **4.** ____ (admirar) a los famosos, como a Juan Luis Guerra, pero te recomiendo que no los **5.** ____ (imitar) ni los **6.** ____ (idealizar): desarrolla tu propio estilo. ¡Ojalá que **7.** ____ (decidir) serlo, pero es necesario que **8.** ____ (ver) lo que más te conviene. ¿Por qué no vienes la semana próxima y hablamos? Mi amigo Amado Sierra, el empresario, va a estar aquí y quiero que lo **9.** ____ (conocer). Espero que **10.** ____ (poder) venir.

Un abrazo,

Lourdes

F. Escribe oraciones completas con las palabras dadas. Utiliza el subjuntivo y añade las palabras que sean necesarias. (15 puntos)

1. el electricista/sugerir/yo _______.
2. Santi y Tania/prohibir/tú _______.
3. nadie/esperar/el detective _______.
4. la patrocinadora/querer/Luis Miguel _______.
5. los científicos/desear/el aire _______.

G. Completa las oraciones de forma original. Puedes usar verbos como **idealizar, comportarse, entrevistar, investigar, imitar, personificar, destacarse.** (10 puntos)

1. Espero que tú __________.
2. Los padres de Carlos quieren que él __________.
3. Te pido que __________.
4. En este museo prohíben que __________.
5. El director de escena nos aconseja que __________.

Leer

Lee la introducción que aparece en el libro de las *Fábulas* de Esopo. Luego, lee la fábula y completa la actividad H.

Las fábulas son historias de animales que representan las buenas y las malas cualidades de los seres humanos. Toda fábula tiene una moraleja o enseñanza. Esopo fue un ingenioso autor de fábulas. Esopo era un esclavo que nació y vivió en Grecia hace unos dos mil quinientos años.

La cigarra y la hormiga (fábula)
Un hermoso día de verano, una cigarra iba cantando y saltando, feliz por el campo. Una hormiga pasaba por allí, cargada con una inmensa mazorca de maíz que llevaba a su nido.

—Te invito a que vengas, cantes y juegues conmigo. —dijo la cigarra.

—Tengo que recoger alimento para el invierno, y te aconsejo que tú hagas lo mismo. Espera a que llegue el invierno y verás. —contestó la hormiga.

—¿Para qué molestarse y pensar en el invierno—dijo la cigarra—tenemos suficiente comida por ahora. La hormiga continuó su camino y continuó su tarea.

Cuando llegó el invierno, la cigarra no tenía qué comer y se moría de hambre, mientras que la hormiga se servía todos los días de lo que recogió en el verano.

H. Contesta las preguntas con oraciones completas. (10 puntos)

1. ¿Qué son las fábulas?
2. ¿Qué tiene siempre una fábula?
3. ¿Quién se preocupa más, la hormiga o la cigarra?
4. ¿Qué le aconseja la hormiga a la cigarra?
5. ¿Qué aprendes con esta fábula?

Cultura

I. Contesta las preguntas con oraciones completas. (5 puntos)

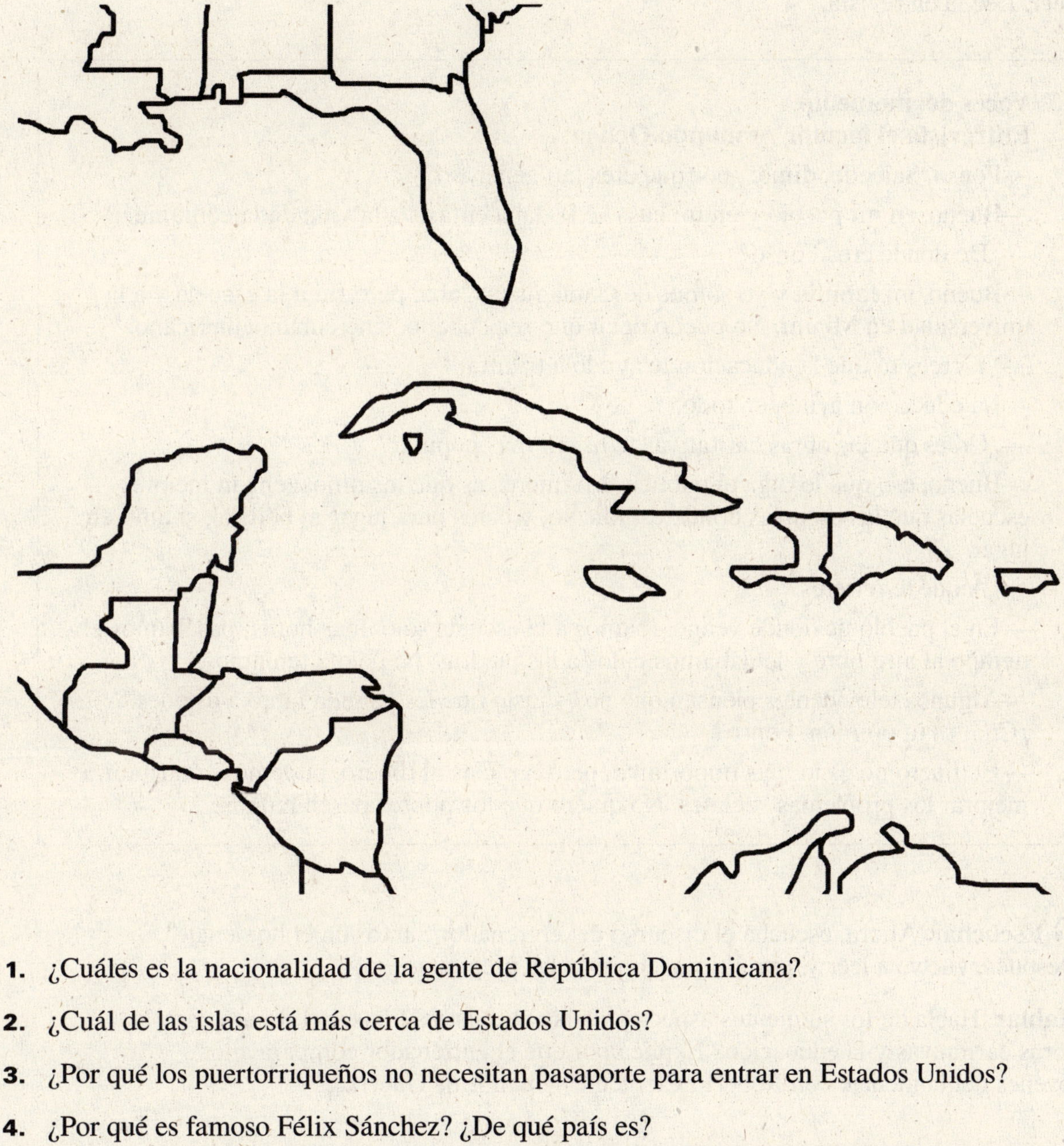

1. ¿Cuáles es la nacionalidad de la gente de República Dominicana?

2. ¿Cuál de las islas está más cerca de Estados Unidos?

3. ¿Por qué los puertorriqueños no necesitan pasaporte para entrar en Estados Unidos?

4. ¿Por qué es famoso Félix Sánchez? ¿De qué país es?

5. Esmeralda Santiago es una escritora puertorriqueña. ¿Cuál es su novela famosa que habla de la inmigración a Estados Unidos?

Hablar

HL CD 4 Tracks 21, 22

J. Lee la entrevista a un jóven jugador de béisbol, que apareció en "Voces del Momento". Tienes un minuto para leer. Luego escucha el discurso que el entrenador Dionisio Santos dio en el banquete de homenaje. (15 puntos)

Leer. Lee la entrevista.

Voces del momento
Entrevista el locutor Armando Ochoa

—Fonso, Salcedo, dime: ¿por qué eres tan generoso?

—Bueno, en mi pueblo y en mi casa se le daba énfasis a la vida de la comunidad.

—¿De dónde eres Fonso?

—Bueno, mi familia y yo somos de Camagüey, Cuba, pero fui a la escuela y a la universidad en Miami. No puedo decir que sea cubano, sino cubanoamericano.

—¿Y crees tú que la educación te ayudó a triunfar?

—La educación ayuda en todo.

—¿Crees que las obras caritativas te hacen más popular?

—Bueno, eso que lo diga el público. Mi interés es que los niños tengan mejores escuelas que las escuelas donde estudié yo, y bates para jugar al béisbol, si quieren jugar.

—¿A qué te refieres?

—En el pueblo de donde vengo, íbamos a la escuela sólo unas horas; pasábamos el tiempo al aire libre y le dábamos palos a las piedras. Ni pelota teníamos.

—Algunos televidentes piensan que no es justo que les paguen tanto a ustedes. ¿Cuál es tu opinión, Fonso?

—El dinero no es lo más importante, pero, gracias al dinero, podemos contribuir a mejorar los problemas sociales. No quiero que los pobres pasen hambre.

Escuchar. Ahora, escucha el discurso del entrenador Santos en el homenaje. Después, vuelve a leer y, por último, contesta las preguntas.

Hablar. Habla de los siguientes aspectos de la entrevista a Fonso: el dinero, las obras caritativas y la educación? Explica por qué el entrenador compara a los jóvenes del homenaje con Roberto Clemente y Juan Luis Guerra.

Nombre ______________________________ Clase __________ Fecha __________

Escribir

HL CD 4 Tracks 23, 24

K. Lee el anuncio de un agencia de empleos. Luego escucha el mensaje que te mandó un estudio de televisión interesado en tus servicios. Después respóndele al estudio con una carta de presentación. (15 puntos)

Leer. Lee el anuncio.

Agencia Ejecutiva Cuatro Estrellas

Ofrecemos posiciones a nivel ejecutivo, y para principiantes, en diversas profesiones.

Solicitamos estudiantes destacados, con orientación al triunfo, para ocupar las siguientes posiciones:

Posición	**Cualificaciones**
director de empresa -trabajo ejecutivo	considerado y razonable
ayudante de laboratorio	especializado
visitadora social	paciente y comprensiva
ingeniero industrial	sobresaliente y hábil
diferentes cargos en telecomunicaciones	ingeniosos y populares
locutores/programadores	

Nuestra labor es ponerlo a usted en contacto con su futuro.

Es importante que tenga experiencia en el campo que solicita, y que sus cualificaciones estén a nivel profesional.

Esperamos que los solicitantes de hoy sean los líderes del mañana.

Escuchar. Ahora, escucha el mensaje. Toma notas mientras escuchas.

Escribir. Por último, escribe tu carta de presentación. Usa la hoja de respuestas para escribir.

¡AVANZA! ____ de 100 puntos Nota __________

¡Éxito! Has alcanzado todos los objetivos de la lección.

Repaso: Antes de pasar a la siguiente lección, usa tu libro de texto para repasar cómo:

- ❑ describir a las personas pp. 212–213
- ❑ decirle a otros lo que deben hacer p. 222
- ❑ expresar deseos p. 217
- ❑ usar el subjuntivo con **ojalá** y verbos de deseo pp. 217–218, 222–223
- ❑ sufijos

Nombre ______________________ Clase __________ Fecha __________

UNIT 4 LESSON 1
Test

Escuchar

A.

1. ______________________

2. ______________________

3. ______________________

4. ______________________

5. ______________________

Puedes:
❑ describir a las personas
____ de 5 puntos

B.

1. ______________________

2. ______________________

3. ______________________

4. ______________________

5. ______________________

Puedes:
❑ describir a las personas
____ de 5 puntos

Vocabulario y gramática

C.

1. ______________________

2. ______________________

3. ______________________

4. ______________________

5. ______________________

Puedes:
❑ describir a las personas
____ de 5 puntos

D.

1. ______________________

2. ______________________

3. ______________________

4. ______________________

5. ______________________

Puedes:
❑ describir a las personas
____ de 5 puntos

E.

1. ______________ 6. ______________
2. ______________ 7. ______________
3. ______________ 8. ______________
4. ______________ 9. ______________
5. ______________ 10. ______________

Puedes:
❑ usar el subjuntivo
____ de 10 puntos

F.

1. ______________________________
2. ______________________________
3. ______________________________
4. ______________________________
5. ______________________________

Puedes:
❑ usar el subjuntivo
____ de 15 puntos

G.

1. ______________________________
2. ______________________________
3. ______________________________
4. ______________________________
5. ______________________________

Puedes:
❑ expresar deseos
____ de 10 puntos

Leer

H.

1. ______________________________

____

2. ______________________________

____

3. ______________________________

____

4. ______________________________

____

5. ______________________________

____

Puedes:
- ❑ describir a las personas
- ❑ decirle a otros lo que deben hacer

____ de 10 puntos

Nombre ______________________ Clase __________ Fecha __________

UNIT 4 LESSON 1 Test

Cultura

I.

1. ______________________

2. ______________________

3. ______________________

4. ______________________

5. ______________________

Puedes:
❑ reconocer y dar datos culturales sobre el Caribe

____ de 5 puntos

Hablar

J.

Puedes:
❑ expresar información y describir a las personas ____ de 15 puntos

Criterio de habla	5 puntos	3 puntos	1 punto
Contenido	Tus oraciones tienen una secuencia lógica, y demuestras buen uso del vocabulario apropiado.	Algunas de tus oraciones tienen una secuencia lógica, y demuestras bastante buen uso del vocabulario apropiado.	Pocas de tus oraciones tienen una secuencia lógica, y demuestras uso limitado del vocabulario apropiado.
Comunicación	Toda la información que das se comprende perfectamente.	La mayor parte de la información que das se comprende perfectamente.	La mayor parte de la información que das es difícil de comprender.
Precisión	Usas las formas verbales y el vocabulario referente al tema con pocos errores gramaticales.	Usas las formas verbales y el vocabulario referente al tema con algunos errores gramaticales.	Usas algunas formas verbales y el vocabulario referente al tema con bastantes errores gramaticales.

Nombre ______________________ Clase __________ Fecha __________

Escribir

K.

Puedes:

- ❏ expresar deseos
- ❏ decirle a otros lo que deben hacer
- ❏ usar el subjuntivo

____ de 15 puntos

Criterio de escritura	5 puntos	3 puntos	1 punto
Contenido	Tus oraciones tienen una secuencia lógica, usas vocabulario apropiado, y demuestras facilidad en expresar tus deseos.	Algunas de tus oraciones tienen una secuencia lógica, usas bastante vocabulario apropiado, y demuestras suficiente facilidad en expresar tus deseos.	Pocas de tus oraciones tienen una secuencia lógica, usas vocabulario limitado para expresar tus deseos.
Comunicación	Toda las ideas que das se comprenden perfectamente.	La mayor parte de las ideas que das se comprenden perfectamente.	La mayor parte de las das que das son difíciles de comprender.
Precisión	Usas formas verbales y vocabulario referente al tema con pocos errores gramaticales.	Usas formas verbales y vocabulario referente al tema con algunos errores gramaticales.	Usas algunas formas verbales y vocabulario referente al tema con bastantes errores gramaticales.

Nombre ______________________ Clase __________ Fecha __________

Examen Lección 2

¡AVANZA! **Objetivo:** Demuestra que puedes:

- describir a personas y cosas
- expresar duda y negación
- expresar emociones negativas y positivas
- usar el subjuntivo con expresiones de duda y de emoción

Escuchar

HL CD 4 Tracks 25, 26

A. Escucha la grabación y contesta las preguntas con oraciones completas. (5 puntos)

1. ¿Cómo se llama la chica?
2. ¿Qué profesión describe?
3. Según la chica, ¿cuál es el objetivo de esta profesión?
4. ¿Por qué algunos periodistas no son honestos?
5. ¿Qué puedes hacer para conocer diferentes tipos de periodismo?

B. Escucha la conversación y contesta las preguntas con oraciones completas. (5 puntos)

1. ¿Cuál de los dos personajes logró su sueño de la infancia? ¿A qué se dedica?
2. ¿En qué se parecen el trabajo del policía y del bombero?
3. ¿Por qué el trabajo de bombero es un sacrificio para Manolo?
4. ¿Qué cualidad es necesaria para trabajar de bombero?
5. ¿Qué va a hacer Patricia después de hablar con Manolo?

Nombre ______________________________ Clase __________ Fecha __________

Vocabulario y gramática

C. Mira los dibujos y escribe dos oraciones sobre la profesión de cada uno. Describe cómo deben ser esos profesionales y qué deben hacer. (10 puntos)

1.
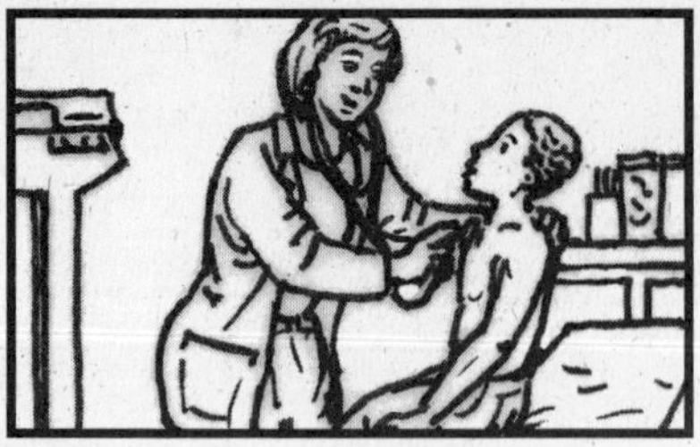

4.

2.

5.

3.

D. Completa las oraciones con la palabra apropiada. (10 puntos)

1. Si en tu carrera vences todos los obstáculos, vas a tener muchos __________.
2. Tu dedicación es excelente. Cumples totalmente con tu __________.
3. El nuevo invento es __________: va a revolucionar la técnica.
4. Un bombero decidido y valiente es la __________ clásica del héroe.
5. No dudo que Santiago alcance su __________.
6. Me alegro de que hagas ese __________ por tus padres.
7. Nos conocemos hace mucho tiempo. Nuestra __________ es sincera.
8. Quiero ser astronauta; __________, tengo que estudiar y estar bien físicamente.
9. Einstein fue un __________ genio.
10. Este pintor no imita, sus cuadros son __________.

Nombre _______________ Clase _______ Fecha _______

UNIT 4 LESSON 2 Test

E. Escribe oraciones completas. Describe a estas personas con una cualidad, en el superlativo. (5 puntos)

1. Mis padres
2. La vecina de enfrente
3. El candidato
4. Las secretarias de esta oficina
5. Tú

F. Tu amigo a veces exagera y tú no le crees todo lo que te dice. Cambia sus afirmaciones a dudas. Usa diferentes expresiones. (5 puntos)

1. Este policía siempre tiene el propósito de ayudar y es muy arriesgado.
2. Ese el periodista siempre toma las mejores fotos.
3. Mi hermano va a ser un político muy famoso.
4. Pablo alcanzará sus metas y encontrará la fama que busca.
5. Hoy es el día más frío y más largo del año.

G. Escribe oraciones completas de negación, duda o emoción con los verbos y los sujetos dados. (10 puntos)

1. yo/no estar seguro/tú
2. Pedro/dudar/yo
3. los ciudadanos/no creer/los políticos
4. nosotros/sentir/Marisa
5. mi madre/no esperar/el carpintero
6. yo/alegrarse de que/mis amigos
7. ellas/sorprenderse de que/músicos
8. él/no dudar que/los periodistas
9. ellos/sentir/el veterinario
10. yo/negar/el proyecto

Nombre ______________________ Clase __________ Fecha __________

Leer

Lee el artículo que apareció en el periódico *El caribeño.* Luego completa las actividades H e I.

¡Auténtica valentía en Boca Manglar!
¡Créanlo o no!

Boca Manglar. 27 de junio. Los ciudadanos y turistas de Boca Manglar tuvieron la oportunidad de convertirse en héroes ayer, cuando un helicóptero cayó entre los manglares *(mangrove swamp).* Estos árboles crecen en agua de mar cerca de la costa, en los países tropicales del Golfo de México, desde la República Dominicana hasta Puerto Rico y la costa de Florida, y en ellos viven cocodrilos, manatíes, tortugas y otras especies de tierra y mar. Además del agua del mar, los manglares necesitan el agua dulce de la lluvia. Es raro que no llueva en Boca Manglar, pero ahora tenemos sequía y hace mucho calor. Es posible que no lo crean, pero sin agua y con el calor, los cocodrilos descansan al aire libre. ¡Qué imagen de terror!

El piloto del helicóptero y sus dos auxiliares de vuelo se arriesgaron con valentía. La gente tenía miedo pero, con su ayuda, lograron salir adelante. Un voluntario trajo una canoa pero no pudieron remar. Fue sorprendente verlos caminar sobre un suelo de cocodrilos para llegar a la orilla. No es extraño que se sientan héroes.

H. Decide si las siguientes oraciones son ciertas o falsas de acuerdo con el artículo del periódico. Si son falsas, corrígelas. (5 puntos)

1. Parte de Florida es tropical.
2. El mangle es un tipo de cocodrilo.
3. El artículo habla de Cuba.
4. En este caso, el piloto tuvo miedo.
5. La noticia apareció en el periódico.

I. Contesta las preguntas con oraciones completas. (5 puntos)

1. ¿Quién cuenta la historia?
2. ¿Quiénes fueron héroes en este episodio?
3. ¿Por qué la gente tenía miedo?
4. ¿Por qué no pudieron usar la canoa?
5. ¿Te crees la historia o tienes tus dudas? Explica.

Nombre ______________________ Clase __________ Fecha __________

Cultura

J. Contesta con oraciones completas sobre la geografía y las tradiciones. (10 puntos)

1. Describe un festival de carnaval en el Caribe.
2. ¿Cómo dibujaba Amelia Peláez los objetos o las personas de sus cuadros? ¿Cómo pintaba el resto del cuadro? ¿Con qué propósito?
3. ¿Qué influye en la pintura de Myrna Báez?
4. ¿Por qué crees que Myrna Báez pintó un manglar?
5. ¿Qué es la ñapa?

UNIT 4 LESSON 2
Test

Hablar

HL CD 4 Tracks 27, 28

K. Lee el guión. Tienes un minuto para leerlo. Luego escucha, vuelve a leer, y por último, completa la conversación. (15 puntos)

[phone rings]

Tú: Contesta el teléfono.

Alfonso: (Te pregunta cómo estás.)

Tú: Contéstale la pregunta.

Alfonso: (Te cuenta sobre sus planes de viaje y te pregunta lo que piensas.)

Tú: Contéstale la pregunta.

Alfonso: (Te pregunta acerca de ciertos planes que tiene durante su visita.)

Tú: Contéstale la pregunta.

Alfonso: (Te pregunta algo más sobre sus planes durante su visita.)

Tú: Contéstale la pregunta.

Alfonso: (Te pregunta algo acerca del programa de televisión *The Apprentice* (**El aprendiz**))

Tú: Contéstale la pregunta.

Alfonso: (Se despide de ti.)

Tú: Termina la conversación, despídete y cuelga.

Escribir

HL CD 4 Tracks 29, 30

L. Hay muchas personas a las que podrías imitar y quieres participar en el proyecto "Mi héroe".

Leer. Lee la información que encontraste en el Internet. (15 puntos)

¿Quieres participar en el proyecto MI HÉROE?

MI HÉROE es un proyecto educativo de Internet que celebra lo mejor de la humanidad. Nuestra misión es interesar a personas de todas las edades contándoles nuestras historias de héroes de todo el planeta. En nuestra página de Internet pueden explorar historias de figuras históricas o contemporáneas, como Jorge Luis Borges, Roberto Clemente, y la Madre Teresa, además de héroes comunes como tú y yo.

En el Libro de Visitas de MI HÉROE, personas de todas edades pueden presentar historias que celebran a científicos, artistas, y otros héroes. Los niños dicen que están orgullosos de sus amigos y familiares, mientras los padres y maestros dicen que están orgullosos de los niños.

http://www.egrants.org.com

Escuchar. Escucha el mensaje que recibiste de tu amiga Elvira. Ella sabe que quieres ser escritor.

Escribir. Elige a tu héroe y escribe sobre sus cualidades, su comportamiento, y por qué o cómo te inspira.

¡AVANZA! ____ de 100 puntos Nota __________

¡Éxito! Has alcanzado todos los objetivos de la lección.

Repaso: Antes de pasar a la siguiente lección, usa tu libro de texto para repasar cómo:

- ❏ describir personas y cosas pp. 238–239
- ❏ expresar duda y negación p. 243
- ❏ expresar emociones positivas y negativas p. 248
- ❏ usar el subjuntivo con expresiones de duda p. 243
- ❏ usar el subjuntivo con expresiones de emoción p. 248

Nombre ______________________ Clase __________ Fecha __________

UNIT 4 LESSON 2 Test

Escuchar

A.

1. ______________________

2. ______________________

3. ______________________

4. ______________________

5. ______________________

Puedes:
❑ describir a las personas
____ de 5 puntos

B.

1. ______________________

2. ______________________

3. ______________________

4. ______________________

5. ______________________

Puedes:
❑ describir a las personas
____ de 5 puntos

Vocabulario y gramática

C.

1. ______________________
____

2. ______________________
____

3. ______________________
____

4. ______________________
____

5. ______________________
____

Puedes:
❑ describir a las personas
❑ expresar duda
____ de 10 puntos

Nombre ______________________ Clase __________ Fecha __________

D.

1. ______________________
2. ______________________
3. ______________________
4. ______________________
5. ______________________
6. ______________________
7. ______________________
8. ______________________
9. ______________________
10. ______________________

Puedes:

❏ describir a personas y cosas

____ de 10 puntos

UNIT 4 LESSON 2 Test

E.

1. ______________________
2. ______________________
3. ______________________
4. ______________________
5. ______________________

Puedes:

❏ describir a las personas en el superlativo

____ de 5 puntos

F.

1. ______________________
2. ______________________
3. ______________________
4. ______________________
5. ______________________

Puedes:

❏ expresar duda y negación

____ de 5 puntos

Nombre ______________________ Clase __________ Fecha __________

UNIT 4 LESSON 2
Test

G.

1. ______________________
2. ______________________
3. ______________________
4. ______________________
5. ______________________
6. ______________________
7. ______________________
8. ______________________
9. ______________________
10. ______________________

Puedes:

- ❑ expresar emociones negativas y afirmativas

____ de 10 puntos

Leer

H.

1. C F ______________________
2. C F ______________________
3. C F ______________________
4. C F ______________________
5. C F ______________________

Puedes:

- ❑ describir cosas
- ❑ determinar cierto o falso

____ de 5 puntos

I.

1. ______________________
2. ______________________
3. ______________________
4. ______________________
5. ______________________

Puedes:

- ❑ describir a las personas
- ❑ expresar duda y negación

____ de 5 puntos

Nombre ______________________ Clase ____________ Fecha ____________

Cultura

J.

1. ______________________________

2. ______________________________

3. ______________________________

4. ______________________________

5. ______________________________

Puedes:

❑ reconocer y dar datos culturales sobre El Caribe

____ de 10 puntos

Hablar

K.

Puedes:

❑ describir cosas

❑ expresar duda

❑ expresar emociones positivas y negativas ____ de 15 puntos

Criterio de habla	5 puntos	3 puntos	1 punto
Contenido	Tus oraciones tienen una secuencia lógica, y demuestras buen uso del vocabulario apropiado.	Algunas de tus oraciones tienen una secuencia lógica, y demuestras bastante buen uso del vocabulario apropiado.	Pocas de tus oraciones tienen una secuencia lógica, y demuestras uso limitado del vocabulario apropiado.
Comunicación	Toda la información que das se comprende perfectamente.	La mayor parte de la información que das se comprende perfectamente.	La mayor parte de la información que das es difícil de comprender.
Precisión	Usas las formas verbales de duda y el vocabulario referente al tema con pocos errores gramaticales.	Usas las formas verbales de duda y el vocabulario referente al tema con algunos errores gramaticales.	Usas algunas formas verbales de duda y el vocabulario referente al tema con bastantes errores gramaticales.

Nombre ______________________ Clase __________ Fecha __________

UNIT 4 LESSON 2
Test

Escribir

L.

Puedes:
- ❑ describir a las personas
- ❑ expresar cómo te inspiran

____ de 15 puntos

Criterio de escritura	5 puntos	3 puntos	1 punto
Contenido	Tus oraciones tienen una secuencia lógica, usas vocabulario apropiado, y demuestras facilidad en expresar tus decripciones e inspiración.	Algunas de tus oraciones tienen una secuencia lógica, usas vocabulario apropiado, y demuestras suficiente facilidad en expresar decripciones e inspiración.	Pocas de tus oraciones tienen una secuencia lógica, usas vocabulario limitado para expresar tus decripciones e inspiración.
Comunicación	Toda las ideas que das se comprenden perfectamente.	La mayor parte de las ideas que das se comprenden perfectamente.	La mayor parte de las ideas que das son difíciles de comprender.
Precisión	Usas formas verbales de duda y emoción, y vocabulario referente al tema con pocos errores gramaticales.	Usas formas verbales de duda y emoción, y vocabulario referente al tema con algunos errores gramaticales.	Usas algunas formas verbales de duda y emoción, y vocabulario referente al tema con bastantes errores gramaticales.

Nombre ______________________ Clase __________ Fecha ____________

Examen Unidad 4

¡AVANZA! **Objetivo:** Demuestra que puedes:

- describir personas y cosas
- decirle a otros lo que deben hacer
- expresar deseos
- expresar duda y negación
- expresar emociones negativas y positivas
- usar el subjuntivo con **ojalá** y verbos de deseo
- usar sufijos

UNIT 4
Unit Test

Escuchar

HL CD 4 Tracks 31, 32

A. Escucha el diálogo entre Alfonso y Juliá y contesta las preguntas. (5 puntos)

1. ¿Qué quiere lograr Alfonso?
2. ¿Qué profesión admira Alfonso?
3. ¿Cuáles son las cualidades que admira?
4. ¿Por qué se sorprende Julia?
5. ¿Qué quería hacer Luis de grande y qué estudia ahora?

B. Escucha lo que sobre su tío Alonso dice su sobrino. Contesta las siguientes preguntas con oraciones completas. (5 puntos)

1. ¿Qué profesión siguió el tío Alonso?
2. ¿A quiénes quería mucho Alonso en su infancia?
3. ¿Cómo describe a los perros el sobrino que habla?
4. ¿Cuál es el oficio de algunos perros?
5. ¿Qué quiere hacer el sobrino de Alonso en el futuro?

Nombre _______________ Clase _______________ Fecha _______________

Vocabulario y gramática

C. Usa adjetivos para describir las personas. Escribe oraciones completas. (4 points)

1.  Ellas

3.  Ella

2.  Él

4.  Ellos

D. Utiliza el subjuntivo para describir las cualidades que esperas de estas personas. (6 puntos)

1. Espero que/ un doctor _______________
2. Me gustaría que/los amigos _______________
3. Ojalá que/ el mecánico _______________
4. Espero que/la policía _______________
5. Deseo que/los políticos _______________
6. Ojalá que/los científicos _______________

E. Contesta las siguientes preguntas para escoger posibles profesiones que correspondan con estas cualidades. Usa oraciones completas con respuestas lógicas. (5 puntos)

1. ¿Qué trabajo le conviene a una persona paciente?
2. ¿Qué puede hacer una persona ingeniosa?
3. ¿Cuál es el mejor trabajo para una persona atrevida?
4. ¿A qué se debe dedicar una persona comprensiva?
5. ¿Qué trabajo debe hacer una persona razonable?

F. Usa expresiones de duda para escribir preguntas con las palabras siguientes. (5 puntos)

1. policía
2. veterinario
3. artista
4. vecino
5. entrenador

G. Completa el párrafo con diferentes verbos utilizándolos en el modo apropiado (subjuntivo o indicativo). (4 puntos)

Mi profesora nos manda que le **1.** __________ una entrevista a una persona popular. Por eso, voy a entrevistar a mi vecino, que es artista. Vamos a ver: quiero que me **2.** __________ cómo se comporta en casa; quiero que me **3.** __________ de su familia. Es probable que los lectores **4.** __________ saber algo sobre su vida familiar.

H. Usa los sujetos y los verbos dados para formar oraciones. Completa con otro sujeto para expresar la idea de influencia con el subjuntivo. (6 puntos)

1. Diana/exigir ____________________________
2. Tú/aconsejar ____________________________
3. El secretario/mandar ____________________________
4. El programador/no dejar ____________________________
5. Los políticos/sugerir ____________________________
6. El policía/prohibir ____________________________

I. Contesta con oraciones completas para aconsejar a las siguientes personas. (10 puntos)

1. ¿Qué profesión desean tus padres que sigas tú?
2. ¿Qué problema esperas que solucione algún político (en particular)?
3. ¿Qué música prefieres que escuchen tus amigos?
4. ¿Qué aconsejas tú a ti y a tus demás compañeros de clase?
5. ¿Qué le sugieres a tu hermanito(a) menor?

UNIT 4
Unit Test

Leer

El **Premio Nobel de Literatura** es uno de los seis premios que creó Alfred Nobel. Según sus palabras, el premio debe entregarse cada año a la persona que *«produzca en el campo de la literatura la obra más destacada»*. La institución que selecciona al ganador es la Academia Sueca de Estocolmo.

En el siglo XX diez de los 100 ganadores fueron hispanohablantes: los españoles José Echegaray y Eizaguirre (1904), Jacinto Benavente (1922), Juan Ramón Jiménez (1956), Vicente Aleixandre (1977), y Camilo José Cela (1989); los chilenos Gabriela Mistral (1945) y Pablo Neruda (1971); el guatemalteco Miguel Ángel Asturias (1967); el colombiano Gabriel García Márquez (1982) y el mexicano Octavio Paz (1990). Gabriela Mistral se destaca en ser la primera mujer en la historia en conseguir el máximo premio literario.

El Premio Nobel se entrega también en los campos de la física, química, fisiología y medicina, paz y economía.

J. Di si las oraciones son ciertas (C) o falsas (F). Vuélvelas a escribir si no son correctas. (5 puntos)

1. El Premio Nobel sólo se da en literatura.
2. El premio se entrega en Estocolmo, Suecia.
3. Ocho de cien escritores fueron españoles.
4. Juan Ramón Jiménez lo ganó en 1922.
5. Octavio Paz es un escritor mexicano.

K. Contesta las siguientes preguntas con información de la lectura. (5 puntos)

1. ¿De qué país eran Mistral y Neruda?
2. ¿Cuantos hispanohablantes ganaron el premio Nobel de literatura en el siglo XX?
3. ¿Por qué se llama «premio Nobel»?
4. ¿Por qué crees que debemos admirar a estos ganadores?
5. ¿Admiras tú a alguien en literatura, música o deportes? ¿Quién es? Piensa en un premio para esa persona, y di por qué se lo quieres dar.

Nombre ______________________ Clase __________ Fecha __________

Cultura

L. Contesta las preguntas con oraciones completas. (5 puntos)

1. ¿Qué escritora caribeña escribe sobre "el sueño americano" en una de sus novelas?
2. ¿Qué es la Fundación 4.40?
3. ¿Quién recibió el título del jugador más valioso del año en 1966?
4. ¿Qué dominicano ganó una medalla de oro en los Juegos Olímpicos?
5. ¿Quién es una de las periodistas latinas más famosas de los Estados Unidos?

M. Completa la tabla. (5 puntos)

	País	Profesión	Características
1. Félix Sánchez			
2. Cristina Saralegui			
3. Roberto Clemente			
4. Juan Luis Guerra			
5. Esmeralda Santiago			

Hablar

HL CD 4 Tracks 33, 34

N. Vas a hacerle una entrevista simulada telefónica al cantante Mario Solís Primero, lee el bosquejo de la entrevista, que aparece en la página. Luego, escucha el audio. Tú sólo oirás lo que te contesta Mario Solís. Luego, escucha el audio de nuevo. Esta vez participarás en la entrevista haciendo las preguntas. Fíjate bien en lo que debe contestarte Mario Solís. Usando el bosquejo de esta página. Una señal te indicará cuando te toque a ti hablar. (15 puntos)

[Suena el teléfono.]

Mario Solís: Te saluda y se presenta.

Tú: Preséntate y saluda.

Mario Solís: Te agradece la entrevista.

Tú: Contéstale y dile que te alegra poder entrevistarlo.

Mario Solís: Te dice que él también se alegra.

Tú: Dile que te gustaría hacerle muchas preguntas.

Mario Solís: Te contesta que no hay problema pero no quiere que investigues su vida personal.

Tú: Dile que está bien pero que a la gente le gusta saber.

Mario Solís: Te contesta.

Tú: Pregúntale si cree que es el cantante más popular ahora.

Mario Solís: Te contesta.

Tú: Dile que la gente lo idealiza.

Mario Solís: Te contesta.

Tú: Pregúntale si es sincero y si es generoso.

Mario Solís: Te contesta.

Tú: Dile que la gente lo admira por su talento y su generosidad.

Mario Solís: Te contesta.

Tú: Pídele que cante algo.

Mario Solís: Te contesta.

Tú: Le agradeces.

Escribir

HL CD 4 Tracks 35, 36

O. Tu clase va a elegir a un nuevo presidente. Tienes un candidato a quien quieres recomendar. Vas a escribir una carta en que des tu opinión sobre el líder ideal. Lee la presentación que escribió el presidente actual para su re-elección. Luego escucha los principios y comentarios que leyó otro candidato. Por último, escribe una carta en que des tu opinión sobre el (la) líder ideal. (15 puntos)

Leer: Tu clase va a elegir a un nuevo presidente. Lee la presentación que escribió el presidente actual para solicitar apoyo para su re-elección.

> Queridos compañeros:
>
> Quiero que me elijan de nuevo como presidente. Soy una persona activa, razonable y comprensiva, y no busco la fama. Mi propósito es mantener su amistad y hacer que ustedes presenten y discutan sus ideas, para que nos sea más fácil encontrar soluciones a los asuntos relacionados con la graduación.
>
> Es imprescindible que tengamos una fiesta de graduación divertidísima. Ésa fue mi promesa el año pasado. Quiero que comprendan que si no pudimos recaudar suficientes fondos el año pasado, ¡sí lo lograremos este año! Debo recordarles que tendremos más maneras de conseguir el dinero que necesitamos. Denme otra oportunidad, y con mi esfuerzo y el de ustedes, tendremos éxito.

Escuchar: Escucha los principios y comentarios que leyó el representante del comité para elegir al (a la) nuevo(a) presidente(a) de tu clase.

Escribir: Tienes un(a) candidato(a) a quien quieres recomendar. Puedes ser tú mismo(a). Escribe tu carta sobre el (la) líder ideal. Debes exponer claramente las cualidades de tu candidato(a) y expresar tu opinión sobre los resultados en el futuro de elegir a este(a) candidato(a). (Usa la hoja de respuestas para escribir.)

Ahora, escucha las opiniones del comité. Toma notas mientras escuchas.

¡AVANZA! ____ de 100 puntos   Nota __________

¡Éxito! Has alcanzado todos los objetivos de la unidad.

Repaso: Antes de pasar a la siguiente unidad, repasa en tu libro de textos:

- ❑ describir personas y cosas pp. 212–213, 238–239
- ❑ decirle a otros lo que deben hacer p. 222
- ❑ expresar deseos p. 217
- ❑ expresar dudas y negación pp. 243–247
- ❑ expresar emociones negativas y positivas pp. 248–249
- ❑ usar el subjuntivo con expresiones de duda y de emoción pp. 217, 222, 243, 248

Nombre ______________________ Clase __________ Fecha __________

UNIT 4
Unit Test

Escuchar

A.

1. ______________________

2. ______________________

3. ______________________

4. ______________________

5. ______________________

Puedes:
❑ describir personas y cosas
____ de 5 puntos

B.

1. ______________________

2. ______________________

3. ______________________

4. ______________________

5. ______________________

Puedes:
❑ describir personas y cosas
❑ expresar deseos
____ de 5 puntos

Vocabulario y gramática

C.

1. ______________________

2. ______________________

3. ______________________

4. ______________________

Puedes:
❑ describir personas y cosas
____ de 4 puntos

D.

1. ______________________

2. ______________________

3. ______________________

4. ______________________

5. ______________________

6. ______________________

Puedes:
❑ describir a las personas
____ de 6 puntos

Nombre ______________________ Clase __________ Fecha __________

UNIT 4
Unit Test

E.

1. ______________________
2. ______________________
3. ______________________
4. ______________________
5. ______________________

Puedes:
❑ describir a las personas
____ de 5 puntos

F.

1. ______________________
2. ______________________
3. ______________________
4. ______________________
5. ______________________

Puedes:
❑ expresar duda y negación
____ de 5 puntos

G.

1. ______________
2. ______________
3. ______________
4. ______________

Puedes:
❑ expresar emociones negativas y positivas
____ de 4 puntos

H.

1. ______________________
2. ______________________
3. ______________________
4. ______________________
5. ______________________
6. ______________________

Puedes:
❑ decirle a otros lo que deben hacer
____ de 6 puntos

Nombre ______________________ Clase __________ Fecha __________

UNIT 4 Unit Test

I.

1. ______________________

2. ______________________

3. ______________________

4. ______________________

5. ______________________

Puedes:
- ❑ expresar duda y emociones

____ de 10 puntos

Leer

J.

1. C F ______________________

2. C F ______________________

3. C F ______________________

4. C F ______________________

5. C F ______________________

Puedes:
- ❑ hablar de cómo las personas famosas inspiran a la gente

____ de 5 puntos

K.

1. ______________________

2. ______________________

3. ______________________

4. ______________________

5. ______________________

Puedes:
- ❑ hablar de cómo las personas famosas inspiran a la gente
- ❑ expresar deseos y emociones

____ de 5 puntos

Nombre ______________________ Clase __________ Fecha __________

Cultura

L.

1. ______________________
2. ______________________
3. ______________________
4. ______________________
5. ______________________

Puedes:
❏ expresar datos culturales sobre personas hispanoamericanas
❏ describir personas
____ de 5 puntos

M.

Puedes:
❏ expresar datos culturales sobre personas hispanoamericanas ____ de 5 puntos

	País	Profesión	Características
Félix Sánchez			
Cristina Saralegui			
Roberto Clemente			
Juan Luis Guerra			
Esmeralda Santiago			

Hablar

N.

Puedes:
❏ describir personas ❏ decirle a otros lo que deben hacer
❏ hablar de cómo las personas famosas inspiran a la gente ____ de 15 puntos

Criterio de habla	5 puntos	3 puntos	1 punto
Contenido	Tus oraciones tienen una secuencia lógica, y demuestras facilidad en hacer preguntas en una entrevista.	Algunas de tus oraciones tienen una secuencia lógica, y demuestras bastante facilidad en hacer preguntas en una entrevista.	Pocas de tus oraciones tienen una secuencia lógica, y demuestras facilidad limitada en hacer preguntas en una entrevista.
Comunicación	Toda la información que das se comprende perfectamente.	La mayor parte de la información que das se comprende perfectamente.	La mayor parte de la información que das es difícil de comprender.
Precisión	Usas el futuro, el subjuntivo y el vocabulario referente al tema con pocos errores gramaticales.	Usas el futuro, el subjuntivo y el vocabulario referente al tema con algunos errores gramaticales.	Usas el futuro, el subjuntivo y el vocabulario referente al tema con bastantes errores gramaticales.

Nombre ______________________ Clase __________ Fecha __________

UNIT 4
Unit Test

Escribir

O.

____
____
____
____
____
____
____
____
____
____
____
____
____
____
____
____
____
____

Puedes:

- ❑ describir a personas e influenciar a otros
- ❑ hablar de efectos en el futuro

____ de 15 puntos

Criterio de escritura	5 puntos	3 puntos	1 punto
Contenido	Tus oraciones tienen una secuencia lógica, usas vocabulario apropiado, y demuestras facilidad en describir a la persona que te inspira.	Algunas de tus oraciones tienen una secuencia lógica, usas vocabulario apropiado, y demuestras suficiente facilidad en describir a la persona que te inspira.	Pocas de tus oraciones tienen una secuencia lógica, usas vocabulario limitado describir a la persona que te inspira.
Comunicación	Toda las ideas que das se comprenden perfectamente.	La mayor parte de las ideas que das se comprenden perfectamente.	La mayor parte de las das que das son difíciles de comprender.
Precisión	Usas formas verbales y vocabulario referente al tema con pocos errores gramaticales.	Usas formas verbales y vocabulario referente al tema con algunos errores gramaticales.	Usas algunas formas verbales y vocabulario referente al tema con bastantes errores gramaticales.

Nombre ______________________ Clase __________ Fecha __________

Examen de mitad de año

¡AVANZA! **Objetivo:** Demuestra que puedes:

- describir una excursión
- hablar de lo que hiciste
- hablar de medios de comunicación y la comunidad
- discutir el impacto de la tecnología
- organizar un proyecto
- expresar preocupaciones ambientales
- describir a las personas
- decirles a otros lo que deben hacer
- expresar duda

MIDTERM EXAM

Escuchar

HL CD 4 Tracks 37, 38

A. Escucha la conversación entre Estrella y Manolo. Luego, lee las siguientes preguntas y haz un círculo alrededor de la contestación correcta. (5 puntos)

1. ¿Qué tema procupa a Manolo?
a. La contaminación **b.** Internet **c.** La venta de camionetas

2. ¿Con quién estuvo hablando Manolo por teléfono?
a. con el papá de Estrella **b.** con su papá **c.** con la tiá Celia

3. __________ usa la bicicleta.
a. Manolo **b.** Tía Celia **c.** El papá de Manolo

4. ¿Cuál es la ventaja principal de los carros híbridos?
a. Gastan menos gasolina **b.** Ocupan menos espacio **c.** Son más rápidos que las camionetas

5. El artículo
a. era pesimista. **b.** no era tan pesimista. **c.** era optimista.

B. Escucha el anuncio de la radio y luego completa la oración con la opción más lógica. (5 puntos)

1. La familia Jiménez __________
a. tiene un negocio. **b.** buscan patrocinadores. **c.** organiza la teletón

2. La familia donó
a. servicios **b.** dinero **c.** productos

3. Las subtitulaciones van a ayudar a las personas que __________
a. no hablan español. **b.** que no pueden oír. **c.** hispanohablantes.

4. La donación ayudó a un canal de televisión para grabar __________
a. cortometrajes. **b.** programas de noticias **c.** documentales

5. La entrevista del día siguiente va a ser en
a. el canal público **b.** la misma emisora **c.** otra emisora

Nombre ______________________________ Clase __________ Fecha __________

MIDTERM EXAM

Vocabulario y gramática

C. Escoge la mejor opción para completar cada oración. (5 puntos)

1. Los padres de mi esposo son mis __________.
a. padrinos **c.** sobrinos
b. cuñados **d.** suegros

2. El esposo de mi hermana es mi __________.
a. hermano **c.** suegro
b. cuñado **d.** yerno

3. La mamá de mi abuela es mi __________.
a. bisabuela **c.** suegra
b. biznieta **d.** nuera

4. La esposa de mi hijo es mi __________.
a. nieta **c.** biznieta
b. nuera **d.** madrina

5. El hijo de mi nieto es mi __________.
a. yerno **c.** biznieto
b. sobrino **d.** bisabuelo

D. Completa las oraciones con la opción más lógica. (5 puntos)

1. Quiero reciclar las latas de refresco; necesito que __________.
a. las elijas **c.** las protejas
b. las montes **d.** las busques

2. Necesitamos guantes y bolsas de plástico para __________ la campaña ecológica.
a. planificar **c.** empezar
b. organizar **d.** delegar

3. Ya sé que puedo __________ con tu ayuda.
a. contar **c.** solicitar
b. cumplir **d.** cooperar

4. No debemos __________ a la gente sin hogar.
a. elegir **c.** anunciar
b. olvidar **d.** fomentar

5. Queremos darle las gracias por __________ para el hogar de ancianos.
a. votar **c.** investigar
b. entrevistar **d.** juntar fondos

E. Di qué pasó cuando algo ocurría, o qué ocurría cuando algo pasó. Completa con la opción que mejor expresa la idea. (5 puntos)

1. Las especies en peligro de extinción existen a causa de __________.
a. la deforestación
b. la biodiversidad
c. las inundaciones
d. los recursos naturales

2. En los lugares donde no llueve hay __________.
a. sequía
b. temblores
c. derrumbes
d. destrucción

3. Todos debemos pensar en __________ de nuestro planeta.
a. el fracaso
b. el porvenir
c. los obstáculos
d. la conciencia

4. A veces es necesario __________ errores para poder aprender.
a. criticar
b. advertir
c. cometer
d. emprender

5. El alcalde quiere __________ a la gente que no recicla.
a. solucionar
b. satisfacer
c. desconfiar
d. penalizar

F. Marca la oración correcta. (5 puntos)

1. a. Deseo que nuestra amistad sea sincera.
b. Deseo que nuestra amistad es sincera.
c. Deseo que nuestra amistad ser sincera.
d. Deseo que nuestra amistad será sincera.

2. a. Ojalá que nos ofrecen un descuento en el albergue.
b. Ojalá que nos ofrecerán un descuento en el albergue.
c. Ojalá que nos ofrezcan un descuento en el albergue.
d. Ojalá que nos ofrece un descuento en el albergue.

3. a. No quiero que hacer el diseño para la campaña.
b. No quiero que hagas el diseño para la campaña.
c. No quiero que harás el diseño para la campaña.
d. No quiero que haces el diseño para la campaña.

4. a. Espero que seguirás adelante con tu carrera.
b. Espero que sigas adelante con tu carrera.
c. Espero que seguir adelante con tu carrera.
d. Espero que sigues adelante con tu carrera.

5. a. Te aconsejo que vas a la universidad.
b. Te aconsejo que irás a la universidad.
c. Te aconsejo que ve a la universidad.
d. Te aconsejo que vayas a la universidad.

G. Dile a estas personas lo que deben o no deben hacer. Marca la opción correcta. (5 puntos)

1. Ernesto no quiere comprometerse con ninguna causa.
a. Ernesto, te comprometes
b. Ernesto, comprométete
c. Ernesto, te comprometas
d. Ernesto, te comprometerte

2. Marta no recicla la basura.
a. Marta, recicla la basura
b. Marta, reciclas la basura
c. Marta, recicles la basura
d. Marta, reciclaste la basura

3. ¿Quieres colaborar en este proyecto?
a. Encárgate de la campaña de publicidad.
b. Encárgase de la campaña de publicidad.
c. Encárguete de la campaña de publicidad.
d. Encargarte de la campaña de publicidad.

4. ¿No sabes qué quieres estudiar?
a. Escuchas un consejo.
b. Escuches un algún consejo.
c. Escucha un consejo.
d. Escuche un consejo.

5. Sandra, hace frío en el bosque.
a. No te pon la ropa de verano.
b. No te ponte la ropa de verano.
c. No te pongas la ropa de verano.
d. No te pones ropa de verano.

H. Delega el trabajo. Elige y llena el espacio con el mejor mandato. (5 puntos)

1. Querida amiga, por favor __________ tu invento.
a. comercializa
b. comercialice
c. comercializar
d. comercializaste

2. Estimados profesores, __________ esta cuestión.
a. explica
b. expliquen
c. explique
d. explican

3. Sra. Mendoza, __________ este asunto de inmediato.
a. investigues
b. investiga
c. investigue
d. investigas

4. Manolito, __________ tu cantimplora.
a. prestaste
b. préstame
c. présteme
d. prestarme

5. Mamá, __________ a encender la fogata.
a. ayúdamela
b. ayúdame
c. ayudarnos
d. ayúdamelo

I. Marca la opinión correcta, positiva o negativa, en estos hechos. (5 puntos)

1. El Sr. Pereira es un político honesto.
a. Dudo que sea honesto.
b. Estoy segura de que sea honesto.
c. Me sorprende que es honesto.
d. No es cierto es honesto.

2. Quiero ser actor de cine.
a. Nos alegramos de que es actor de cine.
b. Es preferible que no seas actor de cine.
c. Creemos que seas actor de cine.
d. Te prohibimos que eres actor de cine.

3. Yo escalo montañas muy altas.
a. No es cierto que escalas la montaña.
b. Me alegra que escalas la montaña.
c. No dudamos que escalas la montaña.
d. Me sorprende que escalas la montaña.

4. Contábamos con la ayuda del grupo de voluntarios.
a. Te exijo que los llamas.
b. Te aconsejo que no los llamas.
c. Te sugiero que los llames.
d. Te mando que los llamas.

5. Mis padres me prohíben que vea mucha televisión.
a. Exigimos que haces la tarea.
b. Dudamos que haces la tarea.
c. Creemos que hagas la tarea.
d. Es necesario que hagas la tarea.

J. Completa con los resultados de estas causas, en el futuro. (5 puntos)

1. Si no te gradúas, __________
a. no podías estudiar en la universidad.
b. no podrías estudiar en la universidad.
c. no pudiste estudiar en la universidad.
d. no podrás estudiar en la universidad.

2. Si no llevas el chaleco salvavidas, __________
a. tenías que alquilarlo.
b. tenías que alquilarlo.
c. tendrás que alquilarlo.
d. tuviste que alquilarlo.

3. Si no le pedimos ayuda a un guía, __________
a. es probable que nos perdíamos.
b. es posible que nos perdamos.
c. dudo que nos perdimos.
d. creo que nos pierdan.

4. Si la deforestación continúa, __________
a. todos sufriremos
b. todos sufrieron
c. todos sufrían
d. todos sufrir

5. Si te gusta el periodismo __________
a. debes solicitar esta beca.
b. debas solicitar esta beca.
c. deber solicitar esta beca.
d. debía solicitar esta beca.

MIDTERM EXAM

Leer

Lee la reseña del ambiente que publicó *El Vocero*. Luego, completa las actividades K y L.

El domingo pasado aparecieron más de mil peces muertos *(dead)* a la orilla del río Aguasclaras. Sin palabras, esto nos describe el estado del río más importante de la ciudad. Es sorprendente observar cómo los derrames *(spills)* de productos tóxicos dañan el río. Por lo tanto, en el futuro, destruirán el medio ambiente, porque los derrames dañan también otros animales que viven cerca, y los pájaros que llegan a descansar y beber las aguas. Nosotros, los ciudadanos, no podemos dejar que esto pase. Debemos exigir que los tóxicos no se depositen en el río.

Por un lado, los científicos investigan la cuestión; por otro lado, el ayuntamiento *(city hall)* entiende que tendrá que disminuir el daño, pero piensa que el problema no se va a solucionar hasta que se ponga de acuerdo con la industria. Esto hará que no haya más derrames de tóxicos en el río. Es dudoso que los negocios colaboren. Sin embargo, esperamos que los científicos sigan adelante, y ojalá que con su ayuda lleguen a solucionar el problema que amenaza la biodiversidad.

K. Después de leer la reseña, completa las oraciones. (10 puntos)

1. Había peces muertos en __________ del río.
   a. el agua **b.** el velero **c.** la orilla **d.** el Aguasclaras
2. Los productos tóxicos __________ el río.
   a. mejorarán **b.** destruirán **c.** limpiarán **d.** reemplazarán
3. La contaminación del río daña __________.
   a. los negocios **b.** los productos tóxicos **c.** los peces y otras especies **d.** la ciudad
4. El ayuntamiento __________.
   a. entiende **b.** critica **c.** no insiste **d.** se sorprende
5. Es posible que __________ no colaboren.
   a. los ayuntamientos **b.** los negocios **c.** los científicos **d.** las industrias

Nombre _______________ Clase _______________ Fecha _______________

MIDTERM EXAM

Cultura

L. Escribe la palabra que mejor completa cada oración. (20 puntos)

1. Como agua para chocolate es una novela de __________
a. Isabel Allende
b. Carlos Balaguer
c. Laura Esquivel
d. Julia Álvarez

2. El atleta dominicano que ganó medallas en los Juegos Olímpicos es __________
a. Roberto Clemente
b. Félix Sánchez
c. César Chávez
d. Roberto Fernández

3. Los mayas tenían una relación especial con la naturaleza basada en __________
a. miedo y respeto
b. desconfianza y orgullo
c. respeto y amor
d. miedo y orgullo

4. Panamá es un país importante por __________
a. sus playas
b. sus bosques tropicales
c. su sistema político
d. su canal

5. Cola de Caballo, en Monterrey, es __________
a. una selva tropical
b. un parque ecológico
c. un albergue juvenil
d. un campamento de verano

6. Las pinturas de María Izquierdo representan __________
a. el folclore guatemalteco
b. a los políticos y científicos
c. las tradiciones mayas
d. a las familias, acróbatas y bailarines

7. La fundación Milagro, que ayuda a los niños pobres, fue fundada por __________
a. Juan Luis Guerra
b. Carlos Santana
c. César Chávez
d. Cristina Saralegui

8. El Museo del Barrio, en Nueva York, fomenta __________
a. la creatividad española
b. la creatividad caribeña
c. el reciclaje
d. la tecnología

9. Muchos describen a Roberto Clemente como un hombre __________
a. presumido/vanidoso
b. popular/generoso
c. paciente/fiel
d. valiente/orgulloso

10. La civilización maya ocupaba __________
a. México/Belice
b. Guatemala/Honduras
c. El Salvador
d. todo lo anterior

11. Los clavadistas de Acapulco ____

a. nadan en el río
b. se zambullen desde lo alto
c. acampan en el bosque
d. corren en la playa

12. El muralista Murillo cambió su nombre a "Dr. Atl." que quiere decir ____

a. agua
b. tierra
c. fuego
d. viento

13. El periódico en español más grande del país es de ____

a. Nueva York
b. Los Angeles
c. Chicago
d. California

14. El muralismo mexicano pinta a ____

a. los animales
b. la vida de los ricos
c. la clase obrera
d. los artistas

15. Carlos Santana es un músico que toca ____

a. el violín
b. el acordeón
c. el piano
d. la guitarra

16. En el Lago de Nicaragua es posible encontrar ____

a. flores
b. agua salada
c. tiburones
d. ballenas

17. El arte ingenuo del pintor Velásquez imita cómo pintan ____

a. los artistas
b. los niños
c. los profesores
d. los estudiantes de arte

18. Amelia Peláez, la artista de Cuba, tiene un estilo original que combina ____

a. la arquitectura y el arte del período colonial
b. la arquitectura y la música
c. la escultura y la arquitectura
d. la arquitectura y el arte indígena

19. Los festivales con máscaras son muy populares en ____

a. México
b. Estados Unidos
c. el Caribe
d. Panamá

20. El arte de Myrna Báez frecuentemente representa ____ de su país.

a. la arquitectura
b. la situación social o política
c. la naturaleza
d. los trabajos y profesiones

Nombre _______________ Clase _______ Fecha _______

Hablar

HL CD 4 Tracks 39, 40

MIDTERM EXAM

M. Vas a dejar un mensaje telefónico en la contestadora de un amigo que se llama Pablo. (10 puntos)

Leer: Lee el siguiente volante de una compañía que hace películas para el cine.

> **¡Necesitamos extras!**
>
> La compañía de Largometrajes Cine Onda filma en esta ciudad la película *Debate en progreso.* Esta es una nueva versión de la película popular *Solución entre caballeros* que se produjo en 1956, sobre un episodio local. Se necesitan personas para hacer el papel del público que escucha debate. Es necesario que sean atrevidos y sociables.
>
> La filmación de este episodio final no toma más de cinco horas el día 15. El trabajo es voluntario, pero les pagaremos el transporte, y se servirá comida.
>
> Esperamos su respuesta. Vengan preparados: traigan identificación, y les sugerimos que se inscriban *(register)* a la entrada. Si lo prefieren, llámennos al 888-759 ONDA.
>
> Nota: Queremos que sepan que, por su participación, se hará una donación al hospital de niños.

Escuchar: Escucha al mensaje telefónico que le deja una amiga. Es sobre el aviso de filmación que acabas de leer.

Hablar: Usa las siguientes preguntas para dejarle a un amigo (que se llama Pablo) un mensaje telefónico en que le cuentas lo que pasa y lo que la amiga que te llamó y tú piensan hacer.

¿Qué piensas hacer con tus amigos?

¿Por qué filman esta película, y por qué la filman en esta ciudad?

¿Cuáles serán las diferencias técnicas que presentará la película? ¿Fue buena idea prohibir la patente de este inventor? Da tu opinión.

MIDTERM EXAM

Escribir

HL CD 4 Tracks 41, 42

N. Vas a escribirle una carta a tu abuela para hablarle de tus planes para el verano y de cuándo y cómo vas a ir a visitarla. Usa la hoja de respuestas para escribir. (10 puntos)

Leer: Lee el anuncio de una agencia estudiantil que ofrece trabajos de verano para asistir a una reunión de orientación.

> **AGENCIA ESTUDIANTIL / TRABAJOS DE VERANO**
>
> Agencia Estudiantil tiene trabajos voluntarios y trabajos con salario de ayudante de laboratorio, técnicos de cámara, investigación y tecnología en general.
>
> El propósito de esta reunión es animarlos a hacer trabajo voluntario. Buscamos estudiantes prácticos. Deben querer viajar a Puerto Rico para limpiar los efectos de las inundaciones recientes. Ya sabemos que los trabajos voluntarios, son una obligación social, pero además, les darán la oportunidad de aprender situaciones de la vida que les prepararán para el futuro.
>
> Además de la limpieza general, los estudiantes voluntarios deberán:
>
> hacer entrevistas   dirigir el reciclaje   asistir en comedores   asistir en hospitales
> traducir/interpretar/escribir/editar
>
> Saldremos el martes próximo. Traigan una carta o permiso de sus padres. Dos profesores más y yo viajaremos con ustedes.

Escuchar: Escucha el diálogo de los estudiantes que asistieron a la reunión de orientación que anunciaron en el volante que acabas de leer.

Escribir: Ahora, escríbele la carta a tu abuela. Como todos los años, tu abuela espera que vayas a visitarla a la Florida este verano. Pero este verano piensas trabajar con la agencia estudiantil del anuncio que leíste.

1. Háblale de tus planes de trabajo a tu abuela.
2. ¿Cuáles son las razones por las que quieres trabajar este verano? ¿A dónde vas y con quién? ¿Qué vas a llevar? ¿Crees que este tipo de participación social es importante? ¿Por qué? ¿Cuál será tu satisfacción?
3. ¿Vas a poder visitarla después del programa de trabajo de verano? ¿Cuáles son las razones por las que quieres trabajar este verano? ¿A dónde vas y con quién? ¿Qué vas a llevar? ¿Crees que este tipo de participación social es importante? ¿Por qué? ¿Cuál será tu satisfacción?

¡AVANZA! ____ de 100 puntos Nota __________

¡Éxito! Has alcanzado todos los objetivos de estas unidades.

Repaso: Antes de pasar a la siguiente unidad, usa tu libro de texto para repasar:

- ❑ describir un viaje de campamento pp. 35–36
- ❑ describir actividades voluntarias pp. 94–95
- ❑ usar el futuro, pp. 157–160

Escuchar

A.

1. a. b. c.
2. a. b. c.
3. a. b. c.
4. a. b. c.
5. a. b. c.

Puedes:
❑ describir una excursión
____ puntos de 5

B.

1. a. b. c.
2. a. b. c.
3. a. b. c.
4. a. b. c.
5. a. b. c.

Puedes:
❑ hablar de vacaciones familiares
____ puntos de 5

Vocabulario y gramática

C.

1. a. b. c. d.
2. a. b. c. d.
3. a. b. c. d.
4. a. b. c. d.
5. a. b. c. d.

Puedes:
❑ describir la naturaleza
❑ describir preocupaciones ambientales
____ puntos de 5

D.

1. a. b. c. d.
2. a. b. c. d.
3. a. b. c. d.
4. a. b. c. d.
5. a. b. c. d.

Puedes:
❑ expresar opiniones
❑ hablar de medios de publicidad
❑ describir personas
____ puntos de 5

Nombre ______________________ Clase __________ Fecha __________

E.

1. a. b. c. d.
2. a. b. c. d.
3. a. b. c. d.
4. a. b. c. d.
5. a. b. c. d.

Puedes:
- ❑ diferenciar el pretérito del imperfecto

____ puntos de 5

F.

1. a. b. c. d.
2. a. b. c. d.
3. a. b. c. d.
4. a. b. c. d.
5. a. b. c. d.

Puedes:
- ❑ usar expresiones impersonales
- ❑ usar el subjuntivo

____ puntos de 5

G.

1. a. b. c. d.
2. a. b. c. d.
3. a. b. c. d.
4. a. b. c. d.
5. a. b. c. d.

Puedes:
- ❑ hacer peticiones y recomendaciones

____ puntos de 5

H.

1. a. b. c. d.
2. a. b. c. d.
3. a. b. c. d.
4. a. b. c. d.
5. a. b. c. d.

Puedes:
- ❑ decirle a otros lo que deben hacer

____ puntos de 5

Nombre ______________________ Clase __________ Fecha __________

I.

1. a. b. c. d.
2. a. b. c. d.
3. a. b. c. d.
4. a. b. c. d.
5. a. b. c. d.

Puedes:

❏ expresar deseos

❏ usar el subjuntivo

____ puntos de 5

J.

1. a. b. c. d.
2. a. b. c. d.
3. a. b. c. d.
4. a. b. c. d.
5. a. b. c. d.

Puedes:

❏ Discutir causas y efectos

❏ presentar y apoyar una opinión

❏ usar el futuro

____ puntos de 5

Leer

K.

1. a. b. c. d.
2. a. b. c. d.
3. a. b. c. d.
4. a. b. c. d.
5. a. b. c. d.

Puedes:

❏ expresar preocupaciones ambientales

❏ hablar de efectos en el futuro

____ puntos de 10

Cultura

L.

1. a. b. c. d.
2. a. b. c. d.
3. a. b. c. d.
4. a. b. c. d.
5. a. b. c. d.
6. a. b. c. d.
7. a. b. c. d.
8. a. b. c. d.

Puedes:

❏ expresar datos culturales de México y El Caribe

____ puntos de 20

MIDTERM EXAM

9. a. b. c. d.

10. a. b. c. d.

11. a. b. c. d.

12. a. b. c. d.

13. a. b. c. d.

14. a. b. c. d.

15. a. b. c. d.

16. a. b. c. d.

17. a. b. c. d.

18. a. b. c. d.

19. a. b. c. d.

20. a. b. c. d.

Hablar

M.

Puedes:

- ❑ hablar de lo que harás con amigos
- ❑ hablar de medios de publicidad y de la comunidad
- ❑ describir el impacto de la tecnología

___ puntos de 10

Criterio de habla	5 puntos	3 puntos	1 punto
Contenido	Tus oraciones tienen una secuencia lógica, y demuestras facilidad en hablar de la comunidad ymedios de publicidad.	Algunas de tus oraciones tienen una secuencia lógica, y demuestras bastante facilidad en hablar de la comunidad ymedios de publicidad.	Pocas de tus oraciones tienen una secuencia lógica, y demuestras facilidad limitada en hablar de la comunidad ymedios de publicidad.
Comunicación	Toda la información que das se comprende perfectamente.	La mayor parte de la información que das se comprende perfectamente.	La mayor parte de la información que das es difícil de comprender.
Precisión	Usas las formas verbales y el vocabulario referente al tema con pocos errores gramaticales.	Usas las formas verbales y el vocabulario referente al tema con algunos errores gramaticales.	Usas las formas verbales y el vocabulario referente al tema con bastantes errores gramaticales.

Nombre ______________________ Clase __________ Fecha __________

Escribir

N.

Puedes:
- ❑ describir actividades voluntarias
- ❑ expresar preocupaciones y posibilidades ambientales
- ❑ decirle a otros lo que deben hacer

____ puntos de 10

Criterio de escritura	5 puntos	3 puntos	1 punto
Contenido	Tus oraciones tienen una secuencia lógica, usas vocabulario apropiado, y demuestras facilidad para hablar de tecnología y mejoras para el futuro.	Algunas de tus oraciones tienen una secuencia lógica, usas vocabulario apropiado, y demuestras suficiente facilidad para hablar de tecnología y mejoras para el futuro.	Pocas de tus oraciones tienen una secuencia lógica, usas vocabulario limitado para hablar de para hablar de tecnología y mejoras para el futuro.
Comunicación	Toda las ideas que das se comprenden perfectamente.	La mayor parte de las ideas que das se comprenden perfectamente.	La mayor parte de las ideas que das son difíciles de comprender.
Precisión	Usas formas verbales y vocabulario referente al tema con pocos errores gramaticales.	Usas formas verbales y vocabulario referente al tema con algunos errores gramaticales.	Usas algunas formas verbales y vocabulario referente al tema con bastantes errores gramaticales.

Nombre ______________________ Clase __________ Fecha __________

UNIT 5 LESSON 1
Test

Examen Lección 1

¡AVANZA! **Objetivo:** Demuestra que puedes:

- hablar de artículos personales
- hablar de requisitos
- expresar lo que existe o no existe
- usar expresiones con **sea**
- usar el subjuntivo con conjunciones
- usar el subjuntivo con lo que se desconoce

Escuchar

HL CD 5 Tracks 1, 2

A. Escucha el diálogo y contesta las preguntas. (5 puntos)

1. Según los padres de Irma: ¿Por qué su hermanito bajó las calificaciones este semestre?
2. ¿Qué piensan los padres de Gabriel sobre las computadoras?
3. ¿Qué le prometió a Gabriel su papá?
4. ¿Qué le sugiere Gabriel a Irma?
5. ¿Qué dice Irma sobre esta sugerencia de Gabriel?

B. Escucha la grabación y contesta las preguntas. (5 puntos)

1. ¿Qué cosas no serán necesarias en el futuro según este reportaje sobre Internet?
2. ¿En qué sentido puede ayudar Internet a un escritor que no pueda publicar?
3. ¿Cuál es la ventaja principal del correo electrónico?
4. ¿Cuál es la ventaja principal de charlar por Internet?
5. ¿Qué efecto tiene Internet en nuestro mundo cada día que pasa?

Nombre ______________________ Clase __________ Fecha __________

Vocabulario y gramática

C. Completa lógicamente las oraciones con una palabra adecuada. (5 puntos)

1. Es mejor que ponga __________ en la bolsa.
2. No puedo viajar sin __________
3. Conéctate a Internet si quieres participar en __________
4. Una parte de la computadora es __________
5. Para tener acceso a la computadora necesitas __________

D. Escribe un párrafo breve de dos oraciones usando palabras relacionadas con las computadoras y otro párrafo de dos oraciones usando palabras relacionadas con objetos personales. (5 puntos)

E. Completa las oraciones siguientes con una expresión con **sea**. (5 puntos)

1. En el salón de charlas puedes presentar __________.
2. Si no hay lugar en el hotel, nos quedaremos __________.
3. Si no mandas el mensaje al Presidente, mándaselo a __________.
4. No sé hacer la búsqueda pero seguiré los enlaces __________.
5. —No creo que lleguemos a tiempo. —Llegaremos __________.

Nombre ______________________ Clase __________ Fecha __________

F. Escribe oraciones con las conjunciones siguientes. (10 puntos)

1. sin que
2. a menos que
3. para que
4. a fin de que
5. antes de que

G. Completa el volante que la organización PPA mandó a los participantes en el viaje a la conferencia de Quito. Usa los verbos del banco de palabras en el subjuntivo o infinitivo, según sea necesario. (15 puntos)

seguir	asistir (se usa dos veces)	llegar tarde	guardar	hacer
cometer errores	ponerse de acuerdo	llevar	jugar	
no haber	llegar	conocer	dar	poder usarla

¡Bienvenidos todos!

Estamos muy contentos de que **1.** ____ a la conferencia. Deben tener en cuenta que es necesario **2.** ____ normas de conducta. Pueden hacer planes con un compañero para ir al aeropuerto con tal de que **3.** ____ y no **4.** ____: eviten **5.** ____. El avión saldrá a las 11:45 a.m. a menos que **6.** ____ mal tiempo. Es mejor que **7.** ____ sus artículos personales o valiosos en la mochila. También es buena idea **8.** ____ la computadora en la mano a fin de que **9.** ____ durante el viaje. Esperen hasta que **10.** ____ el director para que les **11.** ____ las últimas advertencias. Además de **12.** ____ a la conferencia, haremos excursiones ecológicas, para que **13.** ____ la preciosa biodiversidad del país. Por otra parte, pueden ustedes ustedes quedarse en el hotel y **14.** ____ a juegos de computadora. Tememos que **15.** ____ sitio para todos en los hoteles, pero ¡no se preocupen, les encontraremos albergue sea como sea!

Requisitos y advertencias de la PPA

H. Quieres comprar una computadora. Escribe un breve anuncio donde explicas lo que quieres que tenga o que haga esa computadora. Usa las palabras siguientes y verbos en el subjuntivo. (5 puntos)

1. fácil acceso a la web
2. conectar bien
3. escáner
4. descargar fotos
5. funcionar bien

Nombre ______________________ Clase __________ Fecha __________

Leer

Lee el trabajo de investigación que presentó una estudiante en la Universidad de San Marcos, en Lima, sobre la tecnología de los incas. Luego, completa las actividades **I** y **J**.

Quipus -¿Un sistema moderno de información?

El código de los quipus es un sistema lógico de números y datos que los incas usaban ya antes de que llegaran los españoles. Los Incas en Cuzco, la capital, no sabían leer, pero sabían exactamente el número, la edad y el sexo de todos sus habitantes. Para registrar y mantener estos datos importantes tenían un sistema con cordones de nudos *(knots)* que ellos llamaban quipus. Se sabe que cada quipu tenía un cordón principal con más cordones *(strings)* de diferentes tamaños, con el propósito de poder "leer" la información según el número de nudos, colores y tamaños de los cordones. El orden de los nudos representaba su valor en el sistema.

Los quipus no solo sirvieron para registrar y mantener datos estadísticos y números sino que también se utilizaron para dar otras informaciones como, por ejemplo, datos históricos.

El sistema de quipus se puede comparar a los sistemas electrónicos modernos. Es interesante investigarlo porque, por un lado, es un sistema ingenioso, y por otro lado, representa una tecnología distinta de la información.

No hay nadie que sepa exactamente el secreto técnico de los incas, y no se sabrá hasta que la ciencia y la historia sigan adelante con sus estudios y consigan resultados.

I. Las siguientes conclusiones sobre el trabajo de investigación son incorrectas. Escríbelas de nuevo, correctamente, en forma de párrafo. (5 puntos)

1. Los quipus sirven para hacer nudos.
2. Los quipus es un sistema de contar moderno.
3. Los españoles crearon el sistema.
4. Los quipus sólo registran datos históricos.
5. El sistema no tiene sentido y no hay nadie que lo estudie.

J. Contesta las siguientes preguntas con oraciones completas. (5 puntos)

1. ¿Crees que es importante apreciar otras culturas y la creatividad de sus ciudadanos? ¿Por qué lo crees así?
2. ¿Te parecen los quipus un sistema lógico o eficiente? Explica.

Nombre ______________________ Clase __________ Fecha __________

Cultura

K. Contesta las siguientes preguntas. (5 puntos)

1. Menciona dos comidas típicas de la región andina.
2. Menciona una persona famosa de los países andinos, de qué país es y describe lo que hace o el campo en el que se destaca.
3. ¿Dónde está el Lago Titicaca? ¿Qué característica lo destaca?
4. Describe aspectos de las colecciones del Museo de Metales preciosos.
5. ¿Qué reflejan las imágenes de la pintura de Tigua?

Hablar

HL CD 5 Tracks 3, 4

L. Vas a dejarle un mensaje telefónico a tu amiga Irene. Le vas a responder el mensaje que ella te dejó en tu celular sobre ciertos planes de viaje que desea hacer con su familia. (15 puntos)

Leer: Lee el siguiente anuncio de la agencia CiberViajes En Línea, que hace arreglos de viaje por Internet.

> ¿Por qué va a salir a la calle a buscar una oficina para que le hagan las reservaciones de viaje? En caso de que tenga computadora en casa, ya no tiene que salir para hacer arreglos de vuelo y de hotel.
>
> Comience la búsqueda conectando a nuestro sitio Web. Una vez ahí puede usar nuestros enlaces a los sitios web de las aerolíneas principales. Le damos una contraseña y entonces podrá descargar información de vuelos de todas partes del mundo.
>
> Para hacer reservaciones de hotel, también puede enviar su información de tarjeta de crédito usando un escáner o mandándonos un correo electrónico con esa información. Cuando haga la reservación, le enviamos un documento en que confirmamos su compra. Puede imprimirlo si tiene impresora en casa. Si no, le enviamos el documento por correo junto con el pasaje que compró y las reservaciones de hotel que hizo desde su casa.
>
> También tenemos el servicio de salón de charlas para nuestros clientes. En el salón de charlas, puede comunicarse con otras personas que usan nuestros servicios y que viajan a lugares interesantes.

Escuchar: Escucha el mensaje de tu amiga Irene en que te cuenta de ciertos arreglos de viaje que desea hacer.

Hablar: Le dejas a Irene un mensaje telefónico en su celular. En este mensaje le sugieres que se conecte a Internet al sitio web de la agencia en línea CiberViajes para que haga los arreglos de viaje

1. Dile a Irene que te enteraste de los servicios de CiberViajes En Línea por un anuncio que leíste en un periódico.
2. Dile a Irene que, como ella tiene computadora portátil, puede conectarse a Internet desde casi cualquier lugar para hacer estos arreglos de viaje.
3. Háblale de los servicios de CiberViajes En Línea en cuanto a reservaciones de vuelo y de hotel, y de uso de su salón de charlas para los clientes de CiberViajes.

Nombre ______________________ Clase __________ Fecha __________

UNIT 5 LESSON 1 Test

Escribir

HL CD 5 Tracks 5, 6

M. Vas a escribir un correo electrónico en el que haces el pedido (*place the order*) de compra de cierto equipo de computadora o pides más información acerca del anuncio de ofertas que leerás. (15 puntos)

Leer: Lee el siguiente anuncio que la tienda Compu-más publicó en un periódico local.

OFERTAS DE LA TIENDA EN LÍNEA *COMPU-MÁS*

Computadora portail SXA		**$950**		**$950**
con agenda electrónica	conectada a Internet	$100	sin conexión a Internet	$80
capacidad para guardar	gran capacidad	$50	poca capacidad	$0
búsquedas web	rápidas	$100	lentas	$0
con escáner	con escáner	$100	sin escáner	$0
imprimir	calidad láser	$100	calidad normal	$50
con juegos de computadora	trae dos	$35	no trae ningún juego	$0
sitios web	sin restricciones de acceso	$50	algunas restricciones	$0
	TOTAL	**$1485**	**TOTAL**	**$1080**
Para información de productos y para comprar, favor enviar correo electrónico a: **ofertas-en-línea@compu-más.com.pe**				

Escuchar: Escucha el mensaje telefónico que dejó en tu contestadora la Sra. Nieves. La Sra. Nieves se encarga de comunicarles a los nuevos estudiantes de la Universidad Tecnológica del Cabo algunas de las cosas que éstos necesitan preparar para comenzar su curso de estudios en esa institución.

Escribir: Vas a escribirle a la tienda en línea Compu-más para comprarles el equipo de computadora que necesitas. Explícales lo que necesitas, hazle las preguntas que sean necesarias y haz arreglos para comprar el equipo y que te lo envíen a casa.

¡AVANZA! _____ de 100 puntos Nota __________

¡Éxito! Has alcanzado todos los objetivos de la lección.

Repaso: Antes de pasar a la siguiente lección, usa tu libro de texto para repasar cómo:

- ❑ hablar de artículos personales pp. 272–274
- ❑ hablar de requisitos p. 280
- ❑ expresar lo que existe y no existe p. 274
- ❑ usar expresiones con **sea** p. 276
- ❑ usar el subjuntivo con conjunciones p. 277
- ❑ usar el subjuntivo con lo que se desconoce p. 282

Nombre ______________________ Clase __________ Fecha __________

Escuchar

A.

1. ______________________
2. ______________________
3. ______________________
4. ______________________
5. ______________________

Puedes:
❑ hablar de artículos personales
____ de 5 puntos

B.

1. ______________________
2. ______________________
3. ______________________
4. ______________________
5. ______________________

Puedes:
❑ hablar de requisitos
____ de 5 puntos

Vocabulario y gramática

C.

1. ______________
2. ______________
3. ______________
4. ______________
5. ______________

Puedes:
❑ hablar de artículos personales
____ de 5 puntos

D.

1. ______________________
____
____
2. ______________________
____
____

Puedes:
❑ hablar de artículos personales
❑ usar vocabulario de informática
____ de 5 puntos

E.

Puedes:
❑ usar expresiones con **sea**
____ de 5 puntos

1. ______________________
2. ______________________
3. ______________________
4. ______________________
5. ______________________

F.

Puedes:
❑ usar el subjuntivo con conjunciones
____ de 10 puntos

1. ______________________
2. ______________________
3. ______________________
4. ______________________
5. ______________________

G.

Puedes:
❑ hablar de requisitos y usar el subjuntivo con conjunciones
____ de 15 puntos

1. ______________________
2. ______________________
3. ______________________
4. ______________________
5. ______________________
6. ______________________
7. ______________________
8. ______________________
9. ______________________
10. ______________________
11. ______________________
12. ______________________
13. ______________________
14. ______________________
15. ______________________

H.

1. ______________________
2. ______________________
3. ______________________
4. ______________________
5. ______________________

Puedes:
❑ expresar lo que no existe o se desconoce
❑ usar el subjuntivo con lo desconocido

____ de 5 puntos

Leer

I.

____
____
____
____
____

Puedes:
❑ hablar de requisitos
❑ hablar de artículos

____ de 5 puntos

J.

1. ______________________
____
____
2. ______________________
____
____

Puedes:
❑ dar expresar lo que existe o se desconoce

____ de 5 puntos

Nombre ______________________ Clase __________ Fecha __________

UNIT 5 LESSON 1 Test

Cultura

K.

1. ______________________

2. ______________________

3. ______________________

4. ______________________

5. ______________________

Puedes:

❑ hablar de los países andinos

____ de 5 puntos

Hablar

L.

Puedes:

❑ hablar de requisitos y usar el subjuntivo con conjunciones ____ de 15 puntos

Criterio de habla	5 puntos	3 puntos	1 punto
Contenido	Tus oraciones tienen una secuencia lógica, y demuestras buen uso del vocabulario apropiado.	Tus oraciones tienen una secuencia lógica, y demuestras buen uso del vocabulario apropiado.	Pocas de tus oraciones tienen una secuencia lógica, y demuestras uso limitado del vocabulario apropiado.
Comunicación	Toda la información que das se comprende perfectamente.	La mayor parte de la información que das se comprende perfectamente.	La mayor parte de la información que das es difícil de comprender.
Precisión	Usas el subjuntivo, las conjunciones y el vocabulario referente al tema con pocos errores gramaticales.	Usas el subjuntivo, las conjunciones y el vocabulario referente al tema con algunos errores gramaticales.	Usas algunas formas del subjuntivo, las conjunciones y el vocabulario referente al tema con bastantes errores gramaticales.

Nombre ______________________ Clase __________ Fecha __________

UNIT 5 LESSON 1
Test

Escribir

M.

____

____

____

____

____

____

____

____

____

____

____

____

____

____

____

____

____

Puedes:

- ❏ expresar en subjuntivo, requisitos y posibles inconvenientes

____ de 15 puntos

Criterio de escritura	5 puntos	3 puntos	1 punto
Contenido	Tus oraciones tienen una secuencia lógica, usas vocabulario apropiado, y demuestras facilidad en expresar el subjuntivo.	Algunas de tus oraciones tienen una secuencia lógica, usas vocabulario apropiado, y demuestras suficiente facilidad en expresar el subjuntivo.	Pocas de tus oraciones tienen una secuencia lógica, usas vocabulario limitado y no demuestras suficiente facilidad en expresar el subjuntivo.
Comunicación	Toda las ideas que das se comprenden perfectamente.	La mayor parte de las ideas que das se comprenden perfectamente.	La mayor parte de las das que das son difíciles de comprender.
Precisión	Usas el subjuntivo, las conjunciones, lo que existe o es desconocido, y vocabulario referente al tema con pocos errores gramaticales.	Usas el subjuntivo, las conjunciones, lo que existe o es desconocido, y vocabulario referente al tema con algunos errores gramaticales.	Usas el subjuntivo, las conjunciones, lo que existe o es desconocido, y vocabulario referente al tema con bastantes errores gramaticales.

Nombre _______________ Clase _______ Fecha _______

UNIT 5 LESSON 2
Test

Examen Lección 2

¡AVANZA! **Objetivo:** Demuestra que puedes:

- decir lo que podría o no podría ocurrir
- relatar lo que alguien dijo
- hablar de actividades diarias
- usar **qué** y **cuál**
- usar el condicional
- usar el diálogo indirecto

Escuchar

HL CD 5 Tracks 7, 8

A. Escucha la conversación y contesta las preguntas con oraciones completas. (5 puntos)

1. ¿Adónde quiere ir Efraín el sábado?
2. ¿Por qué Juan Carlos no quería acompañarlo?
3. ¿Cómo logró Efraín que Juan Carlos lo acompañara?
4. ¿Qué quiere hacer Juan Carlos el domingo?
5. ¿Qué opina Efraín de su idea?

B. Escucha a Mónica y contesta las preguntas con oraciones completas. (5 puntos)

1. ¿Cuál es el problema de Mónica?
2. ¿Cuál es uno de los pasatiempos del hermano de Mónica?
3. ¿Por qué está feliz Mónica?
4. ¿Qué quiere hacer antes de que llegue Sara?
5. ¿Qué es *Seres de otro planeta*?

Nombre ______________________ Clase __________ Fecha __________

Vocabulario y gramática

C. Escribe dos párrafos breves según las indicaciones siguientes. (14 puntos)

1. Describe las fichas de un juego de mesa que conoces. Di también cómo se juega.
2. Describe una reunión de la Organización de las Naciones Unidas (la ONU): qué se puede hacer y cuál es el ambiente.

D. Escribe preguntas usando **qué** o **cuál** y las palabras siguientes. (6 puntos)

1. libro
2. título del libro
3. lo más importante
4. solución
5. deporte
6. tu deporte favorito

UNIT 5 LESSON 2
Test

UNIT 5 LESSON 2
Test

E. Escribe cinco oraciones sobre lo que harías en tus ratos de ocio si estuvieras en Perú. (10 puntos)

F. Completa el párrafo con verbos en el condicional. (5 puntos)

Siempre pensé que me **1.** __________ viajar a Sudamérica. Un grupo de estudiantes de la YWCA va a una excursión en Perú y yo **2.** __________ con gusto. (Yo) **3.** __________ Cuzco y los alrededores. Se lo propuse a Sofía, pero me dijo que en Los Andes **4.** __________ que acostumbrarnos a la altitud, y que **5.** __________ muy difícil hacer caminatas. Ella **6.** __________ quedarse en Lima y hacer excursiones cortas. Yo le dije: «Ya te veo, tú **7.** __________ en un hotel agradable. ¿No **8.** __________ Machu Picchu?» Claro, que en Lima (nosotros(as)) **9.** __________ ir a bailar o al teatro, pero creo que Sofía **10.** __________ a reuniones, que es lo que le gusta.

G. Relata lo que te dijo Julio. Usa cinco oraciones que empiecen con «Julio dijo que». (5 puntos)

Julio: «Estaré libre el viernes y el sábado. El viernes, tengo que comprar regalos para mi familia. Pero el viernes por la noche podríamos ir a un restaurante de especialidades peruanas. Mi hermano fue la semana pasada y le gustó mucho. Y mis padres nos invitan a un concierto de música folklórica el sábado por la tarde»

Nombre ______________________ Clase __________ Fecha __________

Leer

Lee el anuncio de un viaje en Perú y completa las actividades **H** e **I**.

El sendero de los incas

¡Esta es una de las rutas (*paths*) más antiguas del mundo!

Haz una caminata hasta Machu Picchu, la ciudad perdida, por el sendero de los incas. Lleva solamente una mochila con tus artículos personales para disfrutar de una aventura inolvidable. ¡Te ofrecemos una excursión de siete días inolvidabes!

Cuzco y el Valle sagrado: Explora las maravillas de Cuzco. Pasa un día en el precioso Valle sagrado. Haz una parada en Pisac. Las ruinas de Pisac son unas de las más espectaculares de la región. Esa noche, deberías quedarte en el Hotel Monasterio de San Antonio Abad de cinco estrellas.

Sendero inca a Machu Picchu: El sendero inca sólo se puede hacer a pie y ofrece los lugares más sorprendentes de los Andes. En las alturas, pensarías que estás en otro mundo. Durante la noche, te espera un albergue muy acogedor.

La ciudad perdida: Entra en la ciudad perdida a través de la Puerta del sol, donde tendrás el encuentro con Machu Picchu. Desde este lugar verás la salida del sol. En las mismas ruinas se encuentra el Hotel Santuario de Machu Picchu.

Extra: Puedes continuar la excursión por el norte y entrar en la selva del Amazonas.

Precio del viaje: $3895 por persona Extra (opcional) $650 por persona

H. Lee las oraciones. Haz un círculo en la letra **C** si la oración es cierta o en la letra **F** si la oración es falsa. Si la oración es falsa, corrígela. (4 puntos)

1. Para llegar a Machu Picchu vas a caminar primero por la ciudad perdida.
2. El anuncio no recomienda ningún hotel Cerca de Cazco.
3. Después de visitar Machu Picchu la excursión continúa por el sur.
4. Una de las atracciones de la excursión a la ciudad perdida es contemplar la puesta del sol.

I. Contesta las siguientes preguntas de acuerdo con el anuncio. (6 puntos)

1. ¿Harías tú este viaje? ¿Por qué sí o por qué no?
2. De todos los lugares, ¿cuál te parece el más interesante y por qué?
3. ¿Te gustaría hacer la parte extra (opcional) del viaje? Explica.

Cultura

J. Contesta las preguntas sobre la música andina. (5 puntos)

1. ¿En qué países se toca la música andina?
2. ¿Dónde puedes escuchar grupos callejeros de música andina?
3. ¿Qué es lo más característico de esta música?
4. ¿Qué tienen en común la zampoña y la quena?
5. ¿Qué es el charango?

K. Contesta las preguntas sobre el Perú. (5 puntos)

1. Menciona dos civilizaciones antiguas que estuvieron en el Perú.
2. ¿Cuál es la importancia de la tumba del Señor de Sipán?
3. ¿Dónde está Machu Picchu?
4. ¿Qué autor famoso se inspiró para describir Machu Picchu?
5. ¿Qué pájaro menciona ese autor en su poema?

Hablar

HL CD 5 Tracks 9, 10

L. Vas a participar en una conversación telefónica simulada con tu amigo Roberto. Primero, lee el bosquejo de la conversación, que aparece en la página. Luego, escucha el audio. Tú sólo oirás lo que te dice Roberto. Entonces escucha el audio de nuevo. Esta vez participarás en la conversación. Responde de forma oral a lo que te dice Roberto. Una señal te indicará cuando te toque a ti hablar. (15 puntos)

[Suena el teléfono]

Roberto:	[Te pregunta si quieres ir a cierto lugar.]
Tú:	Contéstale la pregunta.
Roberto:	[Te hace una pregunta sobre uno de los jugadores.]
Tú:	Contéstale la pregunta.
Roberto:	[Te hace otra pregunta sobre los dos jugadores.]
Tú:	Contéstale la pregunta.
Roberto:	[Te hace otra pregunta sobre los dos jugadores.]
Tú:	Contéstale la pregunta.
Roberto:	[Sugiere que vayan Uds. a ver el partido.]
Tú:	Contéstale afirmativamente.
Roberto:	[Te pregunta algo acerca de sacarles una foto a los jugadores.]
Tú:	Contéstale la pregunta.
Roberto:	[Te hace una pregunta sobre cómo deben ir Uds. vestidos al torneo.]
Tú:	Contéstale la pregunta.
Roberto:	[Te pregunta si quieres que él pase por ti para recogerte.]
Tú:	Contéstale la pregunta.
Roberto:	[Se despide de ti.]
Tú:	Despídete de él.

Nombre ______________________________ Clase __________ Fecha __________

Escribir

HL CD 5 Tracks 11, 12

M. La Organización de Estados Americanos (la OEA) ofrece viajes de estudio y trabajo a los estudiantes jóvenes de las universidades hispanoamericanas. Te interesa el proyecto y vas a mandar tu solicitud.

Leer: Lee la información que encontraste en el sitio web y escucha parte de la presentación que hizo el delegado. (15 puntos)

BIENVENIDOS

El Jefe del Laboratorio Latinoamericano de Arqueología les da la bienvenida. Aquí podrán encontrar las principales actividades que le ofrecemos a la Comunidad Universitaria.

PARTICIPACIÓN DE ESTUDIANTES

Los trabajos se llevan a cabo en laboratorios y al aire libre. La participación es gratuita (*free*). Los estudiantes sólo deben escribir una carta de solicitud y completar el formulario de inscripción.

Guía de universidades, foros y organizaciones en América Latina

Te preguntas: ¿Dónde puedo estudiar arqueología?
¿Cómo puedo contribuir a la mejora cultural y económica de los países andinos?

El grupo Yavi de investigaciones arqueológicas te da las respuestas:

Universidad de San Marcos, Lima, Perú	–Antropología/Ingeniería
Universidad de Chile, Concepción, Chile	–Antropología/Economía
Colegio Técnico, Guayaquil, Ecuador	–Tecnología/Agricultura

Además participan:

LAM Instituto Latinoamericano de museos
ALAB Asociacion Latinoamericana de Antropología Biológica
GBAF Grupo Boliviano de Arqueología Forense
IFA Investigaciones Folklóricas de Argentina
TETROS Taller de Etnología de la Frontera Sur

Escuchar: Ahora, escucha la presentación del delegado. Toma notas mientras escuchas.

Escribir: Decide adónde quieres ir y por qué, y empieza a escribir tu solicitud. Explica qué harías allí y cómo podrías participar en el desarrollo y éxito del programa. Usa la hoja de respuestas para escribir.

¡AVANZA! ____ de 100 puntos Nota __________

¡Éxito! Has llevado a cabo con éxito todos los objetivos de esta lección.

Repaso: Antes de pasar a la lección siguiente, usa tu libro de texto para repasar cómo:

- ❑ decir lo que podría o no podría ocurrir pp. 304–307
- ❑ relatar lo que alguien dijo pp. 309–310
- ❑ hablar de actividades diarias pp. 298–301
- ❑ usar **qué** y **cuál** p. 302
- ❑ usar el condicional p. 303
- ❑ usar el diálogo indirecto p. 308

Escucher

A.

1. ______________________
2. ______________________
3. ______________________
4. ______________________
5. ______________________

Puedes:
❑ hablar de actividades diarias
____ de 5 puntos

B.

1. ______________________
2. ______________________
3. ______________________
4. ______________________
5. ______________________

Puedes:
❑ hablar de actividades diarias
____ de 5 puntos

Vocabulario y gramática

C.

1. ______________________
____
____
2. ______________________
____
____

Puedes:
❑ hablar de actividades diarias
____ de 14 puntos

D.

1. ______________________
2. ______________________
3. ______________________
4. ______________________
5. ______________________
6. ______________________

Puedes:
❑ usar **qué** o **cuál**
____ de 6 puntos

Nombre ______________________ Clase ____________ Fecha ____________

UNIT 5 LESSON 2
Test

E.

1. ______________________
2. ______________________
3. ______________________
4. ______________________
5. ______________________

Puedes:
- ❑ hablar de lo que podría o no podría ocurrir
- ❑ usar el condicional

____ de 10 puntos

F.

1. ____________ 6. ____________
2. ____________ 7. ____________
3. ____________ 8. ____________
4. ____________ 9. ____________
5. ____________ 10. ____________

Puedes:
- ❑ hablar de lo que podría o no podría ocurrir
- ❑ usar el condicional

____ de 10 puntos

G.

1. ______________________
2. ______________________
3. ______________________
4. ______________________
5. ______________________

Puedes:
- ❑ relatar lo que alguien dijo

____ de 5 puntos

Leer

H.

1. C F

____

2. C F

____

3. C F

____

4. C F

____

5. C F

____

Puedes:

❑ hacer una conexion cultural con los países andinos

____ de 4 puntos

I.

1. ______________________________

2. ______________________________

3. ______________________________

Puedes:

❑ decir lo que podría o no podría ocurrir

____ de 6 puntos

Cultura

J.

1. ______________________________

2. ______________________________

3. ______________________________

4. ______________________________

5. ______________________________

Puedes:

❑ hablar de la cultura de los países andinos

____ de 5 puntos

Nombre ______________________ Clase __________ Fecha __________

UNIT 5 LESSON 2
Test

K.

1. ______________________

2. ______________________

3. ______________________

4. ______________________

5. ______________________

Puedes:

❑ hablar de la cultura de los países andinos

____ de 5 puntos

Hablar

L.

Puedes:

❑ hablar de actividades diarias y usar el condicional

____ de 15 puntos

Criterio de habla	5 puntos	3 puntos	1 punto
Contenido	Tus oraciones tienen una secuencia lógica, y demuestras buen uso del vocabulario apropiado.	Algunas de tus oraciones tienen una secuencia lógica, y demuestras bastante buen uso del vocabulario apropiado.	Pocas de tus oraciones tienen una secuencia lógica, y demuestras uso limitado del vocabulario apropiado.
Comunicación	Toda la información que das se comprende perfectamente.	La mayor parte de la información que das se comprende perfectamente.	La mayor parte de la información que das es difícil de comprender.
Precisión	Usas el subjuntivo, las conjunciones y el vocabulario referente al tema con pocos errores gramaticales.	Usas el subjuntivo, las conjunciones y el vocabulario referente al tema con algunos errores gramaticales.	Usas algunas formas del subjuntivo, las conjunciones y el vocabulario referente al tema con bastantes errores gramaticales.

Nombre ______________________ Clase __________ Fecha __________

Escribir

M.

____

____

____

____

____

____

____

____

____

____

____

____

____

____

____

____

____

____

Puedes:

- ❑ expresar lo que podría o no podría ocurrir

____ de 15 puntos

Criterio de escritura	5 puntos	3 puntos	1 punto
Contenido	Tus oraciones tienen una secuencia lógica, demuestras conocimiento de la cultura andina, y expresar el condicional con facilidad.	Algunas de tus oraciones tienen una secuencia lógica, demuestras suficiente conocimiento de la cultura andina, y usas el condicional a veces.	Pocas de tus oraciones tienen una secuencia lógica, demuestras conocimiento limitado de la cultura andina, y no usas el condicional con facilidad.
Comunicación	Toda las ideas que das se comprenden perfectamente.	La mayor parte de las ideas que das se comprenden perfectamente.	La mayor parte de las das que das son difíciles de comprender.
Precisión	Usas lo que podría o no podría ocurrir, y el vocabulario referente al tema con pocos errores gramaticales.	Usas lo que podría o no podría ocurrir, y el vocabulario referente al tema con algunos errores gramaticales.	Usas lo que podría o no podría ocurrir, y el vocabulario referente al tema.con bastantes errores gramaticales.

Nombre ____________________ Clase __________ Fecha __________

UNIT 5
Unit Test

Examen Unidad 5

¡AVANZA! **Objetivo:** Demuestra que puedes:

- hablar de artículos personales
- hablar de requisitos
- expresar lo que existe o no existe
- decir lo que podría o no podría ocurrir
- relatar lo que alguien dijo
- hablar de actividades diarias
- usar expresiones con **sea**
- usar el subjuntivo con conjunciones
- usar el subjuntivo con lo que se desconoce
- usar **qué** y **cuál**
- usar el condicional

Escuchar

HL CD 5 Tracks 13, 14

A. Contesta las preguntas con oraciones completas. (5 puntos)

1. ¿Qué le pasó a la mamá de Rosario?
2. ¿Cuando recuperó lo que perdió?
3. ¿Qué había dentro del objeto que perdió?
4. ¿Qué sospechó la mamá cuando se dio cuenta de lo que había perdido?
5. ¿Qué perdió Rosario hace unos meses?

B. Escucha a Noelia y contesta las preguntas con oraciones completas. (5 puntos)

1. ¿Adónde van los padres de Noelia esta noche?
2. ¿A qué conclusión llegaron los padres y maestros el año pasado?
3. ¿Qué actividad organizaron para recaudar fondos?
4. ¿Qué van a hacer los asistentes de la reunión de esta noche?
5. ¿Cuál es la ilusión de Noelia?

Nombre ______________________________ Clase __________ Fecha ____________

UNIT 5 Unit Test

Vocabulario y gramática

C. Completa el párrafo de manera lógica con vocabulario de la unidad. (5 puntos)

Ayer Paco y yo compramos **1.** __________ porque parecía que iba a llover. Debíamos ir a un café Internet para **2.** __________ unos documentos. Pero luego el día se puso tan soleado que regresamos a casa para buscar nuestras **3.** __________. Aprovechamos una vez allí y **4.** __________ fotos y participamos en **5.** __________.

D. Escribe cinco preguntas en el pretérito. Usa las expresiones que aparecer a continuación. (5 puntos)

1. resolver un problema
2. intercambiar opiniones
3. la resolución
4. participar en la actividad
5. concluir

E. Usa las frases con conjunciones **a fin de que, a menos que, con tal que, en caso de que, para que**, para completar las siguientes oraciones. (10 puntos)

1. Te voy a acompañar __________
2. Van a estar en el estreno __________
3. Llegaremos temprano __________
4. Todas las tardes los músicos callejeros tocan __________
5. Esta vez pagas tú __________

F. Completa las siguientes oraciones para describir las expresiones que aparecen en **letra negrita**. (10 puntos)

1. Mi hermana busca **una computadora** que...
2. Yo visito **sitios web** que...
3. Participo en **los salones de charlas** que...
4. Elisa mira **programas de televisión** que...
5. Los chicos ponen los ahorros en **un banco** que...

G. ¿Qué sería posible en cada situación según las siguientes condiciones? Completa las siguientes oraciones de manera lógica utilizando el condicional de los verbos que aparecen entre paréntesis. (5 puntos)

1. Sin tanta lluvia, (hacer)...
2. Con un escáner, Marta (poder)...
3. Con tan poco espacio, los niños (querer)...
4. Sin más dinero, tú no (resolver)...
5. Con más tiempo, Uds. (discutir)...

H. Vuelve a escribir las siguientes oraciones sobre una fiesta que Luisa ayuda a organizar. Utiliza «Luisa dijo que... ». (5 puntos)

1. Luisa dijo: «Ellos intercambiaron opiniones antes de la reunión sobre la fiesta».
2. Luisa dijo: «Todos se pusieron de acuerdo sobre el grupo musical».
3. Luisa dijo: «Mi hermana duerme una siesta».
4. Luisa dijo: «Pasaremos un buen rato esta noche».
5. Luisa dijo: «Los maestros vendrán a la fiesta».

Nombre ______________________ Clase __________ Fecha __________

Leer

Lee el artículo que se publicó en el periódico local. Luego completa las actividades **I** y **J**.

La «Ciudad Jardin»: Excelente turismo

La «Ciudad Jardín» ofrece a los turistas hoteles de alta calidad, restaurantes, centros comerciales y tiendas. También organiza actividades deportivas como fútbol, rugby, golf, moto y esquí acuáticos, entre otras.

Por la noche, la ciudad es del gusto de todos; tiene teatros con espectáculos internacionales de música clásica y popular. Además, tiene salas de baile, no sólo para los jóvenes, sino también para las personas mayores que quieren relajarse y pasar un rato agradable. Nuestra ciudad se destaca por su ambiente agradable.

Por un lado, hay muchas tiendas y los mercados, bancos, oficinas y servicios de tecnología. Por otro lado, hay museos como el Museo de Arqueología e Historia Natural para los que se interesan en eso. No hay duda de que nuestra ciudad es una ciudad que usted debería visitar.

I. Di si las siguientes oraciones son **ciertas** o **falsas**. Si son falsas, corrígelas. (6 puntos)

1. La «Ciudad Jardín» no está muy preparada para el turismo.
2. Por la noche, no hay mucho que hacer.
3. Los turistas que quieran asistir a algún espectáculo internacional pueden hacer lo.
4. No hay lugares donde las personas mayores puedan relajarse o palsar un rato agradable.
5. Hay lugares adonde el turista puede ir a comprar.
6. La «Ciudad Jardín» ofrece posibilidades para el ecoturismo.

J. Contesta las preguntas con oraciones completas. (4 puntos)

1. ¿Te convence el artículo? ¿Por qué?
2. ¿Qué harías para mejorarla? Expresa tus ideas.

Nombre ______________________ Clase __________ Fecha __________

Cultura

K. Contesta las preguntas con oraciones completas. (10 puntos)

1. ¿Dónde está el Museo de Metales Preciosos?
2. ¿Qué representa el arte de Tigua?
3. ¿Por qué es especial la música andina?
4. ¿Cuál es una de las maravillas de Perú?
5. ¿Todavía se hablan lenguas indígenas en la zona andina?
6. ¿Cuándo aparecieron los primeros mapas del mundo entero?
7. ¿Qué describen las *Tradiciones peruaras* de Ricardo Palma?
8. ¿Quién era Atahualpa?
9. ¿Qué país andino te gustaría visitar? ¿Por qué?
10. ¿Qué harías allí?

Hablar

HL CD 5 Tracks 15, 16

L. Tu mamá tiene un trabajo nuevo y necesita una computadora. Como no sabe mucho de tecnología, te pregunta a ti. Ella quiere una computadora práctica que la ayude con el trabajo. Mira los anuncios de algunos modelos que ofrecen en Internet. Luego, escucha el debate entre una mujer y un vendedor de artículos electrónicos. Luego, aconseja a tu mamá y, si crees que algún dato es importante, puedes insistir. (15 puntos)

Computadoras

¿Le interesa los ahorrar?

Compre aquí, en línea, y ahorre. Sus compras serán más personales y privadas.

Portátil por menos

- Computadora para llevarla al trabajo o asistir a una reunión
- ¡No hay quien compita con nosotros!

Solvi – Computadora portátil $598.00

- «Laptop Mundial Satélite» con super memoria y hard drive. $768.00

Computadora de escritorio

- Súper memoria, PC lista para trabajar
- Sistema completo con monitor, teclado y ráton desde $498.00

Para mejores enlaces, todos los accesorios.

¿Le interesan los salones de discusión? ¿Intercambiar opiniones? Le sugerimos...

- Servicio de Internet rápido $17.98 y $38.96

Nuevas computadoras con capacidad para guardar hasta 250GB también puede añadir más memoria

Precio de ahora: $156.93 Precio de antes: $166.94

Monitores / Impresoras rápidas desde $117.2

Imprimen fotos excelentes

Nombre ______________________ Clase __________ Fecha __________

Escribir

HL CD 5 Tracks 17, 18

M. En un salón de charlas, vas a pedir información enviándoles un mensaje a las otras personas que frecuentan ese salón de charlas. Vas a presentarles una situación de viaje a Machu Picchu que te sugirió tu amigo Lucho, con quien esperas encontrarte en el norte de Chile para continuar el viaje juntos. (15 puntos)

Leer: Estás en el salón de charlas de viajeros jóvenes que van de excursión a distintos lugares. Algunos ya fueron o otros desean ir a Machu Picchu. Lee lo que escribieron algunos jóvenes interesados en discutir sus experiencias de viaje.

> **Viajera empedernida1:** Nunca pensé que Machu Picchu sería tan lindo. Nadie se imagina lo interesante que puede ser.
>
> **Beto el incansable493:** Les cuento que este año fui a Machu Picchu, pero no hice el viaje como lo hace casi todo el mundo: tomando el tren o haciendo el Camino Inca. Gasté solamente veinticuatro soles. ¡Fui por pueblos que no aparecen en el mapa!
>
> **Peñito el excursionista87:** Hola a todos. Soy chileno y quiero viajar desde Arica, un pueblo en el norte de Chile, hasta Perú, especialmente al Cuzco y a Machu Picchu. Desde allí quiero seguir hacia Bolivia vía bus.

Escuchar: Escucha el mensaje telefónico que te dejó tu amigo Lucho. Quiere invitarte a que vayan juntos de viaje a Machu Picchu. Te llama desde el norte de Chile, cerca de Arica, donde pensaba encontrarse contigo.

Escribir: Como no estás seguro(a) de cómo responder al mensaje de tu amigo Lucho sobre sus sugerencias para que vayan juntos a Machu Picchu, deseas presentar un mensaje en el salón de charlas. Utiliza la información que ya leíste en el salón de charlas y que escuchaste en el mensaje telefónico de Lucho para pedir información y para orientarte, a fin de que puedas responder a la invitación de tu amigo.

¡AVANZA! ____ de 100 puntos Nota __________

¡Éxito! Has alcanzado todos los objetivos de la unidad.

Repaso: Antes de pasar a la siguiente unidad, usa tu libro de texto para repasar cómo:

- ❑ hablar de artículos personales pp. 272–274
- ❑ hablar de requisitos p. 280
- ❑ expresar lo que existe o no existe p. 274
- ❑ decir lo que podría o no podría ocurrir pp. 304–307
- ❑ relatar lo que alguien dijo pp. 309–310
- ❑ hablar de actividades diarias pp. 298–301
- ❑ usar expresiones con **sea** p. 276
- ❑ usar el subjuntivo con conjunciones p. 277
- ❑ usar el subjuntivo con lo que se desconoce p. 282
- ❑ usar **qué** y **cuál** p. 302
- ❑ usar el condicional p. 303
- ❑ usar el diálogo indirecto p. 308

Nombre ______________________ Clase __________ Fecha __________

Escucha r

A.

1. ______________________
2. ______________________
3. ______________________
4. ______________________
5. ______________________

Puedes:
❑ hablar de artículos personales
❑ relatar lo que alguien dijo
____ de 5 puntos

B.

1. ______________________
2. ______________________
3. ______________________
4. ______________________
5. ______________________

Puedes:
❑ hablar de actividades diarias
____ de 5 puntos

Vocabulario y gramática

C.

1. ______________________
2. ______________________
3. ______________________
4. ______________________
5. ______________________

Puedes:
❑ hablar de artículos personales
❑ hablar de actividades diarias
____ de 5 puntos

D.

1. ______________________
2. ______________________
3. ______________________
4. ______________________
5. ______________________

Puedes:
❑ hablar de artículos personales
❑ hablar de actividades diarias
____ de 5 puntos

Nombre ______________________ Clase __________ Fecha __________

UNIT 5
Unit Test

E.

1. ______________________
2. ______________________
3. ______________________
4. ______________________
5. ______________________

Puedes:
- ❑ usar el subjuntivo con conjunciones
- ❑ hablar de requisitos

____ de 10 puntos

F.

1. ______________________
2. ______________________
3. ______________________
4. ______________________
5. ______________________

Puedes:
- ❑ usar el subjuntivo para expresar lo indefinido

____ de 10 puntos

G.

1. ______________________
2. ______________________
3. ______________________
4. ______________________
5. ______________________

Puedes:
- ❑ decir lo que podría o no podría ocurrir

____ de 5 puntos

Nombre ______________________ Clase __________ Fecha __________

H.

1. ______________________________

2. ______________________________

3. ______________________________

4. ______________________________

5. ______________________________

Puedes:

❑ relatar lo que alguien dijo

____ de 5 puntos

UNIT 5 Unit Test

Leer

I.

1. C F ______________________________

2. C F ______________________________

3. C F ______________________________

4. C F ______________________________

5. C F ______________________________

6. C F ______________________________

Puedes:

❑ interpretar lo que alguien dijo

____ de 6 puntos

J.

1. ______________________________

2. ______________________________

Puedes:

❑ decir lo que podría o no podría ocurrir

____ de 4 puntos

Nombre ______________________ Clase __________ Fecha __________

UNIT 5
Unit Test

Cultura

K.

1. ______________________

2. ______________________

3. ______________________

4. ______________________

5. ______________________

6. ______________________

7. ______________________

8. ______________________

9. ______________________

10. ______________________

Puedes:
- ❑ expresar datos culturales sobre los países andinos
- ❑ decir lo que podría o no podría ocurrir

____ de 10 puntos

Hablar

L.

Puedes:
- ❑ usar el subjuntivo con lo que se desconoce
- ❑ usar expresiones con **sea**

____ de 15 puntos

Criterio de habla	5 puntos	3 puntos	1 punto
Contenido	Tus oraciones tienen una secuencia lógica, y demuestras facilidad en expresar tus ideas sobre qué harías en un país andino.	Algunas de tus oraciones tienen una secuencia lógica, y demuestras bastante facilidad en expresar tus ideas sobre qué harías en un país andino.	Pocas de tus oraciones tienen una secuencia lógica, y demuestras facilidad limitada en expresar tus ideas sobre qué harías en un país andino.
Comunicación	Toda la información que das se comprende perfectamente.	La mayor parte de la información que das se comprende perfectamente.	La mayor parte de la información que das es difícil de comprender.
Precisión	Usas el condicional y el vocabulario referente al tema con pocos errores gramaticales.	Usas el condicional y el vocabulario referente al tema con algunos errores gramaticales.	Usas el condicional y el vocabulario referente al tema con bastantes errores gramaticales.

Nombre ______________________ Clase __________ Fecha __________

Escribir

M.

____

____

____

____

____

____

____

____

____

____

____

____

____

____

____

____

____

____

Puedes:

- ❏ hablar de actividades diarias
- ❏ usar el subjuntivo con conjunciones

____ de 15 puntos

UNIT 5
Unit Test

Criterio de escritura	5 puntos	3 puntos	1 punto
Contenido	Tus oraciones tienen una secuencia lógica, usas vocabulario apropiado, y demuestras facilidad en hablar de lo que se desconoce, y de lo que podría o no podría ocurrir.	Algunas de tus oraciones tienen una secuencia lógica, usas vocabulario apropiado, y demuestras suficiente facilidad en hablar de lo que se desconoce, y de lo que podría o no podría ocurrir.	Pocas de tus oraciones tienen una secuencia lógica, usas vocabulario limitado y demuestras poca facilidad en hablar de lo que se desconoce, y de lo que podría o no podría ocurrir.
Comunicación	Toda las ideas que das se comprenden perfectamente.	La mayor parte de las ideas que das se comprenden perfectamente.	La mayor parte de las das que das son difíciles de comprender.
Precisión	Usas formas verbales y vocabulario referente al tema con pocos errores gramaticales.	Usas formas verbales y vocabulario referente al tema con algunos errores gramaticales.	Usas algunas formas verbales y vocabulario referente al tema con bastantes errores gramaticales.

Nombre ____________________ Clase __________ Fecha __________

UNIT 6 LESSON 1
Test

Examen Lección 1

¡AVANZA! **Objetivo:** Demuestra que puedes:

- hablar del barrio
- describir lugares y cosas
- hablar de lo que ha ocurrido
- usar el participio pasado como adjetivo
- usar el presente perfecto

Escuchar

HL CD 5 Tracks 19, 20

A. Escucha la conversación y contesta las preguntas con oraciones completas. (5 puntos)

1. ¿En qué ciudad vive Marta?

2. ¿Cómo Marta ayudó a Roberto para que llegara a su ciudad?

3. ¿Cómo está el piso de Marta?

4. ¿Qué necesita Roberto antes de hacer cualquier otra cosa?

5. ¿Qué planes tiene Marta para su amigo esa noche?

B. Escucha a Eugenio y contesta las preguntas con oraciones completas. (5 puntos)

1. ¿Qué hizo Eugenio su segundo día de viaje?

2. ¿En qué dos lugares Eugenio quiso entrar?

3. ¿Qué hacía Eugenio cuando veía escaparates?

4. ¿En qué momento Eugenio decidió sorprender a su amiga?

5. ¿Adónde fue y qué le compró?

Vocabulario y gramática

C. Completa las oraciones con palabras de la lección. (5 puntos)

1. Para ir a la calle de Alcalá tomo ____.
2. Cuando lavo los platos uso ____.
3. Cuando la habitación está desordenada, toda en ella es ____.
4. Si vas a comprar zapatos, debes ir a ____.
5. Tengo que sacar dinero en ____.

D. Define las siguientes palabras. (5 puntos)

1. dar una vuelta
2. el barrio
3. ir de tapas
4. la oficina de correos
5. sacar el billete

E. Escribe oraciones usando el participio pasado de los verbos como adjetivos. (10 puntos)

1. hacer
2. ordenar
3. quitar
4. lavar
5. cerrar

F. Mira los dibujos y di lo que han hecho estas personas. Usa el presente perfecto. Luego, escribe el resultado de la acción usando el participio pasado como adjetivo. (12 puntos)

1.

4.

2.

5.

3.

6.

G. Escribe cuatro oraciones para explicarles a tus padres lo que has hecho desde que regresaste de la escuela. Usa el presente perfecto. (8 puntos)

Nombre ______________________ Clase __________ Fecha __________

Leer

España es un país de refranes, citas y frases famosas. Lee lo que dicen en este sitio web sobre los refranes españoles. Luego, completa las actividades H e I.

Este sitio web está dedicado al mundo de las frases populares. Aquí presentamos citas famosas, refranes y proverbios. Todo está preparado para que ustedes naveguen en la red y hagan los enlaces sin ningún problema. Los refranes son frases ingeniosas que la gente ha pasado de generación en generación. Muchas veces son atrevidos pero siempre se destacan porque enseñan alguna lección.

También son partes de frases y refranes populares los consejos y advertencias que aparecen en el libro *Don Quijote de la Mancha*.

Refrán: *Quien tiene tienda, que la atienda (y si no, que la venda).*

Proverbio: *Lo que puedas hacer hoy, no lo dejes para mañana.*

Cita (frase) famosa: *Las obras de arte se dividen en dos categorías: las que me gustan y las que no me gustan.*

H. Contesta las preguntas de acuerdo con el texto que has leído. (4 puntos)

1. ¿Qué son los refranes?
2. ¿Cuál es el objetivo de los refranes?
3. ¿En qué libro hay muchos refranes?
4. ¿Cómo está preparado este sitio web?

I. Elige dos de las frases de *Don Quijote* y explícalas. (6 puntos)

Cultura

J. Contesta las siguientes preguntas sobre el flamenco con oraciones completas. (5 puntos)

1. ¿Cómo defines el flamenco?
2. ¿Qué culturas han tenido la mayor influencia sobre este género?
3. ¿Quién es Paco de Lucía?
4. ¿Qué cantante mezcla el flamenco con el rock?
5. ¿Con qué otros géneros mezcla el flamenco el grupo Ojos de Brujo?

K. Contesta las siguientes preguntas sobre Gaudí con oraciones completas. (5 puntos)

1. ¿Quién es Antoni Gaudí?
2. ¿De dónde es?
3. ¿Cuál es una de sus obras más famosas?
4. ¿Por qué esta obra es tan conocida?
5. ¿En qué lugar puedes admirar muchas de sus obras?

Hablar

HL CD 5 Tracks 21, 22

L. Vas a contestar un mensaje telefónico. (15 puntos)

Leer. Lee el volante. Tienes un minuto para leerlo.

> La RENFE ha hecho muchas mejoras para que usted disfrute de su espera en las estaciones del metro. Los viajeros han dicho: «Hemos esperado esto por algún tiempo y por fin se ha hecho.»
>
> Salidas, llegadas, servicios... pregunte en la dirección.
>
> En las salas de espera usted puede relajarse y estar cómodo(a).
>
> Disfrute de la prensa diaria y de las revistas. La RENFE ha puesto kioscos con los periódicos del día. Entérese de lo que ha pasado en el mundo mientras espera.
>
> Se han abierto cafeterías acogedoras para que usted pueda tomar refrescos y las tapas que más le gusten.
>
> Las salas de espera son lugares ideales para escuchar las salidas o llegadas de los trenes. Usted estará perfectamente informado.
>
> Baños, teléfono, cajeros automáticos... no pida más. ¡Ya lo consiguió todo para viajar mejor!

Escuchar. Ahora escucha el mensaje que dejó el tío de Ramón. Toma notas mientras escuchas y vuelve a leer.

Hablar. Ramón no está. Llama al número de teléfono que te ha dejado el tío de Ramón, y dile todo lo que pueden hacer en la estación de Atocha hasta que Ramón llegue. Háblale también de las mejoras que ha hecho la RENFE.

Nombre ______________________________ Clase __________ Fecha __________

Escribir

HL CD 5 Tracks 23, 24

M. Vas a escribir una historia sobre lo que ha pasado en un barrio.

Leer. Lee algunos datos de lo que escribió una estudiante sobre *Historia de una escalera* del escritor español Buero Vallejo. (15 puntos)

> El ambiente social de *Historia de una escalera* es la España de posguerra [*postwar Spain—after 1939*]. Unos tienen empleo, otros no.
>
> Han pasado diez años en un edificio de pisos para alquilar y todo se ha transformado mucho en el edificio de la «escalera».
>
> Algunas persona ya han muerto, como doña Asunción y don Manuel. Otras se han casado y han hecho nuevas familias, como Fernando y Elvira, que han tenido un bebé.
>
> Ahora hay nuevos vecinos en la escalera y los dueños del edificio quieren que los vecinos antiguos vendan sus pisos, porque pagan muy poco por alquilar los pisos. Quieren hacer un edificio con baños modernos, microondas y de todo, para vender los pisos por muchos millones, pero los antiguos vecinos no quieren dejar sus pisos de toda la vida El edificio de la «escalera» ha cambiado: las ventanas ahora son de muchos colores.

Escuchar. Escucha la conversación entre las dos vecinas del barrio.

Escribir. Escribe la historia de lo que ha pasado en ese barrio.

¡AVANZA! ____ de 100 puntos Nota __________

¡Éxito! Has alcanzado todos los objetivos de la lección.

Repaso: Antes de pasar a la siguiente lección, usa tu libro de texto para repasar cómo:

- ❑ hablar del barrio, pp. 332–333
- ❑ describir lugares y cosas, pp. 332–333, 337
- ❑ hablar de lo que ha ocurrido, p. 342
- ❑ usar el participio pasado como adjetivo p. 337
- ❑ usar el presente perfecto p. 342

Nombre ______________________ Clase __________ Fecha __________

UNIT 6 LESSON 1 Test

Escuchar

A.

1. ______________________
2. ______________________
3. ______________________
4. ______________________
5. ______________________

Puedes:

❏ describir lugares y cosas

____ de 5 puntos

B.

1. ______________________
2. ______________________
3. ______________________
4. ______________________
5. ______________________

Puedes:

❏ describir lugares y cosas

____ de 5 puntos

Vocabulario y gramática

C.

1. ______________________
2. ______________________
3. ______________________
4. ______________________
5. ______________________

Puedes:

❏ hablar del barrio

❏ describir lugares y cosas

____ de 5 puntos

Nombre ______________________ Clase ____________ Fecha ____________

UNIT 6 LESSON 1 Test

D.

1. ______________________
2. ______________________
3. ______________________
4. ______________________
5. ______________________

Puedes:
❑ hablar del barrio
❑ describir lugares y cosas
____ de 5 puntos

E.

1. ______________________
2. ______________________
3. ______________________
4. ______________________
5. ______________________

Puedes:
❑ hablar de lo que ha ocurrido
❑ usar los participios pasados como adjetivos
____ de 10 puntos

F.

1. ______________________
____
2. ______________________
____
3. ______________________
____
4. ______________________
____
5. ______________________
____
6. ______________________
____

Puedes:
❑ hablar de lo que ha ocurrido
❑ usar participios como adjetivos
____ de 12 puntos

G.

1. ______________________
2. ______________________
3. ______________________
4. ______________________

Puedes:

❑ usar el presente perfecto

____ de 8 puntos

Leer

H.

1. ______________________
2. ______________________
3. ______________________
4. ______________________

Puedes:

❑ describir lugares y cosas

____ de 4 puntos

I.

1. ______________________
____
2. ______________________
____

Puedes:

❑ comprender y hablar de la cultura española

____ de 6 puntos

Nombre ______________________ Clase __________ Fecha __________

UNIT 6 LESSON 1
Test

Cultura

J.

1. ______________________
2. ______________________
3. ______________________
4. ______________________
5. ______________________

Puedes:
❑ hablar de la cultura española
____ de 5 puntos

K.

1. ______________________
2. ______________________
3. ______________________
4. ______________________
5. ______________________

Puedes:
❑ hablar de la cultura española
____ de 5 puntos

Hablar

L.

Puedes:
❑ describir lugares y cosas ____ de 15 puntos

Criterio de habla	5 puntos	3 puntos	1 punto
Contenido	Tus oraciones tienen una secuencia lógica, y demuestras buen uso del vocabulario apropiado.	Algunas de tus oraciones tienen una secuencia lógica, y demuestras bastante buen uso del vocabulario apropiado.	Pocas de tus oraciones tienen una secuencia lógica, y demuestras uso limitado del vocabulario apropiado.
Comunicación	Toda la información que das se comprende perfectamente.	La mayor parte de la información que das se comprende perfectamente.	La mayor parte de la información que das es difícil de comprender.
Precisión	Usas las formas verbales y el vocabulario referente al tema con pocos errores gramaticales.	Usas las formas verbales y el vocabulario referente al tema con algunos errores gramaticales.	Usas algunas formas verbales y el vocabulario referente al tema con bastantes errores gramaticales.

Nombre ______________________ Clase __________ Fecha __________

Escribir

M.

Puedes:

- ❑ hablar del barrio
- ❑ hablar de lo que ha ocurrido

____ de 15 puntos

Criterio de escritura	5 puntos	3 puntos	1 punto
Contenido	Tus oraciones tienen una secuencia lógica, usas vocabulario apropiado, y demuestras facilidad en expresar lo que ha ocurrido.	Algunas de tus oraciones tienen una secuencia lógica, usas bastante vocabulario apropiado, y demuestras suficiente facilidad en expresar lo que ha ocurrido.	Pocas de tus oraciones tienen una secuencia lógica, usas vocabulario limitado para expresar lo que ha ocurrido.
Comunicación	Toda las ideas que das se comprenden perfectamente.	La mayor parte de las ideas que das se comprenden perfectamente.	La mayor parte de las das que das son difíciles de comprender.
Precisión	Usas formas verbales y vocabulario referente al tema con pocos errores gramaticales.	Usas formas verbales y vocabulario referente al tema con algunos errores gramaticales.	Usas algunas formas verbales y vocabulario referente al tema con bastantes errores gramaticales.

Nombre ______________________ Clase __________ Fecha __________

Examen Lección 2

¡AVANZA! **Objetivo:** Demuestra que puedes:

- describir una excursión
- expresar lo que había o habrá ocurrido
- hablar acerca de la historia de un lugar
- usar el pasado perfecto
- usar el futuro perfecto

Escuchar

HL CD 5 Tracks 25, 26

A. Escucha la conversación y contesta las preguntas con oraciones completas. (5 puntos)

1. ¿Quién quiere visitar Calaceite?
2. ¿Dónde está Calaceite?
3. ¿Qué necesitan los chicos para poder ver el paisaje desde el tren?
4. ¿Qué sugiere Pepe que hagan para conocer la ciudad?
5. ¿Por qué necesitan un plano?

B. Escucha a Clara y contesta las preguntas con oraciones completas. (10 puntos)

1. ¿Desde qué lugar podían ver los puentes de piedra?
2. ¿Cómo es la entrada del centro histórico?
3. ¿Cómo describe Clara el pueblo?
4. ¿Cómo son los restaurantes?
5. ¿Por qué pasaron tanto tiempo en el restaurante?

Vocabulario y gramática

C. Mira los dibujos y di en oraciones completas lo que hicieron estas personas. (5 puntos)

1. 

2. 

3. 

4. 

5. 

D. Define las siguientes frases. (10 puntos)

1. pedir direcciones
2. meterse en problemas
3. tratarse de
4. hacer una visita guiada
5. probar las especialidades

E. Completa las oraciones y expresa lo que ya había ocurrido. (5 puntos)

1. Buscamos un plano de la ciudad, pero ya ______________________.
2. Corrimos para encontrar buen asiento, y resulta que ya ______________________.
3. Pensé que pedirían direcciones, pero tú ______________________.
4. Creí que se perderían en Granada, pero ______________________.
5. Pensé que ibas a disfrutar de las tapas pero ya ______________________.

F. Escribe cinco oraciones en el futuro perfecto con las palabras que aparecen abajo. (10 puntos)

1. El conductor/analizar
2. El plano/caerse
3. Nosotros/explorar
4. Milagros/perderse
5. Sr. Rodrigo/llevar plano

G. Expresa el resultado de las siguientes acciones, usando el pasado perfecto. (5 puntos)

1. Los asientos ya estaban asignados: los ayudantes ya los ____.
2. Los mapas ya estaban perdidos: vosotros ya los ____.
3. La tortilla ya estaba pedida: Celia ya la ____.
4. La ventanilla del tren ya estaba abierta: tú ya la ____.
5. Las tarjetas ya estaban escritas: yo ya las ____.

Nombre ______________________ Clase __________ Fecha __________

Leer

Vas a leer un aviso que aparece en la pared de una estación de trenes. Luego, ve a las secciones **H** e **I** para contestar las preguntas de comprensión.

La Estación de trenes de la ciudad de Alba desea informarles a los ciudadanos sobre el progreso de las obras de construcción y los cambios que habrá en nuestras operaciones diarias de esta semana.

Se ha terminado la nueva sala de espera construida cerca de la entrada de la calle Darío. La taquilla se ha mejorado y ahora ofrece un servicio más rápido a todos los ciudadanos.

Si necesita información sobre sus conexiones o itinerario, si se pierde usted o si se le ha perdido el equipaje en su viaje a Alba o a otro destino, vaya al nuevo puesto de Información y atención al cliente, que está en el pasillo norte, cerca del área de los restaurantes.

ATENCIÓN: Para el fin de esta semana, ya habremos cambiado la vía de los trenes que llegan de Cierzo y que continúan hasta Renda. Para tomar esta ruta deberá acceder a los trenes por el andén tres y no por el andén cuatro, como hace un mes.

Muchísimas gracias por su atención a estos importantes avisos. Esperamos que su viaje sea agradable. Sentimos mucho los problemas que estos cambios les puedan causar a todos ustedes.

H. ¿Cierto o falso? Corrige las afirmaciones que son falsas. (6 puntos)

1. No ha habido cambios en las operaciones diarias.
2. La nueva sala de espera está terminada.
3. En estos momentos no hay taquilla.
4. Esta semana no hay lugar adonde ir si has perdido tu equipaje.
5. El puesto de Información está cerca de la entrada de la calle Darío.
6. Los trenes para ir a Renda salen del andén tres durante la semana del aviso.

I. Contesta las preguntas. (4 puntos)

1. ¿Qué problemas podría encontrar la persona que necesita utilizar la estación de trenes pero que no ha leído este aviso?
2. Si viajaste a Renda hace un mes, ¿por qué crees que es importante leer el aviso de esta semana?

UNIT 6 LESSON 2
Test

Cultura

J. Contesta las preguntas sobre la cultura y geografía de España. (5 puntos)

1. ¿Cómo se llaman las diferentes regiones de España?

2. ¿En cuántas regiones está dividida España?

3. ¿Qué reyes unificaron a España?

4. ¿En qué región se habla gallego?

5. ¿Qué idioma se habla en el País Vasco?

K. Contesta las preguntas sobre el arte de El Greco. (5 puntos)

1. ¿Dónde se encuentran muchos de los cuadros de El Greco?

2. ¿Dónde nació El Greco?

3. ¿Cómo son las caras y las manos de sus figuras?

4. ¿Qué tipo de colores utiliza?

5. ¿Qué otra cosa destaca El Greco en sus pinturas?

Hablar

HL CD 5 Tracks 27, 28

L. Vas a participar en una conversación telefónica simulada con una amiga muy maternal que se llama Rosa. Durante tu viaje a España, Rosa te ha extrañado. Primero lee el bosquejo de la conversación que aparece en la página. Después escucha el audio. Tú sólo oirás lo que te dice Rosa. Vuelve a escuchar el audio, pero esta vez participarás en la conversación. Responde de forma oral a lo que te dice Rosa. Una señal te indicará cuando te toque hablar. (15 puntos)

[Suena el teléfono]

Tú: Contesta el teléfono.

Rosa: (Rosa te pregunta por qué no te has comunicado.)

Tú: Contéstale la pregunta.

Rosa: (Quiere saber sobre lo que ya has visto.)

Tú: Contéstale la pregunta.

Rosa: (Te pregunta algo sobre Toledo.)

Tú: Contéstale la pregunta.

Rosa: (Te pregunta cuál es tu opinión sobre cierto asunto.)

Tú: Contéstale la pregunta.

Rosa: (Te pregunta algo más.)

Tú: Contéstale la pregunta.

Rosa: (Te hace otra pregunta.)

Tú: Contéstale la pregunta.

Rosa: (Por último, te pregunta algo sobre tu regreso.)

Tú: Contéstale la pregunta.

Rosa: (Se despide de ti.)

Tú: Despídete de ella.

Escribir

HL CD 5 Tracks 29, 30

M. Vas a escribirle un correo electrónico a tu amiga Marta como respuesta al que ella te envió para contarte sobre el viaje a Granada que ella hizo con su hermano Raúl, durante su semana en España.

Leer. Lee el correo electrónico que te escribe Marta, en que te cuenta impresiones de su visita a Granada. (15 puntos)

> Mis queridos amigos:
>
> Me encantó visitar la ciudad de Granada durante la segunda mañana de nuestro viaje. Llegamos en tren por la mañana. El conductor nos avisó que ya llegábamos a la ciudad y todos miramos por las ventanillas de los vagones. ¡La vista de la ciudad era maravillosa! Tomé muchas fotos. Desde el tren, que todavía estaba bastante lejos de Granada, podíamos ver los castillos, las fortalezas y las murallas del centro histórico.
>
> Llegamos y nos pusimos a explorar el centro histórico con la ayuda de un guía de la ciudad, que se llamaba Carlos. Con él hicimos la visita guiada por todo el centro histórico. Visitamos las murallas de Albaicín y paseamos por las pequeñas calles y los hermosos callejones que conservan tan bien. Llegamos hasta el puente del Hacho. También vimos el río Genil. Luego subimos al Mirador de San Nicolás. Desde ahí se veía un paisaje espectacular del castillo de la Alhambra. Como ya era hora de almorzar, cuando bajamos del mirador decidimos comer en un restaurante muy típico donde pudimos probar varias especialidades de la región.
>
> Bueno, me tengo que ir. Luego les escribo más, desde Toledo.
>
> Marta

Escuchar. Marta conserva un diario en su grabadora. Ella graba los detalles de su viaje. Vas a escuchar un fragmento de su audio-diario.

Escribir. Ahora contéstale el correo electrónico a Marta sobre su viaje.

¡AVANZA! _____ de 100 puntos Nota __________

¡Éxito! Has alcanzado todos los objetivos de la lección.

Repaso: Antes de pasar a la siguiente lección, usa tu libro de texto para repasar cómo:

- ❑ describir una excursión pp. 358–359
- ❑ expresar lo que había o habrá ocurrido pp. 363, 368
- ❑ hablar de la historia de un lugar pp. 358–359
- ❑ usar el pasado perfecto p. 363
- ❑ usar el futuro perfecto p. 368

UNIT 6 LESSON 2
Test

Escuchar

A.

1. ____________________
2. ____________________
3. ____________________
4. ____________________
5. ____________________

Puedes:
❑ usar el vocabulario
____ de 5 puntos

B.

1. ____________________
2. ____________________
3. ____________________
4. ____________________
5. ____________________

Puedes:
❑ describir una excursión
____ de 10 puntos

Vocabulario y gramática

C.

1. ____________________
2. ____________________
3. ____________________
4. ____________________
5. ____________________

Puedes:
❑ describir una excursión
____ de 5 puntos

Nombre ______________________ Clase __________ Fecha __________

D.

1. ____________________
2. ____________________
3. ____________________
4. ____________________
5. ____________________

Puedes:

❑ describir una excursión

____ de 10 puntos

E.

1. ____________________
2. ____________________
3. ____________________
4. ____________________
5. ____________________

Puedes:

❑ expresar lo que había ocurrido

____ de 5 puntos

F.

1. ____________________
2. ____________________
3. ____________________
4. ____________________
5. ____________________

Puedes:

❑ expresar lo que habrá ocurrido

____ de 10 puntos

Nombre ____________________ Clase __________ Fecha __________

G.

1. ____________________
2. ____________________
3. ____________________
4. ____________________
5. ____________________

Puedes:

❑ expresas lo que había ocurrido

____ de 5 puntos

Leer

H.

1. C F ____________________
2. C F ____________________
3. C F ____________________
4. C F ____________________
5. C F ____________________
6. C F ____________________

Puedes:

❑ comprender información esencial para hacer una excursión

____ de 6 puntos

I.

1. ____________________
____
____
2. ____________________
____

Puedes:

❑ inferir información

____ de 4 puntos

Cultura

J.

1. ______________________

2. ______________________

3. ______________________

4. ______________________

5. ______________________

Puedes:
❏ hablar sobre la cultura de España
____ de 5 puntos

K.

1. ______________________

2. ______________________

3. ______________________

4. ______________________

5. ______________________

Puedes:
❏ hablar sobre el arte de El Greco
____ de 5 puntos

Hablar

L.

Puedes:
❏ describir una excursión
____ de 15 puntos

Criterio de habla	5 puntos	3 puntos	1 punto
Contenido	Tus oraciones tienen una secuencia lógica, y demuestras buen uso del vocabulario apropiado.	Algunas de tus oraciones tienen una secuencia lógica, y demuestras bastante buen uso del vocabulario apropiado.	Pocas de tus oraciones tienen una secuencia lógica, y demuestras uso limitado del vocabulario apropiado.
Comunicación	Toda la información que das se comprende perfectamente.	La mayor parte de la información que das se comprende perfectamente.	La mayor parte de la información que das es difícil de comprender.
Precisión	Usas las formas verbales y el vocabulario referente al tema con pocos errores gramaticales.	Usas las formas verbales y el vocabulario referente al tema con algunos errores gramaticales.	Usas algunas formas verbales y el vocabulario referente al tema con bastantes errores gramaticales.

Nombre ______________________ Clase ____________ Fecha ____________

Escribir

M.

Puedes:

- ❏ hablar acerca de la historia de un lugar

___ de 15 puntos

Criterio de escritura	5 puntos	3 puntos	1 punto
Contenido	Tus oraciones tienen una secuencia lógica, usas vocabulario apropiado, y demuestras facilidad en expresar lo que había o habrá ocurrido, y la historia de un lugar.	Algunas de tus oraciones tienen una secuencia lógica, usas vocabulario apropiado, y demuestras suficiente facilidad en expresar lo que había o habrá ocurrido, y la historia de un lugar.	Pocas de tus oraciones tienen una secuencia lógica, usas vocabulario limitado para expresar lo que había o habrá ocurrido, y la historia de un lugar.
Comunicación	Toda las ideas que das se comprenden perfectamente.	La mayor parte de las ideas que das se comprenden perfectamente.	La mayor parte de las das que das son difíciles de comprender.
Precisión	Usas formas verbales y vocabulario referente al tema con pocos errores gramaticales.	Usas formas verbales y vocabulario referente al tema con algunos errores gramaticales.	Usas algunas formas verbales y vocabulario referente al tema con bastantes errores gramaticales.

Nombre ______________________ Clase __________ Fecha __________

Examen Unidad 6

¡AVANZA! **Objetivo:** Demuestra que puedes:

- hablar del barrio
- describir lugares y cosas
- hablar de lo que ha ocurrido
- describir una excursión
- expresar lo que había o habrá ocurrido
- hablar acerca de la historia de un lugar
- usar el participio pasado como adjetivo
- usar el presente perfecto
- usar el pasado perfecto
- usar el futuro perfecto

Escuchar

HL CD 5 Tracks 31, 32

A. Escucha el diálogo entre Patricia y Alejandro. Contesta las preguntas. (5 puntos)

1. ¿Para qué Patricia llamó a Alejandro?
2. ¿Qué necesita Patricia por ahora?
3. ¿Cuál es la idea que Alejandro le propone a Patricia para poner bonita su terraza?
4. ¿Qué tiene que hacer Patricia antes de invitar a alguien a su casa?
5. ¿Qué es lo que Alejandro no quiere limpiar?

B. Marcos cuenta lo que le pasó el fin de semana. Escucha y contesta las preguntas. (5 puntos)

1. ¿Qué estaba haciendo Marcos cuando lo llamaron los vecinos?
2. ¿Qué fue lo primero que vio Marcos cuando llegó a su casa?
3. ¿Qué había pasado en su casa?
4. ¿Cómo estaban los muebles?
5. ¿Qué hicieron Marcos y su hermano?

Vocabulario y gramática

C. Contesta las siguientes preguntas. (5 puntos)

1. ¿Qué tienes que hacer si debes mandar postales?
2. ¿Dónde puedes encontrar el timbre de un piso?
3. ¿Qué tienes que hacer si quieres sacar dinero?
4. ¿Dónde puedes hacer visitas guiadas en España?
5. ¿Qué cosas necesitas en la cocina para cocinar?

D. Escribe cinco oraciones completas con las siguientes opciones que aparecen abajo. (10 puntos)

1. ir de tapas
2. aprovechar
3. ensuciar
4. hacer los mandados
5. dar una vuelta

E. Escribe cinco preguntas en el pretérito con la información que aparece abajo. (5 puntos)

1. tú/romper
2. ustedes/enterarse de
3. ella/explorar
4. yo/dcjar
5. nosotras/cerrar

F. Escribe cinco oraciones usando participios como adjetivos o como verbos. Haz por lo menos dos usos de cada uno. (10 puntos)

G. Completa las oraciones para expresar lo que ya había ocurrido según el contexto. (5 puntos)

1. Llegamos a la estación y el tren ya __________
2. Teresa pidió direcciones cuando tú ya __________
3. Pensaba comprar frutas pero Sara ya __________
4. La señora Pérez arregló el auto y nosotros ya __________
5. Queríamos hacer una visita guiada, pero Vicente ya __________

H. Forma oraciones con las palabras siguientes. Cuenta lo que ya habrá pasado para el final del verano. (5 puntos)

1. ustedes/conocer Sevilla
2. yo/ver/Torre Agbar
3. Tomás/meterse en problemas
4. Pilar y Jorge/ordenar/el piso
5. Patricia y tú/arreglar/el grifo

Leer

Lee y luego completa las actividades **I** y **J**.

El fútbol es el pasatiempo número uno de los españoles. Muchos juegan por afición (*love*). El libro *Practiquemos fútbol* dice: «Lo que no se entrena no se juega». *Practiquemos fútbol* es un libro para entrenadores que enseñan las reglas básicas del fútbol a estudiantes jóvenes. El libro tiene ejercicios prácticos con gráficas e ilustraciones. También da información sobre los juegos de la semana. Además, el libro habla sobre las vidas de jugadores famosos. Aquí te damos algunas informaciones sobre Pelé, que son muy interesantes.

Pelé nació en Brasil y empezó a jugar al fútbol a los diecisiete años. Jugó para el equipo Real Madrid al final de los años cincuenta y ha recibido los mejores premios del fútbol mundial. Lo más sorprendente de Pelé es que recibió muchos premios por ser un gran jugador y ahora se destaca por sus acciones humanitarias: él ayuda a recaudar fondos para obras de acción social, es generoso, dona dinero a organizaciones que ayudan a los niños del mundo y también ayuda a sus amigos. Además, aunque ya no juega, Pelé entrena a los equipos juveniles de su país, Brasil.

I. Los siguientes datos no son correctos. Corrígelos y escríbelos de nuevo. (6 puntos)

1. Todos los españoles juegan al fútbol.
2. Pelé nació en Madrid.
3. El libro dice que no es necesario entrenarse para jugar.
4. Pelé jugó para el Real Madrid cuando tenía cincuenta años.
5. Lo más impresionante de Pelé es cómo jugó al fútbol.
6. Pelé todavía juega profesionalmente.

J. Contesta las preguntas con oraciones completas. (4 puntos)

1. ¿Has jugado al fútbol alguna vez? ¿Dónde? ¿Juegas a algún otro deporte? ¿Cómo entrenas?
2. ¿Crees que si practicas podrías llegar a ser otro Pelé?

Cultura

K. Contesta con oraciones completas. (5 puntos)

1. ¿De dónde es Elvira Lindo?
2. ¿Qué ha escrito esta autora?
3. ¿Qué personaje creó y para qué medio de comunicación?
4. ¿En qué otro medio ha trabajado?
5. ¿Cómo se les llaman a los motes en Latinoamérica?

L. Contesta con oraciones completas. (5 puntos)

1. ¿En qué se basan los motes?
2. ¿Qué pintor griego pintó el cuadro *Vista de Toledo*?
3. ¿Quién hizo el Parc Güell?
4. ¿Qué personajes de Elvira Lindo tienen motes graciosos?
5. ¿Qué escritor español se destacó por sus romances?

Hablar

HL CD 5 Tracks 33, 34

M. Vas a participar en una conversación telefónica simulada con un ayudante que se encarga de reservar mesas en el restaurante Hornos. Primero, lee el bosquejo de la conversación que aparece en la página. Luego, escucha el audio. Tú sólo oirás lo que te dice el ayudante del restaurante. Entonces, escucha el audio de nuevo. Esta vez participarás en la conversación. Responde de forma oral a lo que te dice el ayudante. Una señal te indicará cuando te toque hablar a ti. (15 puntos)

[Suena el teléfono.]

Ayudante: [Contesta el teléfono y te dice algo muy rápidamente.]

Tú: Contesta (saluda) y pregunta si es el restaurante Hornos.

Ayudante: [Te contesta.]

Tú: Dile que necesitas hacer una reservación para esta noche.

Ayudante: [Te hace una pregunta.]

Tú: Contéstale la pregunta.

Ayudante: [Te hace otra pregunta.]

Tú: Contéstale la pregunta.

Ayudante: [Te pregunta un nombre.]

Tú: Contéstale la pregunta.

Ayudante: [Te hace una pregunta sobre el restaurante.]

Tú: Contéstale la pregunta.

Ayudante: [Te pregunta sobre la comida.]

Tú: Contéstale la pregunta.

Ayudante: [Se despide.]

Tú: Despídete del ayudante y cuelga.

Nombre ______________________ Clase ____________ Fecha ____________

UNIT 6 Unit Test

Escribir

HL CD 5 Tracks 35, 36

N. Tu amiga y antigua vecina Irene dejó el barrio hace cinco años. Vas a escribirle un mensaje electrónico para contarle todas las transformaciones que ha habido desde entonces. (15 puntos)

Leer. Lee los anuncios.

Anuncios clasificados

Vendo piso acogedor. Baño y cocina nuevos. Ideal para pareja joven. Barrio de La Merced. Vistas al parque. Increíble a 60.000 euros. Llamen al 343 29 11

Vendo florería. Venga y vea. Estrella 8, Barrio de La Merced.

Se alquilan locales en nuevo centro comercial. Barrio de La Merced. Facilidades de pago. Contáctenos @nuevaciudad. sen

¿Vende su piso? Llámenos. Estamos interesados. Inger y Co. 372 97 85

Pisos nuevos. Condominios cerca del centro comercial. Cuotas bajas. Compre ahora. Tel. 397 55 4555 Inmueble Pereira.

Sociales

Merced, martes 24 Los señores Andrade se van. Venden su piso a una inmobiliaria *(real estate company)* y se mudan a Alicante. Dicen que ya están viejos para tantas transformaciones en el barrio. Los echaremos de menos.

Matrimonio Pineda Vallejo. Armando Pineda y Sarita Vallejo se casaron el sábado en la Capilla del Pilar. La boda se celebró en el restaurante Casa Paco. El nuevo piso de la pareja está en el edificio de apartamentos que fue la casa de los padres de Sarita. Felicidades a ellos.

María Moreno va a abrir una cafetería de comida rápida. No sabemos lo que va a servir, pero será delicioso. ¡Suerte, María!

Escuchar. Escucha las *Noticias de hoy.* Toma notas mientras lo haces.

Escribir. Analiza la situación. Luego, escribe el mensaje: haz un comentario sobre lo que habrá pasado en unos años más.

¡AVANZA! _____ de 100 puntos Nota ____________

¡Éxito! Has alcanzado todos los objetivos de la unidad.

Repaso: Antes de pasar a la siguiente unidad, usa tu libro de texto para repasar cómo:

- ❑ hablar del barrio pp. 332–333
- ❑ describir lugares y cosas pp. 332–333, 337
- ❑ hablar de lo que ha ocurrido p. 342
- ❑ usar el participio pasado como adjetivo p. 337
- ❑ usar el presente perfecto, el pasado perfecto y el futuro perfecto pp. 342, 363, 368
- ❑ describir una excursión pp. 358–359
- ❑ expresar lo que había o habrá ocurrido pp. 363, 368
- ❑ hablar acerca de la historia de un lugar pp. 358–359

Nombre ______________________ Clase ____________ Fecha ____________

Escucchar

A.

1. ______________________

2. ______________________

3. ______________________

4. ______________________

5. ______________________

Puedes:
❏ hablar del barrio
❏ describir lugares y cosas
____ puntos de 5

B.

1. ______________________

2. ______________________

3. ______________________

4. ______________________

5. ______________________

Puedes:
❏ hablar del barrio
❏ describir lugares y cosas
____ puntos de 5

Vocabulario y gramática

C.

1. ______________________

2. ______________________

3. ______________________

4. ______________________

5. ______________________

Puedes:
❏ describir lugares y cosas
____ puntos de 5

UNIT 6
Unit Test

D.

1. ______________________________
2. ______________________________
3. ______________________________
4. ______________________________
5. ______________________________

Puedes:
❏ describir personas, lugares y cosas
❏ hablar del barrio
____ puntos de 10

E.

1. ______________________________
2. ______________________________
3. ______________________________
4. ______________________________
5. ______________________________

Puedes:
❏ hablar del barrio
❏ describir una excursión
____ puntos de 5

F.

1. ______________________________
____
2. ______________________________
____
3. ______________________________
____
4. ______________________________
____
5. ______________________________
____

Puedes:
❏ hablar de lo que ha ocurrido
____ puntos de 10

G.

1. ______________________
2. ______________________
3. ______________________
4. ______________________
5. ______________________

Puedes:
❑ expresas lo que había ocurrido
____ puntos de 5

H.

1. ______________________
2. ______________________
3. ______________________
4. ______________________
5. ______________________

Puedes:
❑ expresas lo que había ocurrido
____ puntos de 5

Leer

I.

1. ______________________
2. ______________________
3. ______________________
4. ______________________
5. ______________________
6. ______________________

Puedes:
❑ interpretar información
____ puntos de 6

J.

1. ______________________
____
2. ______________________
____

Puedes:
❑ expresar ideas
____ puntos de 4

Nombre ______________________ Clase __________ Fecha __________

UNIT 6
Unit Test

Cultura

K.

1. ______________________
2. ______________________
3. ______________________
4. ______________________
5. ______________________

Puedes:

❏ expresar la cultura de España

____ puntos de 5

L.

1. ______________________
2. ______________________
3. ______________________
4. ______________________
5. ______________________

Puedes:

❏ expresar la cultura de España

____ puntos de 5

Hablar

M.

Puedes:

❏ hablar del barrio, lugares y cosas

❏ hablar de lo que ha ocurrido ____ puntos de 15

Criterio de habla	5 puntos	3 puntos	1 punto
Contenido	Tus oraciones tienen una secuencia lógica, y demuestras buen uso del vocabulario y formas verbales apropiadas.	Algunas de tus oraciones tienen una secuencia lógica, y demuestras bastante buen uso del vocabulario y formas verbales apropiadas.	Pocas de tus oraciones tienen una secuencia lógica, y demuestras uso limitado del vocabulario y formas verbales apropiadas.
Comunicación	Toda la información que das se comprende perfectamente.	La mayor parte de la información que das se comprende perfectamente.	La mayor parte de la información que das es difícil de comprender.
Precisión	Usas las formas verbales y el vocabulario referente al tema con pocos errores gramaticales.	Usas las formas verbales y el vocabulario referente al tema con algunos errores gramaticales.	Usas algunas formas verbales y el vocabulario referente al tema con bastantes errores gramaticales.

Nombre ______________________ Clase __________ Fecha __________

Escribir

Puedes:
- ❑ hablar acerca de la historia de un barrio

____ puntos de 15

N.

____

____

____

____

____

____

____

____

____

____

____

____

____

____

____

____

____

Criterio de escritura	5 puntos	3 puntos	1 punto
Contenido	Tus oraciones tienen una secuencia lógica, usas vocabulario apropiado, y demuestras facilidad en expresar lo que ha y habrá ocurrido.	Algunas de tus oraciones tienen una secuencia lógica, usas vocabulario apropiado, y demuestras suficiente facilidad en expresar lo que ha y habrá ocurrido.	Pocas de tus oraciones tienen una secuencia lógica, usas vocabulario limitado para expresar lo que ha y habrá ocurrido.
Comunicación	Toda las ideas que das se comprenden perfectamente.	La mayor parte de las ideas que das se comprenden perfectamente.	La mayor parte de las das que das son difíciles de comprender.
Precisión	Usas formas verbales y vocabulario referente a la historia del barrio con pocos errores gramaticales.	Usas formas verbales y vocabulario referente a la historia del barrio con algunos errores gramaticales.	Usas algunas formas verbales y vocabulario referente a la historia del barrio con bastantes errores gramaticales.

UNIT 7 LESSON 1 Test

Examen Lección 1

¡AVANZA! **Objetivo:** Demuestra que puedes:

- decir lo que los demás quieren que tú hagas
- expresar suposiciones pasadas y emociones
- hablar de las actividades profesionales y escolares
- usar el imperfecto del subjuntivo
- usar el perfecto del subjuntivo

Escuchar

HL CD 6 Tracks 1, 2

A. Escucha la conversación telefónica entre Diego y Mariana. Luego contesta las siguientes preguntas con oraciones completas. (5 puntos)

1. ¿Por qué Diego está estresado?
2. ¿Qué tipo de trabajo solicitó Diego?
3. ¿Dónde trabajaría Diego?
4. ¿Qué tiene que hacer Diego para ponerse en forma?
5. ¿Qué va a hacer Mariana este verano?

B. Escucha a Carolina y luego contesta las siguientes preguntas con oraciones completas. (5 puntos)

1. ¿Quién es Carolina?
2. ¿Para qué sirve el anuario escolar?
3. ¿Qué está solicitando Carolina?
4. ¿Cuáles serán las responsabilidades del líder?
5. ¿Para qué sirve la oportunidad que Carolina está ofreciendo?

Vocabulario y gramática

C. Escribe oraciones completas con la siguiente información. (10 puntos)

1. comité de eventos/tesorero
2. ceremonia/código de vestimenta
3. graduarse/solicitar una beca
4. día feriado/rato libre
5. el recuerdo/el anuario

D. Fíjate en los dibujos. Describe lo que hicieron estos chicos para ganar dinero el verano pasado. Escribe oraciones completas usando el pretérito. (5 puntos)

1. ______________________

4. ______________________

2. ______________________

5. ______________________

3. ______________________

E. Escribe qué piensan las siguientes personas sobre lo que ya ha ocurrido. Completa las oraciones usando el pasado perfecto del subjuntivo. (6 puntos)

1. El tesorero del comité estudiantil esperaba / fiesta / dar más dinero
2. Mi hermano y yo dudábamos / Adrián / comer comida
3. Los padres de Laura deseaban / ella / escribir el anuario.
4. Los profesores querían / estudiantes / estudiar español
5. Tú no creías / yo / ser famoso
6. Katia deseaba / amigos / aprender a tocar

F. Expresa tu opinión sobre actividades que hayan hecho tus familiares y amigos. Usa el presente perfecto del subjuntivo. (10 puntos)

1. es admirable / bailar
2. es mejor / construir
3. es increíble / hacer
4. es impresionante / tener
5. es lógico / trabajar

G. Completa las oraciones para expresar las impresiones de las siguientes personas sobre lo que había ocurrido. Usa el pasado perfecto del subjuntivo. (5 puntos)

1. Yo dudaba
2. Abelardo y Margarita esperaban
3. Luis quería
4. Usted deseaba
5. Beatriz y yo sentíamos

Leer

Lee la siguiente biografía de Gabriel García Márquez. Luego, completa las actividades F y G.

Gabriel García Márquez nació en 1928 en Aracataca, un pueblo de la costa atlántica colombiana, donde fue criado por sus abuelos maternos. En 1947 inició sus estudios de derecho y ciencias políticas en la Universidad Nacional de Bogotá. En ese mismo año, el periódico *El Espectador* publicó su primer cuento, titulado *La tercera resignación.* En 1948 se trasladó a Cartagena y allí empezó a trabajar como periodista en el periódico *El Universal.* Su primera novela, *La hojarasca,* fue publicada en 1955; siguieron las novelas *La mala hora, El coronel no tiene quien le escriba* y *Los funerales de la mamá grande.*

En 1967, publicó *Cien años de soledad,* novela favorecida por la crítica y que convirtió a Gabriel García Márquez en uno de los grandes escritores de nuestros tiempos. Su obra, por la que ganó, en 1982, el Premio Nobel de Literatura, incluye *El otoño del patriarca, Crónica de una muerte anunciada, Doce cuentos peregrinos* y *Del amor y otros demonios.*

H. Las siguientes oraciones son incorrectas. Escríbelas de nuevo, correctamente. (10 puntos)

1. Gabriel García Márquez nació en Bogotá.

2. Su primer cuento se llama *Cien años de soledad.*

3. Estudió periodismo en la Universidad de Cartagena.

4. En 1967, le dieron el Premio Nobel de la Paz.

5. Su obra incluye solamente novelas.

I. Contesta las siguientes preguntas con oraciones completas. (4 puntos)

1. En tu opinión ¿cuál ha sido la obra más importante de Gabriel García Márquez? Explica.

2. ¿Qué hizo en Cartagena?

Nombre ______________________ Clase __________ Fecha __________

Cultura

J. Contesta las siguientes preguntas sobre Colombia. Usa oraciones completas. (5 puntos)

1. ¿Cuáles son los orígenes del carnaval?

2. ¿Cuándo se celebra el carnaval?

3. ¿Qué ciudad de Colombia es famosa por sus carnavales?

4. ¿Cuáles son las actividades típicas durante el carnaval?

5. ¿Qué hizo la UNESCO en 2003 con el carnaval de Colombia?

K. Contesta las siguientes preguntas sobre Venezuela. Usa oraciones completas. (5 puntos)

1. ¿Cuál es una manera popular de pasar los ratos libres en Venezuela?

2. ¿Cuál es la importancia de las telenovelas venezolanas?

3. ¿Cuál es una de las consecuencias de su popularidad?

4. ¿En qué países puedes ver las telenovelas venezolanas?

5. ¿En qué país hispanohablante puedes ver telenovelas venezolanas?

Hablar

HL CD 6 Tracks 3, 4

L. Lee la carta de tu amigo Andrés y escucha el mensaje telefónico que el padre de Andrés te dejó en la contestadora. Vuelve a leer y contesta el mensaje del padre de Andrés. (15 puntos)

Querido amigo:

Espero que estés contento en la universidad. Yo tengo muchos planes para este año escolar. Quiero conseguir un trabajo de tiempo parcial y ser miembro del comité estudiantil, pero mis padres prefieren que pase más tiempo estudiando. Sé que tú participas en muchas actividades de la universidad, trabajas y además haces ejercicio. ¿Hay algo que hayas hecho y me puedas recomendar? Necesito convencer a mis padres de que yo también puedo hacerlo. Me interesan mucho las computadoras y hablo dos idiomas.

Espero tu respuesta. Gracias.

Andrés

Escribir

HL CD 6 Tracks 5, 6

M. Lee la biografía de Simón Bolívar. Luego escucha el poema y completa las actividades. (15 puntos)

Simón Bolívar nació en un hogar aristócratico *(artistocratic)* en Caracas, Venezuela, el 24 de julio de 1783. Bolívar tuvo una excelente educación, a pesar de la muerte de sus padres, cuando tenía nueve años. En 1799, viaja a España para seguir con su educación.

Bolívar regresa de España en 1804 y dice que no descansará hasta que América sea libre.

Después de la declaración de Independencia del 19 de abril de 1810, Bolívar funda la Gran Colombia (Venezuela, Colombia, Panamá y Ecuador) y es nombrado presidente de esa región. Logra la independencia de Colombia y, después de dos años de luchas, la independencia de Venezuela.

En 1822 Bolívar cruza los Andes para liberar Perú, lo cual logra con el general Sucre en la Batalla de Junín, el 6 de agosto de 1824.

Bolívar muere el 17 de diciembre de 1830, en la ciudad de Santa Marta, Colombia.

1. Escribe cinco oraciones que describan los eventos principales de la vida de Simón Bolívar.

2. Escribe un párrafo sobre lo que hubieras hecho si vivieras en la época de Simón Bolívar.

¡AVANZA! ____ de 100 puntos Nota __________

¡Éxito! Has alcanzado todos los objetivos de la lección.

Repaso: Antes de pasar a la siguiente lección, usa tu libro de texto para repasar cómo:

- ❑ decir lo que los demás quieren que tú hagas pp. 392–393, 397
- ❑ expresar suposiciones pasedas y emociones p. 402
- ❑ hablar de las actividades escolares y profesionales pp. 392–393
- ❑ usar el subjuntivo imperfecto y perfecto pp. 397, 402

Nombre ______________________ Clase ____________ Fecha ____________

Escucchar

A.

1. ______________________
2. ______________________
3. ______________________
4. ______________________
5. ______________________

Puedes:
❏ expresar suposiciones pasadas y emociones
____ de 5 puntos

B.

1. ______________________
2. ______________________
3. ______________________
4. ______________________
5. ______________________

Puedes:
❏ decir lo que los demás quieren que tú hagas
____ de 5 puntos

Vocabulario y gramática

C.

1. ______________________
2. ______________________
3. ______________________
4. ______________________
5. ______________________

Puedes:
❏ hablar de actividades escolares y profesionales
____ de 10 puntos

UNIT 7 LESSON 1
Test

D.

1. ______________________
2. ______________________
3. ______________________
4. ______________________
5. ______________________

Puedes:
❑ hablar de actividades profesionales
____ de 5 puntos

E.

1. ______________________
2. ______________________
3. ______________________
4. ______________________
5. ______________________
6. ______________________

Puedes:
❑ usar el subjuntivo imperfecto
____ de 6 puntos

F.

1. ______________________
2. ______________________
3. ______________________
4. ______________________
5. ______________________

Puedes:
❑ usar el presente perfecto del subjuntivo
____ de 10 puntos

Nombre ______________________ Clase __________ Fecha __________

G.

1. ______________________
2. ______________________
3. ______________________
4. ______________________
5. ______________________

Puedes:
❑ hacer una conexión cultural con Venezuela

____ de 5 puntos

UNIT 7 LESSON 1 Test

Leer

H.

1. ______________________
2. ______________________
3. ______________________
4. ______________________
5. ______________________

Puedes:
❑ hablar de actividades escolares y profesionales

____ de 10 puntos

I.

1. ______________________
____
2. ______________________
____

Puedes:
❑ expresar suposiciones pasadas y emociones

____ de 4 puntos

Cultura

J.

1. ______________________
2. ______________________
3. ______________________
4. ______________________
5. ______________________

Puedes:
❑ usar el pasado perfecto del subjuntivo

____ de 5 puntos

Nombre ______________________ Clase __________ Fecha __________

UNIT 7 LESSON 1
Test

K.

Puedes:
❑ hacer una conexión cultural con Venezuela
____ de 5 puntos

1. ______________________________

____

2. ______________________________

____

3. ______________________________

____

4. ______________________________

____

5. ______________________________

____

Hablar

L.

Puedes:
❑ usar el subjuntivo con expresiones de duda ____ de 15 puntos

Criterio de habla	5 puntos	3 puntos	1 punto
Contenido	Tus oraciones tienen una secuencia lógica, y demuestras buen uso del vocabulario apropiado.	Algunas de tus oraciones tienen una secuencia lógica, y demuestras bastante buen uso del vocabulario apropiado.	Pocas de tus oraciones tienen una secuencia lógica, y demuestras uso limitado del vocabulario apropiado.
Comunicación	Toda la información que das se comprende perfectamente.	La mayor parte de la información que das se comprende perfectamente.	La mayor parte de la información que das es difícil de comprender.
Precisión	Usas el subjuntivo, las conjunciones y el vocabulario referente al tema con pocos errores gramaticales.	Usas el subjuntivo, las conjunciones y el vocabulario referente al tema con algunos errores gramaticales.	Usas algunas formas del subjuntivo, las conjunciones y el vocabulario referente al tema con bastantes errores gramaticales.

Nombre ______________________ Clase __________ Fecha __________

Escribir

M.

____

____

____

____

____

____

____

____

____

____

____

____

____

____

____

____

____

Puedes:

❑ usar el subjuntivo con expresiones adverbiales

____ de 15 puntos

Criterio de escritura	5 puntos	3 puntos	1 punto
Contenido	Tus oraciones tienen una secuencia lógica, usas vocabulario apropiado, y demuestras facilidad en expresar el subjuntivo.	Algunas de tus oraciones tienen una secuencia lógica, usas vocabulario apropiado, y demuestras suficiente facilidad en expresar el subjuntivo.	Pocas de tus oraciones tienen una secuencia lógica, usas vocabulario limitado y no demuestras suficiente facilidad en expresar el subjuntivo.
Comunicación	Toda las ideas que das se comprenden perfectamente.	La mayor parte de las ideas que das se comprenden perfectamente.	La mayor parte de las das que das son difíciles de comprender.
Precisión	Usas el subjuntivo, las conjunciones, lo que existe o es desconocido, y vocabulario referente al tema con pocos errores gramaticales.	Usas el subjuntivo, las conjunciones, lo que existe o es desconocido, y vocabulario referente al tema con algunos errores gramaticales.	Usas el subjuntivo, las conjunciones, lo que existe o es desconocido, y vocabulario referente al tema con bastantes errores gramaticales.

Nombre ______________________ Clase __________ Fecha __________

UNIT 7 LESSON 2 Test

Examen Lección 2

¡AVANZA! **Objetivo:** Demuestra que has aprendido a:

- hablar de posibilidades profesionales
- hacer hipótesis
- contar cosas pasadas
- usar oraciones con **si**
- usar una secuencia de tiempos

Escuchar

HL CD 6 Tracks 7, 8

A. Escucha la conversación entre Antonio y Angélica y haz un círculo alrededor de las oraciones que son ciertas. Corrige y escribe de nuevo las que son falsas. (5 puntos)

1. Angélica trabaja para poder pagar sus cursos de administración de empresas.
2. Necesitas ser eficiente y tener mucha motivación para ser una buena mujer de negocios.
3. Los horarios de Angélica son muy flexibles.
4. Antonio quiere ser contador cuando se gradúe.
5. Angélica piensa que en un futuro, Antonio puede darle trabajo.

B. Andrés le está explicando a algunos estudiantes nuevos por qué escogió la carrera de idiomas. Escucha lo que les dijo y completa las oraciones con las palabras que faltan. (5 puntos)

1. Si sus padres no lo hubieran llevado a ____, quizás Andrés nunca hubiera aprendido ____.
2. A Andrés le interesan otros idiomas como el ____ y el ____.
3. Cuando tenga su título, Andrés quiere ser ____ o ____.
4. Quiere usar sus conocimientos ____ para viajar a otros ____.
5. Es una carrera muy ____.

Nombre ________________________ Clase __________ Fecha __________

Vocabulario y gramática

C. Completa las oraciones de manera lógica. (10 puntos)

1. Necesitamos a una persona bilingüe para que ____ estos documentos del inglés al español.
2. Ya tengo el pelo muy largo, tengo que ir ____.
3. La señora Muñoz es una ____ muy exitosa. Defiende los derechos de los pobres en la corte.
4. Me encanta estudiar el diseño de estos edificios. Quiero estudiar ____.
5. Los profesores de mi ____ son muy destacados.

D. Escribe cinco preguntas con las siguientes palabras. (5 puntos)

1. contratar/abogado
2. gerente/una estrategia
3. el derecho/honesto
4. la dueña/el plan financiero
5. médico/fiable

UNIT 7 LESSON 2 Test

E. Escribe cinco diferentes carreras que no te gustaría seguir. Escribe un párrafo de cinco oraciones que describa lo que no te gustaría hacer en cada una de ellas. (10 puntos)

F. Completa las oraciones con la conjugación correcta de los verbos de la caja. (10 puntos)

estudiar/seguir	especializarse/escribir	ser/seguir
aprender/hacer	ayudar/administrar	

1. Mis padres querían que mis hermanos ____ buenos estudiantes. Ahora quieren que ____ una carrera en la universidad.
2. Mi profesor de idiomas quería que yo ____ muy bien el francés. Ahora también quiere que yo ____ traducciones.
3. El hermano de Claudia quería que ella lo ____ a llevar las cuentas. Ahora quiere que ____ el negocio.
4. Tú quieres que yo ____ enfermería, pero antes querías que ____ la carrera de medicina.
5. Andrea quiere que te ____ en ingeniería, pero antes quería que ____ una novela.

G. Escribe un párrafo de cinco oraciones sobre algo que hiciste el año pasado. Usa una secuencia de tiempos. (5 puntos)

Leer

Lee la siguiente biografía de Fernando Botero, luego completa las actividades H e I.

Fernando Botero es un pintor y escultor colombiano que nació en Medellín, Colombia, en 1932. Botero comenzó su actividad artística en 1948, como ilustrador del periódico El Colombiano, al mismo tiempo que participó en su primera exposición.

En 1950, se graduó del Liceo de la Universidad de Antioquía, en Medellín. Luego, viajó a Europa. En España estudió a los grandes maestros de la pintura, en especial a Goya y Velázquez. En Italia, estudió técnica e historia del arte. Después, viajó a México para estudiar a los muralistas Rivera y Orozco.

Fue profesor de la Universidad de Bogotá. Luego vivió en Nueva York y en París. Desarrolló un estilo *(style)* muy personal, en el que las figuras son gordas.

La obra de Botero está en las colecciones de varios museos. Entre sus obras más conocidas se encuentran *La alcoba nupcial, Mona Lisa a los doce años* y *El quite*.

H. Decide si la oración es cierta o falsa. Si es falsa corrígela. (5 puntos)

1. Fernando Botero es un pintor y muralista colombiano.

2. Botero comenzó su carrera artística en Europa.

3. En México, estudió a los escultores Rivera y Orozco.

4. Vivió en Europa.

5. Botero enseñó en la Universidad Nacional de Bogotá.

I. Contesta las siguientes preguntas. (5 puntos)

1. ¿En qué año fue la primera exposición de Botero?

2. ¿En qué universidad se graduó?

3. ¿En que países de Europa estudió?

4. Describe la característica principal de la obra de Botero.

5. Nombra sus obras más conocidas.

Nombre ______________________ Clase __________ Fecha __________

Cultura

J. Completa las siguientes oraciones. (10 puntos)

1. Antes de conseguir su independencia, Colombia pertenecía a ____.
2. Los colonizadores querían ofrecerle una buena ____ a sus hijos.
3. Los hijos de los colonizadores tenían que viajar a ____ para estudiar.
4. Santo Tomás es la primera ____ de Colombia.
5. Los directores de Santo Tomás quieren ofrecer gran variedad de programas ____.
6. Fernando Botero es uno de los ____ colombianos más famosos.
7. Las figuras de este pintor son ____.
8. Además de pintar, este artista hacía ____.
9. En sus pinturas representa a gente de diferentes ____.
10. Botero se pintó a sí mismo en el cuadro ____.

Hablar

HL CD 6 Tracks 9, 10

K. Lee la siguiente oferta de trabajo. Escucha la conversación y completa la actividad. (15 puntos)

Leer Lee el anuncio.

> Telemensajes Metropolitanos solicita
> Operadores teléfonicos
>
> Requisitos
> - Estudiante universitario
> - Excelente ortografía, manejo de computadora
> - Tener mínimo seis meses de experiencia
> - Habilidad para persuadir
> - Buena voz
>
> Ofrecemos
> - Sueldo y bonos
> - Trabajo a tiempo completo o parcial
> - Ambiente de trabajo agradable
> - Capacitación
>
> Comunicarse al teléfono (202) 256-6578, ext. 639

Escuchar Ahora, escucha la conversación y toma notas.

Hablar Explica si esta oferta de trabajo es una buena opción para Antonio. Discute lo que hubiera tenido que hacer para conseguir este trabajo.

Nombre ______________________________ Clase __________ Fecha __________

UNIT 7 LESSON 2 Test

Escribir

HL CD 6 Tracks 11, 12

L. El estudiante de informática Sergio Ardeva ha contestado a una oferta de trabajo. La consejera de la agencia de empleos lo llama por teléfono para explicarle por qué no es seguro que le den el trabajo

Leer Lee la hoja de vida de Sergio.

Escuchar Luego escucha la conversación entre la consejera y Sergio. Toma notas mientras escuchas.

Escribir Escribe un párrafo explicando en qué el puesto de ingeniero informático corresponde a la experiencia de Sergio y en qué no corresponde. Explica también lo que debería hacer para obtener el trabajo. (15 puntos)

Sergio Ardeva
Av. 80 # 67 Bogotá. (57 1) 98 67 213

ESTUDIOS:
Estudiante de ultimo año de ingeniería informática.

ACTIVIDADES:
Presidente del Club de cine. Reportero para las páginas de cine del periódico Nosotros de nuestra universidad.

INTERESES:
Diseño de páginas web, dibujos animados multimedia, cine internacional. Compra y venta de cámaras antiguas.

CUALIDADES PROFESIONALES:
Soy una persona puntual y organizada. Puedo hacer muchas cosas al mismo tiempo porque soy versátil y eficiente. Si empiezo un proyecto, voy hasta el final y lo termino con éxito. Soy fiable y todos saben que pueden contar conmigo. Me apasiona la informática y todo lo que tiene que ver con el cine.

OBJETIVOS PROFESIONALES:
Deseo trabajar en el campo de la computación, en un puesto creativo. Me gustarán sobre todo los empleos que requieran muchas responsabilidades y actividades y talentos variados. Tengo mucha experiencia con las computadoras, y todos mis trabajos de voluntario han tenido que ver con la informática.

¡AVANZA! ____ de 100 puntos Nota __________

¡Éxito! Has alcanzado todos los objetivos de la lección.

Repaso: Antes de pasar a la siguiente lección, usa tu libro de texto para repasar:

- ❑ hablar de posibilidades profesionales pp. 418–419
- ❑ hacer hipótesis p. 423
- ❑ contar cosas pasadas p. 428
- ❑ usar oraciones con **si** p. 423
- ❑ usar una secuencia de tiempos p. 428

Nombre ______________________ Clase __________ Fecha __________

Escuchar

A.

1. ______________________

2. ______________________

3. ______________________

4. ______________________

5. ______________________

Puedes:
❑ hablar de posibilidades profesionales
____ de 5 puntos

B.

1. ______________________

2. ______________________

3. ______________________

4. ______________________

5. ______________________

Puedes:
❑ hablar de posibilidades profesionales
____ de 5 puntos

Vocabulario y gramática

C.

1. ______________________

2. ______________________

3. ______________________

4. ______________________

5. ______________________

Puedes:
❑ hablar de posibilidades profesionales
____ de 10 puntos

UNIT 7 LESSON 2 Test

Nombre ______________________ Clase __________ Fecha __________

UNIT 7 LESSON 2
Test

D.

1. ______________________
2. ______________________
3. ______________________
4. ______________________
5. ______________________

Puedes:
❑ hablar de posibilidades profesionales
____ de 5 puntos

E.

1. ____
2. ____
3. ____
4. ____
5. ____

____
____
____
____
____

Puedes:
❑ hacer hipótesis
____ de 10 puntos

F.

1. ____________ / ____________
2. ____________ / ____________
3. ____________ / ____________
4. ____________ / ____________
5. ____________ / ____________

Puedes:
❑ contar cosas pasadas
____ de 10 puntos

G.

____
____
____
____
____

Puedes:
❑ usar una secuencia de tiempos
____ de 5 puntos

Leer

H.

1. C F ______________________
2. C F ______________________
3. C F ______________________
4. C F ______________________
5. C F ______________________

Puedes:
❑ contar cosas pasadas
____ de 5 puntos

I.

1. ______________________
2. ______________________
3. ______________________
4. ______________________
5. ______________________

Puedes:
❑ contar cosas pasadas
____ de 5 puntos

Cultura

J.

1. ______________________
2. ______________________
3. ______________________
4. ______________________
5. ______________________
6. ______________________
7. ______________________
8. ______________________
9. ______________________
10. ______________________

Puedes:
❑ hacer una conexión cultural con Venezuela y Colombia
____ de 10 puntos

Nombre ______________________ Clase __________ Fecha __________

UNIT 7 LESSON 2
Test

Hablar

K.

Puedes:
- ❑ hacer hipótesis
- ❑ hablar de posibilidades profesionales ____ de 15 puntos

Criterio de habla	5 puntos	3 puntos	1 punto
Contenido	Tus oraciones tienen una secuencia lógica, y demuestras buen uso del vocabulario apropiado.	Algunas de tus oraciones tienen una secuencia lógica, y demuestras bastante buen uso del vocabulario apropiado.	Pocas de tus oraciones tienen una secuencia lógica, y demuestras uso limitado del vocabulario apropiado.
Comunicación	Toda la información que das se comprende perfectamente.	La mayor parte de la información que das se comprende perfectamente.	La mayor parte de la información que das es difícil de comprender.
Precisión	Usas el subjuntivo, las conjunciones y el vocabulario referente al tema con pocos errores gramaticales.	Usas el subjuntivo, las conjunciones y el vocabulario referente al tema con algunos errores gramaticales.	Usas algunas formas del subjuntivo, las conjunciones y el vocabulario referente al tema con bastantes errores gramaticales.

Escribir

L.

Puedes:
- ❑ hacer hipótesis
- ❑ hablar de posibilidades profesionales

____ de 15 puntos

Criterio de escritura	5 puntos	3 puntos	1 punto
Contenido	Tus oraciones tienen una secuencia lógica, demuestras conocimiento de la cultura andina, y expresar el condicional con facilidad.	Algunas de tus oraciones tienen una secuencia lógica, demuestras suficiente conocimiento de la cultura andina, y usas el condicional a veces.	Pocas de tus oraciones tienen una secuencia lógica, demuestras conocimiento limitado de la cultura andina, y no usas el condicional con facilidad.
Comunicación	Toda las ideas que das se comprenden perfectamente.	La mayor parte de las ideas que das se comprenden perfectamente.	La mayor parte de las das que das son difíciles de comprender.
Precisión	Usas lo que podría o no podría ocurrir, y el vocabulario referente al tema con pocos errores gramaticales.	Usas lo que podría o no podría ocurrir, y el vocabulario referente al tema con algunos errores gramaticales.	Usas lo que podría o no podría ocurrir, y el vocabulario referente al tema.con bastantes errores gramaticales.

Nombre ______________________ Clase __________ Fecha ____________

UNIT 7
Unit Test

Examen Unidad 7

¡AVANZA! **Objetivo:** Demuestra que puedes:

- expresar lo que otras personas quieren que hagas
- expresar ideas y emociones del pasado
- hablar de actividades en el trabajo y en el colegio
- usar el imperfecto del subjuntivo
- usar el subjuntivo del presente y el pasado perfecto
- hablar sobre profesiones
- hacer hipótesis
- narrar eventos del pasado
- usar el condicional
- usar claúsulas con **si**
- usar la secuencia apropiada de tiempos verbales

Escuchar

HL CD 6 Tracks 13, 14

A. Escucha la conversación entre Gustavo y Norma y luego contesta las preguntas con oraciones completas. (5 puntos)

1. ¿Qué estudia Gustavo?
2. ¿Cuánto tiempo le falta para graduarse?
3. ¿Cuál es su problema?
4. ¿Qué problema similar tuvo Norma?
5. ¿Cómo resolvió Norma su problema?

B. Escucha lo que dice Carolina sobre su graduación. Luego contesta las preguntas con oraciones completas. (5 puntos)

1. ¿Qué va a suceder esta semana?
2. ¿Por qué está emocionada Carolina?
3. ¿Por qué se pone triste?
4. ¿En qué actividades estuvo involucrada?
5. ¿Qué responsabilidades tuvo?

Nombre ______________________ Clase __________ Fecha ____________

Vocabulario y gramática

C. Escribe cinco oraciones en el imperfecto del subjuntivo con la siguiente información. (5 puntos)

1. conocer/código de vestimenta
2. tomar decisiones/la graduación
3. escribir el anuario/los recuerdos
4. tener la esperanza/una beca
5. reflexionar/rato libre

D. Di si las siguientes oraciones son ciertas o falsas. Si son falsas, explica por qué. (5 puntos)

1. Los abogados estudian en la facultad de ingeniería.
2. La mayoría de las mujeres de negocio estudian administración de empresas.
3. El sueldo de un cajero es parecido al de un agente de bolsa.
4. El gerente de un negocio siempre es el dueño.
5. Los diseñadores de páginas web deben estudiar contabilidad.

E. Escribe cinco oraciones con la siguiente información. Usa oraciones con **si** cuando sea necesario. (5 puntos)

1. haya/ponerse en forma
2. hubiera/comer comida chatarra
3. hubieran/controlado el estrés
4. hayas/seguir dieta balanceada
5. hubiera/tomar parte en actividades

F. Completa las oraciones de manera lógica. (5 puntos)

1. Mañana voy a buscar trabajo y tendré que llenar una _____.
2. Sólo puedo trabajar 3 horas al día, así que necesito un trabajo a tiempo _____.
3. Me gusta nadar en la playa y me encantaría trabajar de _____.
4. Mi mamá me dijo que debo ir al banco y poner todo el dinero que gane en una _____.
5. Espero tener muchos días _____ para poder quedarme en casa descansando.

G. Escribe oraciones con los siguientes adjetivos. (10 puntos)

1. eficiente
2. puntual
3. honesto
4. educado
5. flexible

Leer

Lee la biografía de Rómulo Gallegos.

Rómulo Gallegos Freire fue un destacado novelista y político venezolano, nacido en Caracas, el 2 de agosto de 1884. De procedencia humilde *(humble upbringing)*, Gallegos se convirtió en un hombre de letras y se graduó como profesor. Durante el tiempo en el que trabajó como profesor, entre los años 1912 y 1930, escribió muchas novelas sobre la vida de su país.

La carrera literaria de Rómulo Gallegos comenzó en 1909. Algunas de sus obras son:

Reinaldo Solar (1920), una novela que trata de los problemas del personaje principal por lograr el equilibrio y la armonía *(harmony)* entre su vida pública y privada.

Cantaclaro (1934) y *Canaima* (1935), novelas que describen la vida y los problemas sociales en Venezuela.

Su obra de más éxito, *Doña Bárbara*, escrita en 1929, describe la lucha contra la opresión *(oppression)* en Venezuela. La novela relata los problemas entre Doña Bárbara y Santos Luzardo.

Rómulo Gallegos fue Ministro de Educación. Como Ministro quiso hacer grandes transformaciones en el sistema educativo *(educational system)*. Después de tener algunos problemas políticos, Gallegos fue elegido Presidente de Venezuela, desde febrero hasta noviembre de 1948. Ese mismo año se exilió *(exiled)* a Cuba y luego a México. Rómulo Gallegos regresó a Venezuela en 1958 y vivió en el país hasta el día de su muerte, el 4 de abril de 1969.

H. Escribe oraciones completas para las siguientes ideas. (4 puntos)

1. la familia de Gallegos
2. las novelas de Rómulo Gallegos
3. Rómulo Gallegos también fue…
4. Gallegos murió en… en el año…

I. Contesta las preguntas con oraciones completas. (6 puntos)

1. ¿Cuál era la profesión de Rómulo Gallegos?
2. ¿De qué trata su novela más importante?
3. ¿Cómo describes a Rómulo Gallegos?

Nombre ______________________ Clase __________ Fecha __________

Cultura

J. Responde las siguientes preguntas con oraciones completas. (10 puntos)

1. ¿De dónde es Evelio Rosero Diago?
2. ¿A qué se dedica?
3. ¿Qué premio ganó en 1992?
4. ¿Qué literatura tiene una gran tradición de mezclar la realidad cotidiana con lo mágico?
5. ¿Cuál es la obra más famosa de Gabriel García Márquez?

K. Responde las siguientes preguntas con oraciones completas. (10 puntos)

1. ¿Qué premio ganó García Márquez en 1982?
2. ¿Cómo se llama el género que utiliza García Márquez en sus obras?
3. ¿Cuál es la característica principal de este género?
4. ¿Dónde nació Gabriel García Márquez?
5. ¿Cuál es la importancia de *Cien años de soledad*?

Hablar

HL CD 6 Tracks 15, 16

L. Vas a recomendarle posibilidades de trabajo a una chica que busca trabajo, según sus intereses. (15 puntos)

Leer. Lee el siguiente anuncio que se publicó en el periódico.

Campamento Orión

Se buscan personas para los siguientes trabajos:

- **Maestro(a)** con conocimientos generales de arte y de música, para nuestro programa de arte.
- **Entrenador(a) de béisbol y natación,** graduado(a) de salvavidas.
- **Diseñador(a) de sitios web** con conocimiento de varios programas de computadoras.

Necesitamos que:

- sean mayores de dieciséis años
- tengan experiencia con niños
- sean estudiantes preuniversitarios o universitarios

Ofrecemos

- salario por hora
- excelente ambiente de trabajo

Los(as) interesados(as) deben llamar al 222-121-1212

Fuente 2: Escuchar. Ahora, escucha la conversación entre dos jóvenes, Mónica y Antonio. Toma apuntes.

Hablar. Ahora recomiéndale a la chica (Mónica) algunas posibilidades de trabajo según los anuncios que leíste. Explícale por qué crees que ella debe solicitar algunos de estos trabajos.

Nombre ______________________________ Clase __________ Fecha ____________

Escribir

HL CD 6 Tracks 17, 18

M. Vas a escribir la respuesta de Arturo al correo electrónico de su padre, que está fuera de la ciudad en un viaje de negocios. (15 puntos)

Fuente 1: Leer. Lee el correo electrónico del padre de Arturo.

> Hola, Arturito:
>
> ¿Qué tal estás esta semana? Me alegro de que estés a punto de terminar la secundaria. Tu mamá y yo queremos que nos cuentes un poco sobre qué tal te va en la búsqueda de empleos y el proceso de solicitarlos. Sé que deseas trabajar mientras haces la carrera universitaria. Tu mamá y yo pensamos que es una gran idea. Pero recuerda que debes programar las actividades de tu día—del trabajo y de los estudios—muy bien para que te dé tiempo para hacerlo todo. Me da tanta ilusión oír tus planes. ¡Vuelvo a vivir mis años de juventud! Sabes que te queremos mucho... siempre.
>
> Tu papá

Fuente 2: Escuchar. Ahora, escucha la conversación entre Arturo y la consejera de su escuela, la señora Bermúdez. Toma apuntes.

Escribir. Escribe la respuesta de Arturo al correo electrónico de su papá.

¡AVANZA! ____ de 100 puntos Nota __________

¡Éxito! Has alcanzado todos los objetivos de la unidad.

Repaso: Antes de pasar a la siguiente unidad, usa tu libro de texto para repasar cómo:

- ❑ expresar lo que otras personas quieren que hagas pp. 392–393, 397
- ❑ expresar ideas y emociones p. 402
- ❑ hablar de actividades en el trabajo y en el colegio pp. 392–393
- ❑ usar el imperfecto del subjuntivo p. 397
- ❑ usar el subjuntivo del presente y el pasado perfecto p. 402
- ❑ hablar sobre profesiones pp. 418–419
- ❑ hacer hipótesis p. 423
- ❑ narrar eventos del pasado p. 428
- ❑ usar claúsulas con **si** p. 423
- ❑ usar la secuencia apropiada de tiempos verbales p. 428

Nombre ______________________ Clase __________ Fecha __________

Escuchar

A.

Puedes:
- ❑ hablar sobre profesiones.

____ puntos de 5

1. ______________________________

____

2. ______________________________

____

3. ______________________________

____

4. ______________________________

____

5. ______________________________

____

B.

Puedes:
- ❑ expresar ideas y emociones del pasado.
- ❑ hablar de actividades en el trabajo y en el colegio.

____ puntos de 5

1. ______________________________

____

2. ______________________________

____

3. ______________________________

____

4. ______________________________

____

5. ______________________________

____

UNIT 7
Unit Test

Vocabulario y gramática

C.

1. ____________________

2. ____________________

3. ____________________

4. ____________________

5. ____________________

Puedes:
- ❑ expresar ideas y emociones del pasado.
- ❑ narrar eventos del pasado.

____ puntos de 5

D.

1. C F

____

2. C F

____

3. C F

____

4. C F

____

5. C F

____

Puedes:
- ❑ hablar sobre profesiones.

____ puntos de 5

E.

1. ____________________

2. ____________________

3. ____________________

4. ____________________

5. ____________________

Puedes:
- ❑ usar el imperfecto del subjuntivo.
- ❑ usar el condicional.
- ❑ usar claúsulas con **si.**

____ puntos de 5

F.

1. ____________________

2. ____________________

3. ____________________

4. ____________________

5. ____________________

Puedes:
- ❑ hablar sobre profesiones.

____ puntos de 5

Nombre ______________________ Clase __________ Fecha __________

G.

1. ______________________________
____
2. ______________________________
____
3. ______________________________
____
4. ______________________________
____
5. ______________________________
____

Puedes:
❏ hablar sobre profesiones.
____ puntos de 10

Leer

H.

1. ______________________________
2. ______________________________
3. ______________________________
4. ______________________________

Puedes:
❏ expresar ideas y emociones del pasado.
❏ narrar eventos del pasado.
____ puntos de 4

I.

1. ______________________________
____
2. ______________________________
____
3. ______________________________
____
4. ______________________________
____
5. ______________________________
____

Puedes:
❏ expresar ideas y emociones del pasado.
____ puntos de 6

Nombre ______________________ Clase __________ Fecha __________

Cultura

J.

1. ______________________
2. ______________________
3. ______________________
4. ______________________
5. ______________________

Puedes:

❑ hacer conexión cultural con Venezuela y Colombia.

____ puntos de 10

K.

1. ______________________
2. ______________________
3. ______________________
4. ______________________
5. ______________________

Puedes:

❑ hacer conexión cultural con Venezuela y Colombia.

____ puntos de 10

Hablar

L.

Puedes:

❑ hablar sobre profesiones.

____ puntos de 15

Criterio de habla	5 puntos	3 puntos	1 punto
Contenido	Usas verbos y vocabulario referente al tema con pocos errores gramaticales.	Usas verbos y vocabulario referente al tema con algunos errores gramaticales.	Usas algunos verbos y vocabulario referente al tema con bastantes errores gramaticales.
Comunicación	Toda la información que das se comprende perfectamente.	La mayor parte de la información que das se comprende perfectamente.	La mayor parte de la información que das es difícil de comprender.
Precisión	Usas verbos y vocabulario referente al tema con pocos errores gramaticales.	Usas verbos y vocabulario referente al tema con algunos errores gramaticales.	Usas algunos verbos y vocabulario referente al tema con bastantes errores gramaticales.

Escribir

M.

Puedes:
- ❑ expresar lo que otras personas quieren que hagas.
- ❑ hablar sobre profesiones.

____ puntos de 15

Criterio de escritura	5 puntos	3 puntos	1 punto
Contenido	Tus ideas tienen una secuencia lógica y demuestras buen uso del vocabulario apropiado.	Algunas de tus ideas tienen una secuencia lógica y demuestras suficiente uso del vocabulario apropiado.	Muy pocas de tus ideas tienen una secuencia lógica y demuestras insuficiente uso del vocabulario apropiado.
Comunicación	Toda la información que das se comprende perfectamente.	La mayor parte de la información que das se comprende perfectamente.	La mayor parte de la información que das es difícil de comprender.
Precisión	Usas verbos y vocabulario referente al tema con pocos errores gramaticales.	Usas verbos y vocabulario referente al tema con algunos errores gramaticales.	Usas algunos verbos y vocabulario referente al tema con bastantes errores gramaticales.

Nombre ______________________ Clase __________ Fecha __________

Examen Lección 1

¡AVANZA! **Objetivo:** Demuestra que puedes:

- hablar de literatura y analizar obras literarias
- hablar sobre lo que estabas haciendo en el pasado
- enlazar eventos e ideas
- usar el pasado progresivo
- usar conjunciones

Escuchar

HL CD 6 Tracks 19, 20

A. Escucha la conversación entre Ernesto y Alicia y contesta las preguntas con oraciones completas. (5 puntos)

1. ¿Qué van a hacer los chicos en casa de Giovanny?
2. ¿Qué tiene que llevar Ernesto a la reunión?
3. ¿Qué elemento tiene un papel importante al leer poesía en voz alta?
4. ¿Con qué compara la poesía Alicia?
5. ¿Qué elemento le da ritmo a la poesía?

B. Escucha lo que Martín tiene que decir y contesta las siguientes preguntas con oraciones completas. (5 puntos)

1. ¿A qué género literario pertenece *El diamante perdido*?
2. ¿Quién es el protagonista del cuento?
3. ¿Quiénes narran los sucesos que ocurren durante la fiesta?
4. ¿Cómo narran los sucesos?
5. ¿Cuál es la parte más interesante del cuento?

Vocabulario y gramática

C. Completa las siguientes oraciones con verbos apropiados. (12 puntos)

1. No voy a entender esta historia a menos que ____ el contexto.
2. Terminaré de leer este cuento policíaco con tal de que ____ su desenlace.
3. Puedes leer el análisis de este poema en caso de que no ____ tiempo de leerlo.
4. Debes saber la definición de una metáfora para que ____ inferir su significado.
5. Antes de que ____ la obra, debes familiarizarte con los antecedentes.
6. Vas a descubrir el punto de vista de la autora en cuanto ____ de leer la obra.

D. Completa las oraciones de manera lógica. (8 puntos)

1. Normalmente, un poema está dividido en ____.
2. Normalmente, una novela está dividida en ____.
3. Normalmente, una obra de teatro está dividida en ____.
4. El personaje principal de una obra se llama ____.

E. Escribe la forma correcta de los verbos. Usa el pasado progresivo. (5 puntos)

1. Nosotras (estar/leer) unos poemas en voz alta cuando llegó Raquel.
2. Ustedes todavía (estar/analizar) la novela cuando cerraron la biblioteca.
3. Los estudiantes (estar/estudiar) la sátira en la clase de literatura.
4. Yo (estar/expresar) mi punto de vista cuando tú me interrumpiste.
5. Ella (estar/narrar) un suceso cuando se acabó el tiempo de la clase.

F. Di si las siguientes oraciones son ciertas o falsas. Si son falsas, da la respuesta correcta. (5 puntos)

1. La vida de una persona narrada por ella misma es una biografía.
2. Generalmente, los cuentos están escritos en prosa.
3. La resolución de la trama de una obra se llama el clímax.
4. El ensayo es un género en el que se ridiculiza a alguien o algo.
5. Las metáforas utilizan una frase con el significado de otra.

G. Escribe oraciones completas con las conjunciones y las palabras siguientes. (10 puntos)

1. aunque/narrar
2. tan pronto/la realidad
3. hasta que/relacionar
4. después de que/titular
5. a menos de que/analizar

Leer

La literatura de Uruguay

Durante sus inicios, la literatura uruguaya estaba relacionada con la de Argentina, en particular con la de Buenos Aires. A veces la literatura uruguaya es llamada literatura rioplatense. Según el clima político, los porteños encontraban refugio en Montevideo y viceversa. Lo cierto es que mucha de la literatura argentina fue escrita en el Uruguay y gran parte de la literatura uruguaya fue publicada en Buenos Aires.

A finales del siglo XIX la literatura uruguaya comienza un curso auténtico con el poema "Tabaré", de Juan Zorrilla. "Tabaré" es considerado el poema nacional del Uruguay porque narra el período de la conquista. Es una leyenda indígena escrita en verso, formada por más de 4.500 versos y dividida en tres libros.

Uruguay es uno de los pocos países que cuenta con una literatura femenina. Y además, aun siendo una de las naciones con menor población en Suramérica. Uruguay ha proporcionado escritores notables a la par de otras naciones con mayor población. Algunos de sus escritores más famosos son Juana de Ibarbourou, Juan Zorrilla, Carlos Reyles, Delmira Agustini y María Eugenia Vaz Ferreira.

H. Completa las oraciones con información sobre la literatura de Uruguay. (5 puntos)

1. La literatura uruguaya y argentina ____.
2. Los uruguayos se refugiaban en Buenos Aires ____.
3. "Tabaré" fue escrito por ____.
4. La población de Uruguay es ____.
5. Uruguay es uno de los pocos países que ____.

I. Contesta las preguntas con información de la lectura. (5 puntos)

1. ¿Por qué se le llama literatura rioplatense?
2. ¿Cuál es la capital de Uruguay?
3. Menciona dos escritoras uruguayas.
4. ¿Cuál es la importancia del poema "Tabaré"?
5. ¿Cuántos versos tiene el poema?

Nombre ______________________ Clase __________ Fecha __________

Cultura

J. Contesta las siguientes preguntas con oraciones completas. (5 puntos)

1. ¿Qué arte sirve de inspiración para hacer películas?
2. ¿Quién escribió *De amor y de sombra*?
3. ¿Quién se basó en esta obra y qué hizo?
4. ¿A qué hace homenaje esta obra?
5. ¿De qué trata *De amor y de sombra*?

K. Escribe un párrafo corto sobre Roberto Matta Echaurren contestando las siguientes preguntas. (5 puntos)

¿Quién es Roberto Matta Echaurren?

¿Dónde nació?

¿A qué grupo pertenece su pintura?

¿Cómo es su obra?

¿Cuál es la diferencia fundamental entre Matta y otros pintores de ese grupo?

Nombre ______________________ Clase __________ Fecha __________

Hablar

HL CD 6 Tracks 21, 22

L. Estás tomando un curso de literatura en una universidad de Buenos Aires durante el verano. Escucha el mensaje telefónico de tu madre y lee la carta que te envió tu padre. Completa la actividad. (15 puntos)

> Sebastián:
>
> Espero que estés aprovechando bien el tiempo y que estés aprendiendo mucho. Me gustaría mucho poder estar contigo en Buenos Aires, es una ciudad encantadora.
>
> ¿Has escuchado tango? ¿Ya visitaste la Casa Museo Carlos Gardel? Recuerda tomar muchas fotos y enviármelas. ¿No te gustaría tomar clases de tango? He escuchado que hay muchas escuelas, ¿quieres que te encuentre una?
>
> También trata de visitar el Museo de Arte Moderno tan pronto como puedas, me han dicho que es excelente. Cuéntame que te parece la comida típica argentina.
>
> Espero tu respuesta,
>
> Papá

Llama por teléfono a tus padres. Explica por qué no has podido hacer lo que ellos te piden y díles que lo harás. Utiliza conjunciones.

Nombre ____________________ Clase __________ Fecha __________

UNIT 8 LESSON 1
Test

Escribir

HL CD 6 Tracks 23, 24

M. Lee los datos sobre la vida de Pablo Neruda, escucha la lectura sobre sus obras y escribe una reseña para tu clase de español. (15 puntos)

La reseña de la obra de Pablo Neruda debe tener una introducción, información sobre el autor, el género de su obra y un resumen breve sobre los aspectos que consideres importantes, como el contexto y el tema.

Pablo Neruda(1904–1973)

Ricardo Eliécer Neftalí Reyes Basoalto (Pablo Neruda) nació en Parral, Chile, en 1904.

En 1906, la familia se va a Temuco, donde Neruda hace sus estudios en el Liceo de Hombres de esta ciudad.

En 1921 se muda a Santiago y estudia pedagogía en francés en la Universidad de Chile.

En 1927, comienza su larga carrera diplomática al ser nombrado cónsul de Rangún en Birmania. Durante sus muchos viajes conoce a Federico García Lorca en Buenos Aires y a Rafael Alberti en Barcelona.

En 1935 Neruda toma la dirección de la revista *Caballo verde para la poesía,* donde tiene como compañeros a los poetas de la generación del 27.

En 1936 estalla la guerra civil de España. En ese mismo año, la muerte de García Lorca afecta mucho a Neruda. Neruda es destituido de su cargo consular y es cuando escribe *España en el corazón.*

En 1965 obtiene el título de *doctor honoris causa* de la Universidad de Oxford, Gran Bretaña.

Pablo Neruda muere en Santiago el 23 de septiembre de 1973.

¡AVANZA! ____ de 100 puntos Nota __________

¡Éxito! Has alcanzado todos los objetivos de la lección.

Repaso: Antes de pasar a la siguiente lección, usa tu libro de texto para repasar cómo:

- ❑ hablar de literatura y analizar obras literarias pp. 452–453
- ❑ hablar sobre lo que estabas haciendo en el pasado p. 457
- ❑ enlazar eventos e ideas p. 462
- ❑ usar el pasado progresivo p. 457
- ❑ usar conjunciones p. 462

Nombre ____________________ Clase __________ Fecha __________

Escuchar

A.

1. ____________________
2. ____________________
3. ____________________
4. ____________________
5. ____________________

Puedes:
❑ hablar de literatura y analizar obras literarias

____ de 5 puntos

B.

1. ____________________
2. ____________________
3. ____________________
4. ____________________
5. ____________________

Puedes:
❑ hablar de literatura y analizar obras literarias

____ de 5 puntos

Vocabulario y gramática

C.

1. ____________________
2. ____________________
3. ____________________
4. ____________________
5. ____________________
6. ____________________

Puedes:
❑ usar el subjuntivo con conjunciones

____ de 12 puntos

D.

1. ____________________
2. ____________________
3. ____________________
4. ____________________

Puedes:
❑ hablar de literatura y analizar obras literarias

____ de 8 puntos

UNIT 8 LESSON 1
Test

Nombre ______________________ Clase __________ Fecha __________

UNIT 8 LESSON 1
Test

E.

1. ______________________
2. ______________________
3. ______________________
4. ______________________
5. ______________________

Puedes:
- ❑ hablar sobre lo que estabas haciendo en el pasado

____ de 5 puntos

F.

1. C F
____
2. C F
____
3. C F
____
4. C F
____
5. C F
____

Puedes:
- ❑ hablar de literatura

____ de 5 puntos

G.

1. ______________________
____
2. ______________________
____
3. ______________________
____
4. ______________________
____
5. ______________________
____

Puedes:
- ❑ usar conjunciones
- ❑ enlazar eventos e ideas

____ de 10 puntos

Leer

H.

1. ______
2. ______
3. ______
4. ______
5. ______

Puedes:
❏ hablar de literatura
____ de 5 puntos

I.

1. ______
2. ______
3. ______
4. ______
5. ______

Puedes:
❏ hablar de literatura
____ de 5 puntos

Cultura

J.

1. ______
2. ______
3. ______
4. ______
5. ______

Puedes:
❏ hacer una conexión cultural con Argentina y Uruguay
____ de 5 puntos

K.

______
______
______
______
______

Puedes:
❏ hacer una conexión cultural con Argentina y Uruguay
____ de 5 puntos

Hablar

L.

Puedes:

❑ hablar de literatura y analizar obras literarias ____ de 15 puntos

Criterio de habla	5 puntos	3 puntos	1 punto
Contenido	Tus oraciones tienen una secuencia lógica, y demuestras buen uso del vocabulario apropiado.	Algunas de tus oraciones tienen una secuencia lógica, y demuestras bastante buen uso del vocabulario apropiado.	Pocas de tus oraciones tienen una secuencia lógica, y demuestras uso limitado del vocabulario apropiado.
Comunicación	Toda la información que das se comprende perfectamente.	La mayor parte de la información que das se comprende perfectamente.	La mayor parte de la información que das es difícil de comprender.
Precisión	Usas las formas verbales de duda y el vocabulario referente al tema con pocos errores gramaticales.	Usas las formas verbales de duda y el vocabulario referente al tema con algunos errores gramaticales.	Usas algunas formas verbales de duda y el vocabulario referente al tema con bastantes errores gramaticales.

Nombre ______________________ Clase __________ Fecha __________

Escribir

M.

____

____

____

____

____

____

____

____

____

____

____

____

____

____

____

____

____

____

Puedes:
- ❑ enlazar eventos e ideas
- ❑ hablar sobre literatura y analizar obras literarias

____ de 15 puntos

Criterio de escritura	5 puntos	3 puntos	1 punto
Contenido	Tus oraciones tienen una secuencia lógica, usas vocabulario apropiado y demuestras facilidad para expresar tus descripciones e inspiración.	Algunas de tus oraciones tienen una secuencia lógica, usas vocabulario apropiado y demuestras suficiente facilidad para expresar descripciones e inspiración.	Pocas de tus oraciones tienen una secuencia lógica, usas vocabulario limitado para expresar tus descripciones e inspiración.
Comunicación	Toda las ideas que das se comprenden perfectamente.	La mayor parte de las ideas que das se comprenden perfectamente.	La mayor parte de las das que das son difíciles de comprender.
Precisión	Usas formas verbales de duda y emoción y vocabulario referente al tema con pocos errores gramaticales.	Usas formas verbales de duda y emoción y vocabulario referente al tema con algunos errores gramaticales.	Usas algunas formas verbales de duda y emoción y vocabulario referente al tema con bastantes errores gramaticales.

Nombre ______________________ Clase __________ Fecha __________

UNIT 8 LESSON 2
Test

Examen Lección 2

¡AVANZA! **Objetivo:** Demuestra que puedes:

- leer e interpretar una obra de teatro corta
- hablar sobre sucesos no planeados
- expresar opiniones sobre un texto
- usar la construcción **se** para situaciones involuntarias
- usar el subjuntivo

Escuchar

HL CD 6 Tracks 25, 26

A. Escucha la conversación entre Berta y Margarita y contesta las siguientes preguntas con oraciones completas. (5 puntos)

1. ¿En qué obra de teatro va a actuar Berta?
2. ¿Por qué está tan emocionada Berta?
3. ¿Qué piensa Berta de la historia de Romeo y Julieta?
4. ¿De qué tres maneras Berta puede conseguir su vestido?
5. ¿Cuál es el sueño de Berta?

B. Escucha a Miguel con atención y completa las siguientes oraciones según la información que has escuchado. (5 puntos)

1. Me gusta mucho escribir. Ahora practico escribiendo en mi diario, pero cuando sea grande __________.
2. Disfruto mucho inventando __________.
3. Mi papá leyó uno de mis cuentos y dijo que era __________.
4. En su juventud, mi papá escribía __________.
5. Si quieres ser buen escritor, tienes que ser un buen __________.

Vocabulario y gramática

C. Escribe oraciones completas para las situaciones siguientes. (10 puntos)

1. 

2. 

3. 

4. 

5. 

D. Escribe cinco oraciones con la siguiente información. (10 puntos)

1. los gestos/ chistosos
2. los accesorios/ poco originales
3. el guión/ complejo
4. el protagonista/ cautivador
5. el vestuarios/ sencillos

E. Haz oraciones lógicas utilizando el subjuntivo. Cinco de éstas deben utilizar el imperfecto del subjuntivo. (10 puntos)

1. el director/ recomendar/ estudiar más el guión
2. a mí no me gustar/ el público hablar durante el ensayo
3. el autor alegrarse de/ los actores ser tan buenos
4. la actriz dudar/ sus padres poder asistir al estreno
5. hay que leer el guión completo antes de/ los ensayos empezar
6. para que Saúl aprender a actuar/ tuvo que asistir a la escuela de drama
7. "Buscamos actores/ saber actuar"
8. aunque haber poco público nosotros/ actuar con muchas ganas
9. esperan/ el director de escenografía se dar cuenta del problema
10. le pedir/ no leer el texto tan rápido

F. Escribe un párrafo de cinco oraciones en el que des tu opinión sobre una obra de teatro a la que asististe anoche. Utiliza algunas de las frases que aparecen a continuación. (10 puntos)

Es evidente que	Lo fascinante	Por ejemplo	Darse cuenta de

Leer

Armando Discépolo nació en Buenos Aires en 1887. Fue el mayor de los cinco hijos de Enrique Santos, un inmigrante italiano. La familia se caracterizó por la vocación artística. Armando se convirtió en uno de los mayores dramaturgos argentinos y su hermano Enrique, conocido como Discepolín, escribió la letra de muchos tangos.

Desde sus primeros años, a Armando le encantaba el teatro. A los 18 años, cuando muere su padre, él decide dedicarse de lleno a ser dramaturgo. Pablo Podestá, el actor más importante del momento, se entusiasmó y aceptó interpretar la primera obra teatral de Armando, *Entre el hierro.* Fue un éxito. A partir de entonces, Discépolo escribió una o dos obras por año. Entre 1921 y 1934: *Mustafá, Giácomo, Muñeca, Babilonia, El organito, Stéfano, Cremona* y *Relojero.*

Discépolo escribía sobre un orden social muy injusto. Creó el "grotesco criollo", la primera y más auténtica expresión del teatro nacional. En 1934 pone en escena *Relojero,* que fue la última obra que él escribió. A partir de entonces se dedica a la dirección teatral.

G. Escoge la palabra o frase que mejor complete cada oración. (5 puntos)

1. Armando Discépolo era __________.
a. uruguayo **b.** argentino **c.** chileno

2. El hermano de Armando Discépolo se llamaba __________.
a. Juan **b.** Enrique **c.** Luis

3. Discépolo decidió dedicarse al teatro por completo __________.
a. cuando terminó la universidad **b.** en 1921 **c.** cuando muere su padre

4. Su primera obra teatral fue __________.
a. *Entre el hierro* **b.** *Muñeca* **c.** *Mustafá*

5. Armando Discépolo fue el creador del __________.
a. realismo mágico **b.** grotesco criollo **c.** modernismo

H. Contesta las siguientes preguntas. (5 puntos)

1. ¿Quién fue el primer actor que interpretó la primera obra teatral de Armando Discépolo?

2. ¿Por qué se distinguió Enrique, el hermano de Armando?

3. ¿Sobre qué temas escribe armando Discépolo?

4. ¿Qué es el grotesco criollo?

5. ¿A qué se dedica Discépolo cuando deja de escribir obras de teatro?

UNIT 8 LESSON 2
Test

Cultura

I. Contesta las siguientes preguntas con oraciones completas. (4 puntos)

1. ¿Qué son los tablados de murga en el carnaval de Uruguay?

2. ¿Quiénes participan en los tablados?

3. ¿Cuáles son los temas de los tablados?

4. ¿Cuál es el primer requisito para los tablados?

J. Contesta las siguientes preguntas con oraciones completas. (6 puntos)

1. ¿Cómo se llama uno de los teatros más importantes de Latinoamérica y dónde está?

2. ¿Cómo es el estilo del teatro y cuánto tiempo duró su construcción?

3. ¿Qué pintor argentino realizó la decoración de la cúpula del teatro?

Hablar

HL CD 6 Tracks 27, 28

K. Vas a hablar de los descubrimientos del navegante y explorador portugués Fernando de Magallanes. (15 puntos)

Leer: Lee los siguientes datos biográficos sobre el explorador Fernando de Magallanes.

Fernando de Magallanes

En el siglo XVI, España y Portugal mantenían una guerra pacífica para ver quién conquistaba más territorios. Cristóbal Colón había descubierto un Nuevo Mundo hacía menos de treinta años, pero este descubrimiento no era suficiente.

Entonces, un experto navegante portugués con amplia experiencia militar llamado Fernando de Magallanes, le propuso a la corona española un plan que había perfeccionado durante dos años: explorar el mar desconocido que separaba América de Asia.

El 20 de septiembre de 1519, después de un año de preparativos, salió de Sevilla un grupo de cinco carabelas: Trinidad, San Antonio, Victoria, Concepción y Santiago. Bajo el mando de Magallanes iban doscientos cincuenta hombres.

En marzo de 1521, Magallanes se convirtió en el primer hombre en haber dado la vuelta completa al mundo, al alcanzar las Filipinas en el océano Pacífico, lugar donde murió el 27 de abril luchando contra los nativos.

Escuchar: Escucha la siguiente narración sobre el viaje de Magallanes en el que descubrió el estrecho que lleva su nombre en el extremo sur de Suramérica y que conecta a los océanos Atlántico y Pacífico.

Hablar: Habla sobre los siguientes aspectos de la vida y descubrimientos de Fernando de Magallanes. Utiliza las siguientes preguntas como guía.

- ¿Qué plan les propuso Magallanes a los reyes de España?
- ¿Qué logró Magallanes?
- ¿En qué lugares estuvo Magallanes durante el viaje?

Escribir

HL CD 6 Tracks 29, 30

L. Vas a escribirle una carta a tu tía Elena sobre una obra de teatro a la que asististe. (15 puntos)

Leer. Lee el siguiente artículo sobre la obra de teatro *Muñeca* de Armando Discépolo, a la cual ibas a asistir con tu tía Elena.

> **Muñeca, de Armando Discépolo, llega al CEC**
> *Un romance trágico*
>
> Hoy se estrena la obra Muñeca de Armando Discépolo en el Centro de Expresiones Contemporáneas (CEC). Se trata de una de las piezas menos representadas del autor argentino y pertenece a un género llamado grotesco criollo. Esta obra de teatro fue escrita durante un momento crítico de la historia nacional. El tema de la obra tiene mucha actualidad.
>
> La obra cuenta la historia de Anselmo, un hombre rico pero poco atractivo que está enamorado de una mujer bella y mucho más joven que él. Muñeca, tal es el nombre de su amada, se escapa con Enrique, el protegido de Anselmo, pero regresa para calmar la angustia de Anselmo. En medio de una fiesta reaparece Enrique, quien le cuenta la verdad a Anselmo, convirtiéndolo todo en una tragedia.
>
> *Muñeca* sólo se ha puesto en escena tres veces. Esta cuarta vez se presenta con las actuaciones de nuestros actores y actrices principales bajo la dirección de Cristián Marchesi.

Escuchar. Escucha el mensaje telefónico que dejó tu tía Elena en la contestadora de tu casa.

Escribir. Escríbele la carta a tu tía Elena. Coméntale qué tal estuvo Muñeca de Discépolo la noche que asististe al teatro para verla.

¡AVANZA! _____ de 100 puntos Nota __________

¡Éxito! Has alcanzado todos los objetivos de la lección.

Repaso: Antes de pasar al Examen de la Unidad 8, usa tu libro de texto para repasar cómo:

- ❑ leer e interpretar una obra de teatro corta pp. 478–479
- ❑ hablar sobre sucesos no planeados p. 483
- ❑ expresar opiniones sobre un texto p. 488
- ❑ usar la construcción **se** para situaciones involuntarias p. 483
- ❑ usar el subjuntivo p. 488

Nombre ______________________ Clase __________ Fecha __________

Escucher

A.

1. ______________________
2. ______________________
3. ______________________
4. ______________________
5. ______________________

Puedes:

❑ leer e interpretar una obra de teatro corta

____ de 5 puntos

B.

1. ______________________
2. ______________________
3. ______________________
4. ______________________
5. ______________________

Puedes:

❑ expresar opiniones sobre un texto

____ de 5 puntos

Vocabulario y gramática

C.

1. ______________________
2. ______________________
3. ______________________
4. ______________________
5. ______________________

Puedes:

❑ leer e interpretar una obra de teatro corta

____ de 10 puntos

UNIT 8 LESSON 2
Test

Nombre ______________________ Clase __________ Fecha __________

UNIT 8 LESSON 2
Test

D.

1. ______________________
2. ______________________
3. ______________________
4. ______________________
5. ______________________

Puedes:

❑ leer e interpretar una obra de teatro corta

____ de 10 puntos

E.

1. ______________________
2. ______________________
3. ______________________
4. ______________________
5. ______________________
6. ______________________
7. ______________________
8. ______________________
9. ______________________
10. ______________________

Puedes:

❑ usar **se** para situaciones involuntarias

____ de 10 puntos

F.

____

____

____

____

____

____

____

____

____

____

Puedes:

❑ usar el subjuntivo

____ de 10 puntos

Nombre ______________________ Clase __________ Fecha __________

UNIT 8 LESSON 2 Test

Leer

G.

1. **a** **b** **c**

2. **a** **b** **c**

3. **a** **b** **c**

4. **a** **b** **c**

5. **a** **b** **c**

Puedes:

❑ expresar opiniones sobre un texto

____ de 5 puntos

H.

1. ______________________________

____

2. ______________________________

____

3. ______________________________

____

4. ______________________________

____

5. ______________________________

____

Puedes:

❑ leer e interpretar una obra de teatro corta

____ de 5 puntos

Cultura

I.

1. ______________________________

2. ______________________________

3. ______________________________

4. ______________________________

Puedes:

❑ hacer una conexión cultural con el Cono Sur

____ de 4 puntos

Nombre ______________________ Clase ____________ Fecha ____________

J.

Puedes:
- ❑ hacer una conexión cultural con el Cono Sur

____ de 6 puntos

1. ____

____

2. ____

____

3. ____

____

Hablar

K.

Puedes:
- ❑ hacer una conexión cultural con el Cono Sur ____ de 15 puntos

Criterio de habla	5 puntos	3 puntos	1 punto
Contenido	Tus oraciones tienen una secuencia lógica, y demuestras buen uso del vocabulario apropiado.	Algunas de tus oraciones tienen una secuencia lógica, y demuestras bastante buen uso del vocabulario apropiado.	Pocas de tus oraciones tienen una secuencia lógica, y demuestras uso limitado del vocabulario apropiado.
Comunicación	Toda la información que das se comprende perfectamente.	La mayor parte de la información que das se comprende perfectamente.	La mayor parte de la información que das es difícil de comprender.
Precisión	Usas el subjuntivo, las conjunciones y el vocabulario referente al tema con pocos errores gramaticales.	Usas el subjuntivo, las conjunciones y el vocabulario referente al tema con algunos errores gramaticales.	Usas algunas formas del subjuntivo, las conjunciones y el vocabulario referente al tema con bastantes errores gramaticales.

Nombre ______________________ Clase __________ Fecha __________

Escribir

L.

Puedes:

❑ leer e interpretar una obra de teatro corta

____ de 15 puntos

Criterio de escritura	5 puntos	3 puntos	1 punto
Contenido	Tus oraciones tienen una secuencia lógica, demuestras conocimiento de la cultura andina, y expresar el condicional con facilidad.	Algunas de tus oraciones tienen una secuencia lógica, demuestras suficiente conocimiento de la cultura andina, y usas el condicional a veces.	Pocas de tus oraciones tienen una secuencia lógica, demuestras conocimiento limitado de la cultura andina, y no usas el condicional con facilidad.
Comunicación	Toda las ideas que das se comprenden perfectamente.	La mayor parte de las ideas que das se comprenden perfectamente.	La mayor parte de las das que das son difíciles de comprender.
Precisión	Usas lo que podría o no podría ocurrir, y el vocabulario referente al tema con pocos errores gramaticales.	Usas lo que podría o no podría ocurrir, y el vocabulario referente al tema con algunos errores gramaticales.	Usas lo que podría o no podría ocurrir, y el vocabulario referente al tema con bastantes errores gramaticales.

Examen Unidad 8

¡AVANZA! **Objetivo:** Demuestra que puedes:

- hablar de literatura y analizar obras literarias
- hablar de lo que has estado haciendo en el pasado
- relacionar eventos e ideas
- leer e interpretar una obra de teatro corta
- hablar de eventos inesperados
- expresar opiniones sobre un texto
- usar el pasado progresivo
- usar conjunciones
- usar la construcción **se** para situaciones involuntarias
- usar el subjuntivo

Escuchar

HL CD 6 Tracks 31, 32

A. Escucha la conversación entre Darío y Pablo con atención y después completa las siguientes oraciones según el diálogo. (6 puntos)

1. Darío quiere saber la definición de un _____.

2. Pablo le explica que es simplemente la _____ entre dos cosas.

3. El maestro de Darío le sugirió que le diera _____ y _____ a su poema.

B. Escucha el mensaje de Isabela y después contesta las siguientes preguntas. (4 puntos)

1. ¿En qué clase es más probable que Isabela haya aprendido sobre los géneros literarios?

2. ¿Cuáles son algunos de los géneros que se discutieron en clase?

3. ¿Qué tema le llamó más la atención a Isabela?

4. ¿Qué opina Isabela de la rima?

Vocabulario y gramática

C. Completa las oraciones de manera lógica. (10 puntos)

1. Lo más interesante de las novelas es ____________________.
2. Es evidente que el punto de vista del autor ____________________.
3. Debemos tomar en cuenta que las obras de teatro ____________________.
4. Debes darte cuenta de la manera en que el poeta usa ____________________.
5. Me parece fascinante relacionar la realidad con ____________________.

D. Escribe oraciones completas con la siguiente información. (10 puntos)

1. libro de historietas/chistoso
2. el desenlace/trágico
3. el tema/poco original
4. el análisis/el diálogo
5. el primer acto/deslumbrante

Nombre ______________________ Clase __________ Fecha __________

UNIT 8
Unit Test

E. Completa las oraciones con el verbo apropiado. Usa el presente progresivo. (5 puntos)

1. Nosotros _____ para la obra de teatro cuando nos avisaron que iban a cerrar el teatro.
2. Jorge y tú _____ la definición de una metáfora en el diccionario cuando los llamaron por teléfono.
3. La protagonista de la obra _____ el guión esta mañana.
4. Yo _____ un cuento para mi clase de literatura cuando tú llegaste.
5. Ustedes _____ el telón mientras el público aplaudía.

F. Completa las oraciones siguientes con los verbos apropiados. Usa el imperfecto del subjuntivo. (5 puntos)

1. El maestro me recomendó que _____ la biografía del autor.
2. El dramaturgo quería a un director que _____ bien la obra.
3. Quería leer una autobiografía que _____ la realidad.
4. Sabía que la segunda estrofa de este poema _____ perfectamente con la tercera.
5. Aunque _____ mucho ruido, no deben perder la concentración, dijo el director.

G. Completa las oraciones de manera lógica. (10 puntos)

1. A menos que ______________________.
2. En caso de que ______________________.
3. A fin de que ______________________.
4. Antes de que ______________________.
5. Tan pronto como ______________________.

Nombre ______________________________ Clase __________ Fecha __________

Leer

Lee el siguiente artículo y después haz las actividades H e I.

> MARTÍN GARCÍA hará de don Quijote en obra callejera
>
> Cecilia Arias dirigirá al actor en su primera obra callejera. El estreno es el 21 de mayo en la Plaza del Sol
>
> Martín García siempre ha sido fanático del libro *El ingenioso hidalgo don Quijote de La Mancha*. Ahora protagonizará una nueva obra basada en el mítico personaje. ¿La particularidad? Será el primer trabajo de teatro callejero para el actor.
>
> La obra toma algunos elementos de la novela y los presenta con una escenografía actual. Cecilia Arias explica: «Se trata de un señor que trabaja en una oficina desde hace mucho tiempo y un día decide transformarse en don Quijote e ir en contra de todo el sistema social. La obra tiene carácter de musical, porque todos los personajes cantan y hay banda en vivo».
>
> Dirigir a García ha sido una buena experiencia para Arias: «Al principio tenía mucho miedo, porque con Martín tenemos una diferencia de edades enorme. Pero ha sido muy agradable trabajar con él. Tiene una presencia impresionante».
>
> Sólo habrán cuatro funciones, todas gratuitas, los días 21, 22, 23 y 27 de abril a las 20 horas.

H. Completa las oraciones. (5 puntos)

1. La obra será ____ por Cecilia Arias.
2. Esta obra esta basada en ____.
3. El protagonista es ____.
4. Los elementos de la novela están ____.
5. El actor principal es ____.

I. Contesta las siguientes preguntas con oraciones completas. (5 puntos)

1. ¿Qué quiere decir «teatro callejero»?
2. ¿Cuál es el argumento de la obra?
3. ¿Por qué la obra tiene carácter de musical?
4. La directora menciona que tenía miedo de dirigir a Martín García, ¿por qué?
5. ¿Cuál es el horario de las presentaciones?

UNIT 8
Unit Test

Cultura

J. Contesta las preguntas siguientes sobre Chile con oraciones completas. (6 puntos)

1. ¿Cómo se llama la capital de Chile?
2. Nombra un(a) escritor(a) famoso(a) de Chile.
3. ¿Con qué océano limita Chile?

K. Completa las oraciones con las palabras apropiadas. (4 puntos)

1. El Teatro Colón se encuentra en ____.
2. Raúl Soldi contribuyó en el Teatro Colón cuando realizó la decoración de su ____.
3. Un país del Cono Sur que no tiene salida al mar es ____.
4. *Ardiente paciencia* es una de las novelas del escritor ____.

Hablar

HL CD 6 Tracks 33, 34

L. Vas a recomendar una obra de teatro.

Fuente 1: Leer. Lee los siguientes anuncios en el periódico. (15 puntos)

Semana del Teatro

El grupo teatral Patafísico presentará *Corsina, encorsetada de familia* a las 20:00 en la sala Manuel de Falla del Centro Cultural Juan de Salazar (Herrera 834 c/ Tacuary). *Corsina...* es la historia de una mujer que busca liberarse de las ataduras de la moda del pasado. Actúan Ana Caballero, Alejandro Villamayor y Vania Ybarra. La dirección es de Víctor Sosa Traverzzi. La entrada es libre y gratuito.

A las 21:00, la Fundación Arlequín Teatro presentará *Novecento* en la sala Federico García Lorca de la Manzana de la Rivera (Juan E. O'Leary 112 c/ Paraguayo Independiente). En la obra, Tim Tooney —trompetista de la banda de jazz de un barco— narra la historia de su amigo, un pianista que nació en ese barco y nunca bajó de él. Actúa José Luis Ardissone y dirige Carlos Aguilera. La entrada será de 5.000 guaraníes.

Fuente 2: Escuchar. Ahora, escucha la conversación entre dos jóvenes, Brenda y Roberto. Toma apuntes.

Hablar. Ahora recomiéndales a Brenda y Roberto una de las dos obras de teatro que se describieron en el periódico. Explícales por qué se la estás recomendando.

Nombre ________________________________ Clase __________ Fecha __________

UNIT 8 Unit Test

Escribir

HL CD 6 Tracks 35, 36

M. Acabas de asistir a una función de títeres y vas a escribir una crítica para el periódico. (15 puntos)

Fuente 1: Leer. Lee el resumen en el folleto que se ofreció en el teatro.

> **Resumen**
>
> *Gerónimo va de pesca* está inspirada en *El Viejo y el Mar* de Ernest Hemingway. Trata de manera tragicómica los problemas de los pescadores artesanales (en embarcaciones pequeñas) y es a su vez una metáfora sobre los obstáculos que cualquier persona debe saltar para alcanzar sus sueños.
>
> En este montaje, se combinan distintas técnicas del teatro de títeres para dar vida a la odisea de un viejo pescador artesanal. No hay actores de carne y hueso en ningún momento. El objetivo es sacar partido de las técnicas tradicionales para conseguir la mayor capacidad expresiva de los muñecos, por lo que se utilizan elementos como el estilo *clown,* el mimo y las máscaras.
>
> Los protagonistas son una pareja de pescadores viejos: Gerónimo y Herudijes. Hace cuatrocientos setenta y ocho días que Gerónimo no pesca un solo pez, porque en la antigua zona de pesca ahora flota un basural. Si Gerónimo no pesca hoy, deberán abandonar el bote y lo poco que les queda en la playa para irse caminando hacia un destino incierto. Es así que acosados por el hambre, lanzarán el bote a la mar iniciando la tragicómica odisea de Gerónimo por aguas desconocidas, en las que en su afán de atrapar un pez, atrapará más de una sorpresa...

Fuente 2: Escuchar. Ahora, escucha un anuncio en la radio sobre la compañía que presentó la obra. Toma apuntes.

Escribir. Ahora escribe tu crítica. Incluye lo siguiente:

- Autor
- Escenografía
- Vestuario
- Personajes y sus características
- Argumento
- Información sobre los presentadores

¡AVANZA! ____ de 100 puntos Nota __________

¡Éxito! Has alcanzado todos los objetivos de la unidad.

Repaso: Antes de pasar al Examen Final, usa tu libro de texto para repasar cómo:

- ❏ hablar de literatura pp. 452–453
- ❏ hablar de lo que has estado haciendo en el pasado p. 457
- ❏ relacionar eventos e ideas p. 462
- ❏ leer e interpretar una obra de teatro corta pp. 478–479
- ❏ hablar de eventos inesperados p. 483
- ❏ expresar opiniones sobre un texto p. 488
- ❏ usar el pasado progresivo p. 457
- ❏ usar conjunciones p. 462
- ❏ usar la construccion **se** para situaciones involuntarias p. 483
- ❏ usar el subjuntivo p. 488

Nombre ______________________ Clase __________ Fecha __________

Examen Unidad 8

Escuchar

A.

1. ______________________
2. ______________________
3. ______________________ ______________________

Puedes:
❏ hablar de literatura
____ de 6 puntos

B.

1. ______________________
2. ______________________
3. ______________________
4. ______________________

Puedes:
❏ hablar de lo que has estado haciendo en el pasado
❏ hablar de eventos inesperados
____ de 4 puntos

Vocabulario y gramática

C.

1. ______________________
2. ______________________
3. ______________________
4. ______________________
5. ______________________

Puedes:
❏ hablar de literatura
____ de 10 puntos

UNIT 8
Unit Test

Nombre ______________________ Clase ____________ Fecha ____________

UNIT 8
Unit Test

D.

1. ______________________

2. ______________________

3. ______________________

4. ______________________

5. ______________________

Puedes:
❑ expresar opiniones sobre un texto

____ de 10 puntos

E.

1. ______________________

2. ______________________

3. ______________________

4. ______________________

5. ______________________

Puedes:
❑ hablar de lo que has estado haciendo en el pasado

____ de 5 puntos

F.

1. ______________________

2. ______________________

3. ______________________

4. ______________________

5. ______________________

Puedes:
❑ usar el subjuntivo

____ de 5 puntos

G.

1. ______________________

2. ______________________

3. ______________________

4. ______________________

5. ______________________

Puedes:
❑ hablar de lo que has estado haciendo en el pasado
❑ relacionar eventos e ideas

____ de 10 puntos

Leer

H.

1. ______________________
2. ______________________
3. ______________________
4. ______________________
5. ______________________

Puedes:
- ❑ relacionar eventos e ideas
- ❑ hablar de eventos inesperados

____ de 5 puntos

I.

1. ______________________
2. ______________________
3. ______________________
4. ______________________
5. ______________________

Puedes:
- ❑ relacionar eventos e ideas
- ❑ hablar de eventos inesperados

____ de 5 puntos

Cultura

J.

1. ______________________
2. ______________________
3. ______________________

Puedes:
- ❑ dar informaciones sobre la cultura de los países del Cono sur

____ de 6 puntos

K.

1. ______________________
2. ______________________
3. ______________________
4. ______________________

Puedes:
- ❑ dar informaciones sobre la cultura de los países del Cono sur

____ de 4 puntos

Hablar

L.

Puedes:

- ❑ hablar de lo que has estado haciendo en el pasado
- ❑ hablar de eventos inesperados

____ de 15 puntos

Criterio de habla	5 puntos	3 puntos	1 punto
Contenido	Tus oraciones tienen una secuencia lógica, y demuestras facilidad para hacer recomendaciones.	Algunas de tus oraciones tienen una secuencia lógica, y demuestras bastante facilidad para hacer recomendaciones.	Pocas de tus oraciones tienen una secuencia lógica, y demuestras facilidad limitada para hacer recomendaciones.
Comunicación	Toda la información que das se comprende perfectamente.	La mayor parte de la información que das se comprende perfectamente.	La mayor parte de la información que das es difícil de comprender.
Precisión	Usas el futuro, el subjuntivo y el vocabulario referente al tema con pocos errores gramaticales.	Usas el futuro, el subjuntivo y el vocabulario referente al tema con algunos errores gramaticales.	Usas el futuro, el subjuntivo y el vocabulario referente al tema con bastantes errores gramaticales.

Escribir

M.

Puedes:
❑ Interpretar una obra corta
___ de 15 puntos

Criterio de escritura	5 puntos	3 puntos	1 punto
Contenido	Tus oraciones tienen una secuencia lógica, usas vocabulario apropiado, y demuestras facilidad para hablar de tecnología y mejoras para el futuro.	Algunas de tus oraciones tienen una secuencia lógica, usas vocabulario apropiado, y demuestras suficiente facilidad para hablar de tecnología y mejoras para el futuro.	Pocas de tus oraciones tienen una secuencia lógica, usas vocabulario limitado para hablar de para hablar de tecnología y mejoras para el futuro.
Comunicación	Toda las ideas que das se comprenden perfectamente.	La mayor parte de las ideas que das se comprenden perfectamente.	La mayor parte de las das que das son difíciles de comprender.
Precisión	Usas formas verbales y vocabulario referente al tema con pocos errores gramaticales.	Usas formas verbales y vocabulario referente al tema con algunos errores gramaticales.	Usas algunas formas verbales y vocabulario referente al tema con bastantes errores gramaticales.

Nombre ______________________ Clase __________ Fecha __________

FINAL EXAM

Examen final

¡AVANZA! **Objetivo:** Demuestra que has aprendido a:

- describir gente, lugares y cosas
- hablar de actividades cotidianas
- discutir y criticar literatura
- expresar opiniones sobre un texto
- hablar de actividades de la escuela y del trabajo
- hablar de posibilidades profesionales
- hablar sobre tu vecindario
- hablar de artículos personales
- expresar lo que existe o no existe
- decir lo que los demás quieren que tú hagas
- expresar suposiciones y emociones
- hacer una hipótesis
- decir que podría o no podría pasar
- narrar en el pasado
- expresar lo que había o habrá pasado
- hablar acerca de lo que estabas haciendo en el pasado
- hablar acerca de lo que ha pasado
- hablar sobre requerimientos
- relacionar eventos e ideas
- hablar sobre sucesos no planeados

Escuchar

HL CD 6 Tracks 37, 38

A. Escucha el reporte que presentó Sandra, la presidenta del comité estudiantil, a su clase. Luego escoge la mejor opción para completar las siguientes oraciones. (8 puntos)

1. La clase de la Srta. Mendoza presentó un proyecto para ayudar a los _____.
a. inmigrantes **b.** ancianos **c.** pobres **d.** niños

2. Los inmigrantes hispanohablantes de la comunidad necesitan _____.
a. volantes en su idioma **b.** patrocinadores bilingües **c.** un periódico en español **d.** una emisora de radio en español

3. Los estudiantes del Sr. Jiménez presentaron una lista de _____.
a. patrocinadores y voluntarios **b.** traductores y organizadores **c.** inmigrantes y editores **d.** editores y traductores

4. Los ganadores organizaron una campaña de _____.
a. reciclaje **b.** información **c.** voluntariado **d.** creatividad

B. Escucha la conversación entre Fernando y Ana y completa las oraciones según el diálogo. (8 puntos)

1. Según Fernando, la obra de teatro fue _____.
a. un espectáculo **b.** un desastre **c.** estupenda **d.** popular

2. El guión fue escrito por un _____ muy conocido y los _____ eran muy originales.
a. escritor/actores **b.** escritor/diálogos **c.** dramaturgo/ actores **d.** dramaturgo/ diálogos

3. El director dedicó mucha atención a las direcciones de _____.
a. escenografía **b.** iluminación **c.** accesorios **d.** maquillaje

4. Ana no quiere dedicarse a _____ y prefiere leer _____.
a. la actuación/ obras de teatro **b.** la actuación/guiones **c.** escribir/novelas **d.** diseñar/obras

Vocabulario y gramática

C. Escoge la opción que complete mejor o que describa mejor las siguientes frases. (16 puntos)

1. Uno de mis juegos de mesa favoritos es
a. el surf **c.** el ajedrez
b. el tenis **d.** el voleibol

2. Solicitar un empleo es
a. pedirlo **c.** mantenerlo
b. ofrecerlo **d.** anunciarlo

3. Subir una montaña es
a. volar **c.** observar
b. montar **d.** escalar

4. Los descuentos nos ayudan a
a. prestar **c.** ahorrar
b. ofrecer **d.** llenar

5. Cuando emiten las noticias en la radio, las
a. inventan **c.** buscan
b. escriben **d.** presentan

6. Narrar una historia es
a. relacionarla **c.** borrarla
b. contarla **d.** protagonizarla

7. Lo contrario de una persona tímida es una persona
a. atrevida **c.** responsable
b. generosa **d.** desagradable

8. La actriz personificó bien su papel, es decir lo ____ bien.
a. analizó **c.** rechazó
b. representó **d.** idealizó

9. Este género literario se escribe en verso

a. la poesía **c.** el ensayo

b. la novela **d.** el cuento

10. Convertirse es lo mismo que

a. actuar **c.** lograr

b. figurar en **d.** transformarse en

11. El lugar para lavarse la cara es

a. la bañera **c.** el fregadero

b. el lavabo **d.** la ducha

12. La persona que defiende es un(a)

a. secretario(a) **c.** contador(a)

b. profesor(a) **d.** abogado(a)

13. Cuando necesitas sacar dinero electrónicamente vas a

a. la estación de tren **c.** el kiosco de revistas

b. el cajero automático **d.** el transporte público

14. Cuando cocinas, pones la olla en

a. la estufa **c.** el albergue

b. la bolsa de dormir **d.** la tienda de campaña

15. Para respirar aire puro, no debemos ____ el aire.

a. destruir **c.** contaminar

b. amenazar **d.** derrumbar

16. No quiero un guión complejo; al contrario, quiero uno

a. trágico **c.** chistoso

b. sencillo **d.** cautivador

Nombre ______________________ Clase __________ Fecha __________

D. Completa las oraciones con la forma del verbo que corresponda. (4 puntos)

1. Si no fuera tan tímida, ____ en la próxima obra de teatro.
   a. actuaría **b.** actuaba **c.** actúo **d.** actué
2. Si el agua no estuviera tan fría, nos ____ en el río.
   a. bañaramos **b.** bañaríamos **c.** bañamos **d.** bañemos
3. Si fuera periodista, ____ a muchos artistas famosos.
   a. entreviste **b.** entrevistaba **c.** entrevistaría **d.** entrevistarían
4. Si tuvieramos la cámara, le ____ fotos a esa mariposa.
   a. tomaríanmos **b.** tomaríamos **c.** tomamos **d.** tomemos

E. Escoge el tiempo del verbo que complete correctamente las oraciones. (4 puntos)

1. Patricia ____ a la playa este domingo próximo.
   a. va **b.** fue **c.** ha ido **d.** irá
2. Anoche yo ____ este artículo.
   a. revisé **b.** revisaba **c.** he revisado **d.** revisaría
3. Ustedes ____ como voluntarios todos los años.
   a. han trabajando **b.** han trabajado **c.** han trabajaron **d.** han trabajados
4. Mi padre ____ de la universidad cuando tenía 25 años.
   a. se gradúa **b.** se ha graduado **c.** se graduó **d.** se graduaba

FINAL EXAM

F. Escoge el tiempo del verbo que complete correctamente las oraciones. (4 puntos)

1. Fue muy difícil, pero anoche yo ____ toda la noche estudiando.
a. tuve que pasar **b.** tenía que pasar **c.** tengo que pasar **d.** tendré que pasar

2. Dudo mucho que tú ____ tiempo para terminar de diseñar estos volantes.
a. tenías **b.** tendrás **c.** tengas **d.** tienes

3. Te pido que ____ este asunto mañana mismo.
a. investigarás **b.** investigues **c.** investigas **d.** investigarás

4. La fecha límite de este proyecto ____ la semana próxima.
a. se decidirá **b.** se haya decidido **c.** se decida **d.** se decidió

G. Escoge la forma del verbo que complete correctamente las oraciones. (4 puntos)

1. Tan pronto como los volantes se ____, la gente empezará a participar.
a. distribuyen **b.** distribuyan **c.** distribuirán **d.** distribuyeran

2. Antes de que ____ mi comida, déjame ponerle más sal.
a. pruebas **b.** probaras **c.** pruebes **d.** probaste

3. A menos que el maestro me ____, no voy a asistir a esa reunión.
a. lo pida **b.** lo pide **c.** lo pidiera **d.** lo pidió

4. Mis padres me recomendaron que ____ más cursos de computadoras.
a. tomaría **b.** tomara **c.** he tomado **d.** tomé

Leer

Cuando vaya a la universidad, quisiera estudiar arquitectura. Sé que es una profesión difícil y que tendré que estudiar varios años, pero al final, me convertiré en un arquitecto con éxito.

Cuando era niño, muchas veces me imaginaba que era el presidente de una compañía internacional de diseño de casas, centros comerciales y edificios altos. Tendría que supervisar a los empleados, reunirme con los dueños de los negocios que diseñaba y hacer presentaciones en público.

Me gustaría ahorrar dinero desde ahora para pagar la universidad. En cinco años, el costo de la educación podría ser mayor y mis padres no tendrán suficiente dinero para ayudarme con mis gastos.

Si quiero cumplir esta meta, tengo que sacar buenas notas en la escuela, ahorrar dinero y tomar cursos que me ayuden en mi carrera profesional. Mi tío Luis logró su sueño de convertirse en astronauta y yo lograré el mío: ser el mejor arquitecto del siglo XXI.

H. Lee el diario de Augusto y completa las oraciones con la mejor contestación. (8 puntos)

1. Este artículo trata de

a. las metas profesionales
b. las metas deportivas
c. el mundo de los negocios
d. el teatro

2. Según Augusto, la arquitectura es una profesión ____

a. muy fácil
b. divertida
c. difícil
d. aburrida

3. El sueño de Augusto es ____

a. estar en línea
b. ayudar a sus padres
c. ser el mejor arquitecto del siglo XXI
d. convertirse en astronauta

4. Para lograr su meta, Augusto tiene que ____

a. sacar buenas notas
b. gastar dinero en libros
c. supervisar empleados
d. hablar con su tío

FINAL EXAM

Nombre ______________________ Clase ____________ Fecha ____________

Cultura

I. Escoge la opción que conteste mejor a las preguntas. (14 puntos)

1. ¿Cuál es la capital de Argentina?
a. Quito
b. Lima
c. Asunción
d. Buenos Aires

2. ¿En qué país está La Paz?
a. Perú
b. Bolivia
c. Ecuador
d. Uruguay

3. ¿Cuál de los siguientes es un plato típico de España?
a. la paella
b. el asado
c. los tamales
d. las arepas

4. ¿Cómo se llama la civilización prehispánica más importante de la zona andina?
a. la maya
b. la azteca
c. la taína
d. la inca

5. ¿Cuáles son las ruinas arqueológicas que están en la Península de Yucatán?
a. Machu Picchu
b. Tiwanaku
c. ruinas romanas
d. Chichen Itzá

6. ¿Dónde se guarda una de las mayores colecciones de objetos de oro de la cultura inca?
a. El Teatro Colón en Buenos Aires
b. La comunidad de Tigua en Ecuador
c. El Museo de Metales Preciosos en Bolivia
d. El Museo del Barrio en Nueva York

7. ¿Cuál es uno de los idiomas indígenas de Suramérica?
a. quechua
b. quiché
c. catalán
d. náhuatl

8. ¿Qué país es un territorio de los Estados Unidos?
a. República Dominicana
b. Puerto Rico
c. Costa Rica
d. Cuba

FINAL EXAM

9. ¿Qué escritor escribió *Cien años de soledad*?
a. Pablo Neruda
b. Rómulo Gallegos
c. Mario Benedetti
d. Gabriel García Márquez

10. ¿Quién es un pintor surrealista de España?
a. Raúl Soldi
b. Salvador Dalí
c. Francisco Goya
d. Fernando Botero

11. ¿Qué escritora chilena escribió la novela *De amor y de sombra*?
a. Isabel Allende
b. Gabriela Spanik
c. Rosario Castellanos
d. Esmeralda Santiago

12. ¿Cómo se llama una de las obras más famosas de Antoni Gaudí?
a. Plaza de Mayo
b. Parque Güell
c. El Zócalo
d. El Morro

13. ¿Cómo se llama el baile tradicional de Andalucía?
a. joropo
b. hip hop latino
c. flamenco
d. merengue

14. ¿En dónde se realizan los murgas?
a. Uruguay
b. Colombia
c. Venezuela
d. España

FINAL EXAM

Hablar

HL CD 6 Tracks 39, 40

J. Vas a participar en una conversación telefónica simulada con una amiga que desea prepararte para una entrevista. Primero, lee el bosquejo de la conversación que aparece en la página. Luego, escucha el audio. Tú sólo oirás lo que te dice la amiga que te entrevista. Luego escucha el audio de nuevo. Esta vez participarás en la conversación. Responde de forma oral a lo que te dice tu amiga. Una señal te indicará cuando te toque hablar a ti. (15 puntos)

[Suena el teléfono]

Tú:	Contesta el teléfono.
Amiga entrevistadora:	(Te saluda y te pregunta si estás listo(a) para practicar para una entrevista que tendrás pronto.)
Tú:	Contéstale que sí y alguna otra cosa sobre esto.
Amiga entrevistadora:	(Te pregunta cómo eres.)
Tú:	Contéstale la pregunta.
Amiga entrevistadora:	(Te pregunta sobre tu rutina.)
Tú:	Contéstale la pregunta.
Amiga entrevistadora:	(Te pregunta sobre tus actividades.)
Tú:	Contéstale la pregunta.
Amiga entrevistadora:	(Te pregunta sobre otras actividades.)
Tú:	Contéstale la pregunta.
Amiga entrevistadora:	(Te pregunta sobre tu vida.)
Tú:	Contéstale la pregunta.
Amiga entrevistadora:	(Te pregunta sobre el futuro.)
Tú:	Contéstale la pregunta.
Amiga entrevistadora:	(Se despide de ti.)
Tú:	Despídete de tu amiga.

Escribir

HL CD 6 Tracks 41, 42

K. Vas a escribir una composición sobre ti. (15 puntos)

Fuente 1: Leer. Lee el siguiente ensayo de Elba, una estudiante de secundaria que se prepara para escribir ensayos para las universidades.

Desde que era niña fui una chica muy dedicada a mis estudios y a las actividades en que participaba. Sin embargo, era un poco tímida. Me gustaba mucho la naturaleza y siempre me encantaba salir con mi familia al campo o a la playa. Recuerdo lo mucho que me divertía nadando en el mar, dando una caminata por el campo o montando en bicicleta por los senderos de los bosques.

En la escuela, soy presidenta del Club del Medio Ambiente. Tratamos de educar a los chicos de nuestra escuela y de otras escuelas para que ayuden a mejorar las condiciones de nuestro medio ambiente. Como presidenta, muchas veces debo preparar, junto con el tesorero, el presupuesto de nuestras campañas durante el año: los gastos de viajes a escuelas, nuestras presentaciones y los materiales educativos para distribuir. También ayudo con la publicidad, los letreros y los anuncios y artículos en la revista de la escuela.

Quiero estudiar cine y editar videos. Como me interesa el medio ambiente, deseo hacer proyectos especiales para mis clases de cine, como por ejemplo algún cortometraje, un programa educativo o dibujos animados cómicos sobre cómo nos hemos olvidado del medio ambiente.

Me siento muy orgullosa de todo lo que he hecho en la escuela y espero poder utilizar mis experiencias en mi porvenir universitario y profesional.

Fuente 2: Escuchar. Ahora, escucha las indicaciones que te ofrece tu maestra de español para escribir una composición sobre ti. Toma apuntes.

Escribir. Escribe la composición utilizando el ensayo de Elba como modelo, y teniendo en cuenta las indicaciones que escuchaste de la maestra de español.

¡AVANZA! ____ de 100 puntos Nota __________

¡Éxito! Has alcanzado todos los objetivos de estas unidades.

Repaso: Usa tu libro de texto para repasar cómo:

- ❑ hablar de actividades cotidianas pp. 298–299
- ❑ discutir y criticar literatura pp. 452–453
- ❑ hablar de actividades pp. 298–299
- ❑ decir lo que los demás quieren que tú hagas pp. 392–393
- ❑ expresar suposiciones y emociones p. 402
- ❑ hablar de posibilidades profesionales pp. 418–419
- ❑ hablar sobre tu vecindario pp. 332–333
- ❑ describir gente, lugares y cosas pp. 332–333
- ❑ hablar de artículos personales pp. 272–273
- ❑ hacer una hipótesis p. 423
- ❑ expresar lo que existe o no existe p. 282
- ❑ decir que podría o no podría pasar p. 303
- ❑ narrar en el pasado p. 428
- ❑ expresar lo que había o habrá pasado pp. 363, 368
- ❑ hablar de lo que estabas haciendo p. 457
- ❑ hablar acerca de lo que ha pasado p. 342
- ❑ hablar sobre requerimientos p. 277
- ❑ relacionar eventos e ideas p. 462
- ❑ hablar de eventos inesperados p. 483

Nombre ______________________ Clase __________ Fecha __________

FINAL EXAM

Escuchar

A.

1. a b c d

2. a b c d

3. a b c d

4. a b c d

Puedes:

❑ describir a gente, lugares y cosas, hablar de actividades cotidianas

____ de 8 puntos

B.

1. a b c d

2. a b c d

3. a b c d

4. a b c d

Puedes:

❑ discutir y criticar literatura, expresar opiniones sobre un texto

____ de 8 puntos

Vocabulario y gramática

C.

1. a b c d

2. a b c d

3. a b c d

4. a b c d

5. a b c d

6. a b c d

7. a b c d

8. a b c d

9. a b c d

10. a b c d

11. a b c d

12. a b c d

13. a b c d

14. a b c d

15. a b c d

16. a b c d

Puedes:

❑ hablar de actividades de la escuela y del trabajo, hablar de posibilidades profesionales, hablar sobre tu vecindario, describir gente, lugares y cosas, hablar de artículos personales

____ de 16 puntos

Nombre ______________________ Clase __________ Fecha __________

D.

1. a b c d
2. a b c d
3. a b c d
4. a b c d

Puedes:

❏ hacer una hipótesis, decir que podría o no podría pasar

____ de 4 puntos

E.

1. a b c d
2. a b c d
3. a b c d
4. a b c d

Puedes:

❏ narrar en el pasado, expresar que habrá pasado, hablar acerca de lo que ha pasado

____ de 4 puntos

F.

1. a b c d
2. a b c d
3. a b c d
4. a b c d

Puedes:

❏ hablar acerca de lo que estabas haciendo en el pasado

____ de 4 puntos

G.

1. a b c d
2. a b c d
3. a b c d
4. a b c d

Puedes:

❏ hablar sobre requerimientos, relacionar eventos e Ideas

____ de 4 puntos

Nombre _______________ Clase _________ Fecha _________

FINAL EXAM

Leer

H.

1.	**a**	**b**	**c**	**d**
2.	**a**	**b**	**c**	**d**
3.	**a**	**b**	**c**	**d**
4.	**a**	**b**	**c**	**d**

Puedes:

❑ hablar sobre posibilidades profesionales, hablar acerca de requerimientos

____ de 8 puntos

Cultura

I.

1.	**a**	**b**	**c**	**d**
2.	**a**	**b**	**c**	**d**
3.	**a**	**b**	**c**	**d**
4.	**a**	**b**	**c**	**d**
5.	**a**	**b**	**c**	**d**
6.	**a**	**b**	**c**	**d**
7.	**a**	**b**	**c**	**d**
8.	**a**	**b**	**c**	**d**
9.	**a**	**b**	**c**	**d**
10.	**a**	**b**	**c**	**d**
11.	**a**	**b**	**c**	**d**
12.	**a**	**b**	**c**	**d**
13.	**a**	**b**	**c**	**d**
14.	**a**	**b**	**c**	**d**

Puedes:

❑ hacer una conexión cultural con Latinoamérica

____ de 14 puntos

Nombre ______________________ Clase __________ Fecha __________

Hablar

J.

Puedes:

- ❏ hablar de gente
- ❏ hacer comparaciones

____ de 15 puntos

Criterio de habla	5 puntos	3 puntos	1 punto
Contenido	Tus ideas tienen una secuencia lógica y demuestras buen uso del vocabulario apropiado.	Algunas de tus ideas tienen una secuencia lógica y demuestras suficiente uso del vocabulario apropiado.	Muy pocas de tus ideas tienen una secuencia lógica y demuestras insuficiente uso del vocabulario apropiado.
Comunicación	Toda la información que das se comprende perfectamente.	La mayor parte de la información que das se comprende perfectamente.	La mayor parte de la información que das es difícil de comprender.
Precisión	Usas verbos y vocabulario referente al tema con pocos errores gramaticales.	Usas verbos y vocabulario referente al tema con algunos errores gramaticales.	Usas algunos verbos y vocabulario referente al tema con bastantes errores gramaticales.

Nombre ______________________ Clase ____________ Fecha ____________

Escribir

K.

____

____

____

____

____

____

____

____

____

____

____

____

____

____

____

____

____

____

____

Puedes:

- ❑ relacionar eventos e ideas
- ❑ hablar de requerimientos
- ❑ decir que podría o no podría pasar
- ❑ hacer una hipótesis

____ de 15 puntos

Criterio de escribir	5 puntos	3 puntos	1 punto
Contenido	Usas verbos y vocabulario referente al tema con pocos errores gramaticales.	Usas verbos y vocabulario referente al tema con algunos errores gramaticales.	Usas algunos verbos y vocabulario referente al tema con bastantes errores gramaticales.
Comunicación	Toda la información que das se comprende perfectamente.	La mayor parte de la información que das se comprende perfectamente.	La mayor parte de la información que das es difícil de comprender.
Precisión	Usas verbos y vocabulario referente al tema con pocos errores gramaticales.	Usas verbos y vocabulario referente al tema con algunos errores gramaticales.	Usas algunos verbos y vocabulario referente al tema con bastantes errores gramaticales.

Answer Keys

Examen de diagnóstico Answer Key

EXAMEN DE DIAGNÓSTICO

Parte 1. Vocabulario y gramática

A
1. A
2. A
3. C
4. A
5. B

B
1. B
2. D
3. A
4. D
5. A

C
1. museos, pinturas
2. dar caminatas, montar bicicleta
3. discotecas, se escucha
4. la tabla de vela, voleibol playero
5. Restaurantes, turista
6. centro comercial, tiendas
7. joyería, anillos
8. canciones, conciertos
9. naturaleza, paisaje
10. animales, pájaros

Parte 2. Leer

D
1. F
2. C
3. C
4. F
5. F
6. C
7. F
8. F
9. F
10. C

E
1. b
2. a
3. d
4. a
5. c

F
1. b
2. a
3. c
4. b
5. d

Parte 3. Escribir

G Answers will vary.

H Answers will vary.

Lección Preliminar Answer Key

EXAMEN LECCIÓN PRELIMINAR

Escuchar

A
1. Porque no tienen que ir a la escuela ni el viernes ni el lunes.
2. Andrea va a viajar a un pueblo cerca de la ciudad.
3. Su hermana no va a poder viajar con ella porque tiene un partido de fútbol.
4. Andrea va a pescar y a montar a caballo con su padre.
5. Hernán quiere irse de viaje con Andrea y su familia.

B
1. lento
2. despierta/levanta
3. ponerse/vestirse
4. desayuno
5. parada

Vocabulario y gramática

C
1. panadería
2. librería
3. cine
4. la farmacia
5. zapatería

D Answers will vary.

E
1. está
2. desayuno
3. ceno
4. gusta
5. damos
6. jugamos
7. vamos
8. montar
9. contamos
10. regreso

F
1. conoces
2. conoce
3. sabemos
4. sé
5. conozco

G Answers will vary.

H
1. se levanta o se despierta/me levanto o me despierto
2. ponerte/pongo
3. se acuesta/me acuesto
4. se seca/te secas
5. nos lavamos/se lava

I Answers will vary.

Leer

J
1. plátanos maduros
2. flan de queso/pastel tres leches/pastel de fresa
3. ensalada de la casa y flan de queso
4. mofongo con carne y con cerdo
5. Answers will vary.

Hablar

K Answers will vary.

Escribir

L Answers will vary.

Unidad 1 Answer Key

EXAMEN LECCIÓN 1

Escuchar

A
1. El papá de Paola quería dormir en un albergue.
2. La familia viajó a la selva en camioneta.
3. La familia llevó tiendas de campaña, una estufa de gas, una olla y cantimploras.
4. La mamá durmió con las botas porque estaba agotada.
5. La mamá llenó las cantimploras porque iban a hacer una caminata.

B
1. Raúl fue a un parque ecológico cerca de su ciudad.
2. En el parque hay pájaros, arañas y serpientes.
3. Se puede remar, caminar, acampar...
4. Porque él conoce y le gusta mucho el parque.
5. Raúl no sabía que el parque estaba cerca de su casa.

Vocabulario y gramática

C
1. Un grupo de turistas escala una pirámide. (Acepte cualquier respuesta lógica).
2. Carlos y yo remamos en la canoa. (Acepte cualquier respuesta lógica).
3. La señora Sánchez y sus hijos hacen una caminata por el bosque. (Acepte cualquier respuesta lógica).
4. La familia Salazar acampa/cocina en el bosque/ al aire libre. (Acepte cualquier respuesta lógica).
5. Unos excursionistas montan la tienda. (Acepte cualquier respuesta lógica).

D Answers will vary, pero deben ser oraciones completas. Acepte cualquiera de los siguientes verbos siempre y cuando estén utilizados en oraciones completas:
1. nadar, remar, pescar, navegar
2. acampar, hacer caminatas, dormir al aire libre, observar los pájaros
3. saco de dormir, cantimplora, estufa, ollas, tienda de campaña
4. serpientes, arañas, peces, pájaros, mariposas

E
1. acampamos
2. preparó
3. ayudé
4. montó
5. pescó
6. nadamos
7. comimos
8. durmió
9. volvimos
10. Fue

F Answers will vary.

G Answers will vary.

Leer

H Algunas respuestas pueden varíar
1. F
2. F
3. F
4. F
5. C
6. C

I Answers will vary.

Cultura

J
1. las maravillas de la civilización maya
2. hacer excursiones y divertirse
3. para pintar paisajes de su país
4. escribe sobre la psicología de los mexicanos

K
1. en estados
2. Mexico Distrito Federal
3. Las respuestas varían

Hablar

L Answers will vary.

Escribir

M Answers will vary.

Unidad 1 Answer Key

EXAMEN LECCIÓN 2

Escuchar

A 1. A Tere no le gusta la playa porque no le gusta llenarse de arena.
2. Tere y Claudia viajaron con Fernando y los suegros de Tere.
3. Claudia quiere los chalecos salvavidas para conducir la moto acuática.
4. Claudia piensa que recoger caracoles es una actividad aburrida.
5. Tere dijo que quería jugar voleibol playero.

B 1. Ernesto iba a la playa de vacaciones cada año.
2. Al padrino de Emilio le gustaba conducir a diferentes lugares en su casa rodante.
3. Llegaron a la playa por la mañana.
4. El padrino estaba tan cansado que se recostó en la arena.
5. Pepe y Emilio estuvieron haciendo surf todo el día.

Vocabulario y gramática

C Answers will vary.

D 1. el papá de mi abuelo
2. la hermana de su esposo/la esposa de su hermano
3. hijos de los hijos
4. mi esposo/esposa
5. primos

E Answers will vary.
1. Mi abuela pintaba tablas de surf en la playa.
2. Mi padre y mi tío navegaban (estaban en la marina).
3. Mis abuelos contemplaban la puesta de sol.
4. Mi mamá y yo recogíamos caracoles.

F 1. era
2. pasaba
3. recogíamos
4. gustaba
5. llovía
6. venía
7. traía
8. íbamos
9. contemplábamos
10. tenían

G 1. viajé
2. dormimos
3. hacían
4. fue
5. iba

H Answers will vary.

Leer

I 1. c
2. c
3. b
4. c

J Answers will vary.

Cultura

K 1. El título de su novela es *Como agua para chocolate.*
2. maravillas de la civilización maya
3. una persona que se zambulle desde un acantilado
4. Answers will vary.

Hablar

L Answers will vary.

Escribir

M Answers will vary.

Unidad 1 Answer Key

EXAMEN UNIDAD 1

Escuchar

A
1. La Sra. Padilla es la maestra de Olga.
2. La clase merendó debajo de unos árboles.
3. Las orquídeas son unas flores exóticas.
4. Manuel era el guía de la excursión y gritó porque vió una serpiente en el sendero.
5. Tomaron fotos de orquídeas, mariposas y la serpiente.

B
1. Está hablando el guía de una excursión.
2. Los chicos viajan a la selva.
3. Los chicos necesitan sacos de dormir para quedarse en las tiendas de campaña.
4. Los chicos necesitan fósforos para hacer una fogata.
5. Los chicos van a cocinar en una estufa de gas.

Vocabulario y gramática

C Answers will vary.

D
1. el chaleco salvavidas
2. navegar por rápidos
3. se marea
4. carro
5. la tienda de campaña

E Answers will vary.

F Answers will vary.
1. Cada verano íbamos a la playa pero un día fuimos al bosque.
2. Mis abuelos casi siempre estaban en casa de mi tía, pero una noche estuvieron en un hotel.
3. Mi mamá nos servía pescado casi todos los días, pero un día nos sirvió carne.
4. No me gustaba prestar mi camioneta a mi primo porque la conducía muy mal, pero una vez la condució bien.
5. Normalmente hacía calor en el verano, pero la última semana del verano pasado hizo frío.

G Answers will vary.

Leer

H
1. c
2. c
3. a
4. c
5. c
6. a

I Answers will vary.

Cultura

J
1. La naturaleza de México es muy variada: sierras, desierto, costas y bosques.
2. Hay varios parques ecológicos famosos: Cola de Caballo, La Mesa Chipinque y el Parque Ecológico de Chipinque. Allí se pueden montar tiendas de campaña y aydudar a conservar el lugar.
3. Escribió *El laberinto de la soledad*, que se trata de la psicología de los mexicanos.
4. Se zambullen desde un acantilado de casi once pies de altura.
5. Se inspiró en la naturaleza de su país, México.

Hablar

K Answers will vary.

Escribir

L Answers will vary.

Unidad 2 Answer Key

EXAMEN LECCIÓN 1

Escuchar

A
1. Organiza una campaña para el comedor de beneficencia.
2. Le pregunta si pueden hacer la publicidad en el café.
3. Vicente se puso en contacto con la emisora de radio.
4. La prioridad es juntar los fondos necesarios.
5. Van a necesitar ropa, latas de comida y juguetes, además del dinero.

B
1. Las bolsas de plástico sirven para reciclar.
2. La gente tiene que ir al centro comunitario este viernes.
3. Esta idea se les ocurrió a los jóvenes de la comunidad.
4. Se van a reciclar las latas, los artículos de vidrio y los envases de plástico.
5. Answers will vary. For example: Mejorará el lugar donde viven.

Vocabulario y gramática

C Answers will vary.
1. la prensa
2. no reciben salario
3. completar el anuncio
4. visitar hospitales
5. servir en el comedor
6. delegar obligaciones

D
1. plantó árboles
2. reciclé latas y plástico
3. llamaron a la agencia de publicidad
4. no recibimos paga

E
1. ¿Podrían ustedes colaborar en el proyecto?
2. ¿Podría usted donar latas de comida?
3. ¿Podrían limpiar el parque?
4. ¿Podrías recoger botellas?
5. ¿Podría diseñaría el cartel?

F Answers will vary. For example:
1. Piensa en el lema.
2. Corrige esta carta.
3. Llama a la estación de radio.
4. Haz lo que te digo.
5. Pon las cosas en orden.

G Answers will vary.

H
1. No los ayudemos a ustedes con el proyecto esta semana.
2. No hagan donaciones hoy.
3. No apoyes la campaña todo el año.

Leer

I
1. Milagros leyó en su revista favorita que hay mucha pobreza en su barrio.
2. Muchos niños y ancianos no tienen hogar.
3. El comedor de beneficencia de su barrio necesita su ayuda.
4. Van a poner anuncios en la prensa y en la radio.

J
1. Answers will vary.
2. Answers will vary.

Cultura

K
1. El Museo del Barrio es un museo latino de Nueva York.
2. Los artistas y activistas de Puerto Rico fundaron este museo.
3. Representa las comunidades latinas y caribeñas.
4. Hay obras principalmente de artistas caribeños.
5. Es importante porque apoya el intercambio cultural entre las comunidades de Estados Unidos.

L
1. Cuando el arte se hace más democrático, los artistas representan a la gente común.
2. Se comienza a ver esta tendencia en la primera mitad del siglo XX.
3. Nació en Estados Unidos.
4. Fue a estudiar con los muralistas mexicanos.
5. Trabajó con Diego Rivera.

Hablar

M Answers will vary.

Escribir

N Answers will vary.

Unidad 2 Answer Key

EXAMEN LECCIÓN 2

Escuchar

A 1. Miriam y Ernesto quieren publicar una revista bilingüe.
2. Están entrevistando a editores y traductores.
3. Lo más importante para recaudar fondos son los patrocinadores.
4. Está preocupada porque la fecha límite es en tres semanas y no están listos.
5. Dolores es una voluntaria que va a ayudarlos a repartir volantes.

B 1. Andrea está llamando al comité de una revista cultural.
2. Trabajó en un periódico de la comunidad.
3. Andrea habla español e inglés.
4. Andrea piensa que la traducción es importante. De esta forma los hispanohablantes pueden tener acceso a la información.
5. Andrea les va a mandar algunas de sus historias y artículos de opinión.

Vocabulario y gramática

C 1. un anuncio clasificado
2. una noticia
3. un artículo de opinión o un artículo editorial
4. un artículo o anuncio personal
5. una reseña

D 1. Sí, utilízalo.
2. Ponlo en...
3. Empiézala.
4. Mándalo a...
5. Sí, hazlas.

E 1. No lo publiquen.
2. No me contestes.
3. No las presente.
4. No nos entrevisten.
5. No los investiguen.

F 1. Entréguesela.
2. Explíqueselas.
3. Dígasela.
4. Concédaselos.
5. Descríbamelo.

G *Sentences will vary. Use of objects and object pronouns will vary. Negative command forms:*

1. No nieguen…
2. No pida…
3. No entreguemos…
4. No den…
5. No mandes…

H Answers will vary.

I 1. Se publican en español.
2. Se aceptan donaciones.
3. Se contratan talentos.
4. Se transmite por radio y televisión.
5. Aquí siempre se coopera con la comunidad.

Leer

J 1. Los manda una importante emisora de radio y canal de televisión.
2. Debe investigar para el programa de entrevistas y debates.
3. Debe enviar curriculum y carta de presentación con historia de empleos y sueldos.
4. Debe preparar y presentar la subtitulación para sordos. También debe apoyar los trabajos de publicidad por correo.
5. Answers will vary.

Cultura

K Answers will vary. Possible answers:
1. Carlos Santana uno de los guitarristas del rock más importantes.
2. Santana nació en México.
3. El padre de Santana era un violinista de mariachi.
4. La Fundación Milagro apoya a los niños y jóvenes pobres.
5. Dos de las canciones de Santana son "Oye cómo va", "Smooth".

L Answers will vary. Possible answers:
1. Existen muchos periódicos en español porque hay muchos latinos.
2. El periódico en español más grande se distribuye en Los Angeles.
3. El periódico más popular de Chicago se llama La Raza.
4. La Prensa se distribuye en Nueva York.
5. Los periódicos en español tienen el propósito de mantener a los hispanohablantes informados.

Hablar

M Answers will vary.

Escribir

N Answers will vary.

Unidad 2 Answer Key

EXAMEN UNIDAD 2

Escuchar

A
1. Jaime recibió un volante.
2. Jaime se interesó cuando vio un programa en la televisión.
3. A Jaime le gusta el diseño gráfico y las computadoras.
4. Jaime va a trabajar en el departamento de publicidad.
5. Jaime tiene que usar la computadora para diseñar carteles, volantes y toda la publicidad por correo.

B
1. Las instrucciones explican cómo poner un anuncio en el periódico.
2. Hay que hablar con el editor del periódico para poner el anuncio.
3. Es necesario recaudar fondos para pagar los gastos del anuncio.
4. Puede poner un anuncio personal o un anuncio clasificado.
5. Se necesita creatividad para escribir un buen titular.

Vocabulario y gramática

C
1. sin hogar/necesitadas
2. el apoyo/la colaboración/la cooperación
3. debate
4. juntar fondos
5. cortometraje/largometraje
6. acceso

D Answers will vary.

E
1. explique
2. traduce
3. patrocinen
4. entreviste
5. cuenta

F Answers will vary.

G
1. Sí, publícaselos./No se los publiques.
2. Sí, gástalo./No lo gastes.
3. Sí, solicítalos./No los solicites.
4. Sí, explícaselo./No se lo expliques.
5. Sí, preséntalo./No lo presentes.

H Answers will vary.

Leer

I
1. Falso, César Chávez nació en Arizona.
2. Cierto
3. Falso, sus padres tuvieron una vida muy difícil/muchas dificultades.
4. Cierto.
5. Cierto.
6. Falso, César ponía manos a la obra para ayudar a los trabajadores del campo.
7. Cierto

J Answers will vary.

Cultura

K
1. Se concentran en Nueva York y en Nueva Jersey.
2. California es famosa por sus viñedos, las misiones que establecieron los españoles y la industria del espectáculo.
3. La música, pintura y comida distinguen especialmente a Chicago.
4. Es un museo de Nueva York que conserva, refleja y apoya las culturas de las comunidades caribeñas y latinas.

L
1. Se hacen trabajos comunitarios.
2. Se democratizó el arte porque muchos artistas se dedicaron a representar la vida y las ocupaciones de la gente común y ya no solamente de los ricos.
3. Hay muchos periódicos en español porque hay un gran número de latinos en los Estados Unidos. Los periódicos más importantes son *La Opinión, La Raza* y *La Prensa.*

Hablar

M Answers will vary.

Escribir

N Answers will vary.

Unidad 3 Answer Key

EXAMEN LECCIÓN 1

Escuchar

A
1. Juan Carlos está haciendo una investigación en Internet.
2. A Juan Carlos le interesa el tema de la deforestación.
3. Juan Carlos describe este fenómeno como el peor enemigo de los bosques.
4. La gente no protege el medio ambiente porque no está informada ni le preocupa el porvenir.
5. Marta decidió ayudar a Juan Carlos con la presentación.

B
1. La clase está discutiendo el tema de los recursos naturales.
2. Se llaman recursos renovables.
3. El aire y el agua son recursos renovables.
4. La deforestación puede causar la erosión de suelo.
5. Muchos animales y plantas corren peligro de extinción.

Vocabulario y gramática

C Answers will vary.

D Answers will vary.

E Answers will vary.
1. No tiraremos basura.
2. Muchas personas protegerán el medio ambiente.
3. Tú (no) te preocuparás por el medio ambiente.
4. (No) respiraremos aire puro.
5. Yo investigaré las posibilidades de mejora.
6. La gente (no) sabrá los efectos de la deforestación
7. Los candidatos políticos no harán nada.
8. Las especies (no) desaparecerán.
9. (No) tendremos problemas.
10. (No) habrá soluciones.

F Answers will vary.

G Answers will vary.
1. Los científicos desarrollan nuevas técnicas para mejorar el porvenir.
2. Es necesario tener aire puro para respirar mejor.
3. No pudimos realizar las actividades al aire libre por la lluvia.
4. Voy a clase a bicicleta para disminuir el smog.
5. La deforestación se encuentra por todo el planeta.
6. Me preocupo por ti.
7. Escucho las noticias para informarme.
8. Busco informaciones sobre biología por Internet.
9. Debemos patrocinar la obra para recaudar fondos.
10. En el viaje, pasaremos por la selva tropical.

Leer

H
1. La universidad del futuro estará únicamente en línea.
2. Se podrá hacer casi todo por Internet: estudiar, trabajar, leer el periódico, comprar cosas y pagar cuentas.
3. Algunos adultos creen que la tecnología es una amenaza social.
4. Internet da acceso a la información privada de las personas.
5. Las generaciones pasadas empezarán a usar las computadoras.

I Answers will vary.

Cultura

J
1. Costa Rica es un país famoso por su biodiversidad.
2. San Salvador es la capital de El Salvador.
3. Carlos Balaguer es un escritor salvadoreño que escribe sobre la naturaleza.
4. El quetzal es un símbolo de Centroamérica.
5. La serpiente emplumada representa a un dios indígena.

Hablar

K Answers will vary.

Escribir

L Answers will vary.

Unidad 3 Answer Key

EXAMEN LECCIÓN 2

Escuchar

A
1. Mariana se dedica a la política.
2. Mariana se interesa por los pobres.
3. Mucha gente no tiene conciencia social.
4. Noelia trabaja en una campaña de reciclaje.
5. Mariana y Noelia están interesadas en la acción social.

B
1. Es un anuncio publicitario.
2. La agencia se llama "Grandes Ideas"
3. Busca a gente creativa.
4. Debes tener ideas que mejoren la calidad de vida.
5. La evalúa y si le gusta, la patenta y la distribuye.

Vocabulario y gramática

C Answers will vary.

D Answers will vary.

E Answers will vary.
1. cometa
2. solucione
3. insista
4. mejore
5. comercialicen

F Answers will vary.
1. Es una lástima que Pedro hable mucho.
2. Es imprescindible que Lola les dé dinero a los pobres.
3. Es importante que Carlos sepa la noticia.
4. Es necesario que los empleados hagan algo.
5. Es lamentable que el aire esté contaminado.

G Answers will vary.

Leer

H
1. Los purificadores ayudan a la gente con alergias.
2. Le parece buena la idea porque ayudaría a gente con problemas respiratorios, pero también podría ganar dinero.
3. A la prima no le gustó la idea porque piensa que no ayudaría al medio ambiente.
4. Le serviría al conductor y sus pasajeros, solamente.
5. Debemos fomentar el uso del transporte público.

I Answers will vary.

Cultura

J
1. Guatemala, Honduras, El Salvador, Belice y la parte este de México.
2. un calendario y un sistema de jeroglíficos
3. pájaros, reptiles, insectos
4. Sí. Tenían mucho respeto por el medio ambiente.
5. En Yucatán, México.

Hablar

K Answers will vary.

Escribir

L Answers will vary.

Unidad 3 Answer Key

EXAMEN UNIDAD 3

Escuchar

A
1. Esteban está triste después de ver un documental sobre la deforestación.
2. La deforestación va a afectar a la gente y a los animales.
3. El maestro dice que hay muchos animales en peligro de extinción en el Amazonas.
4. La mayor parte del oxígeno que respiramos viene de los bosques del planeta.
5. El aire está contaminado porque de los automóviles y las fábricas salen gases tóxicos.

B
1. Melinda leyó un libro sobre un invento para viajar en el tiempo.
2. Ese invento puede viajar al pasado y al porvenir.
3. El teléfono es un invento moderno que parecería de ciencia ficción en el pasado.
4. La gente percibe un invento como algo raro o imposible.
5. Los inventores de nuestros días están imaginando cosas que a nosotros nos parecen imposibles.

Vocabulario y gramática

C
1. sequía/inundaciones.
2. la capa de ozono/el smog
3. los recursos naturales/mejorará
4. protegemos/peligro de extinción
5. Answers will vary.

D Answers will vary.

E Answers will vary.

F Answers will vary.

G Answers will vary.

Leer

H
1. b
2. a
3. a
4. b
5. a
6. b

I Answers will vary.

Cultura

J
1. El Canal de Panamá.
2. Podemos encontrar bosques tropicales.
3. Carlos Balaguer es salvadoreño.
4. También se conoce como arte primitivo.
5. Sentían respeto y amor.
6. Panamá
7. Guatemala, representa la libertad.
8. Antes era parte del Mar Caribe.

Hablar

K Answers will vary.

Escribir

L Answers will vary.

Unidad 4 Answer Key

EXAMEN LECCIÓN 1

Escuchar

A
1. La Sra. Benítez es consejera vocacional.
2. Maribel tiene que decidir qué va a estudiar en la universidad.
3. El cuestionario hace preguntas sobre la personalidad y conducta.
4. Maribel necesita ser paciente.
5. La Sra. Benítez le aconseja que sea atrevida/que tome riesgos y no tenga miedo de cometer errores.

B
1. Fernando es amigo de Maribel. Estudia para sus exámenes de mecánica.
2. Maribel tendrá carro y va a necesitar un mecánico cuando vaya a la universidad.
3. Necesita ayuda con una pregunta sobre su personalidad/cómo la describirán sus amigos.
4. Fernando le dice que ella es paciente, comprensiva y fiel a sus amigos.
5. Maribel espera que la información la ayude a tomar una decisión.

Vocabulario y gramática

C Accept sentences using the words:
1. detective
2. científica
3. destacarse por/sobresaliente
4. obrera
5. conducta

D Answers will vary.

E
1. seas
2. llegues
3. sigas
4. admires
5. imites
6. idealices
7. decidas
8. veas
9. conozcas
10. puedas

F Answers will vary.

G Answers will vary, but can include the target verbs in the subjunctive.

Leer

H
1. Son historias de animales.
2. Siempre tiene una moraleja o enseñanza.
3. La hormiga se preocupa más.
4. Le aconseja que recoja alimento para el invierno.
5. Accept logical answers.

Cultura

I
1. Es dominicana.
2. Cuba está más cerca.
3. Porque son ciudadanos estadounidenses.
4. Porque ganó una medalla de oro en los Juegos Olímpicos. (Accept any answer that mentions Sanchez' accomplishments as an athlete.) Él es de la República Dominicana.
5. Se llama *El sueño de América*.

Hablar

J Answers will vary.

Escribir

K Answers will vary.

Unidad 4 Answer Key

UNIDAD 4

EXAMEN LECCIÓN 2

Escuchar

A
1. La chica se llama Adriana.
2. Describe la profesión del periodismo.
3. El objetivo de esta profesión es mantener al público informado.
4. Algunos periodistas no son honestos porque quieren cumplir propósitos políticos.
5. Puedes ver el noticiero, leer el periódico o escuchar la radio.

B
1. Patricia alcanzó su meta y ahora es veterinaria.
2. Se parecen porque los dos son trabajos arriesgados.
3. Es un sacrificio porque Manolo tiene que trabajar por muchas horas y separarse de su familia con frecuencia.
4. Se necesita valentía para ser bombero.
5. Va a trabajar a la clínica.

Vocabulario y gramática

C Answers will vary, but must include:
1. doctora/médica
2. maestro
3. contador
4. arquitecto
5. dentista

D
1. logros
2. deber
3. sorprendente
4. imagen
5. meta
6. sacrificio
7. amistad
8. por lo tanto
9. verdadero
10. auténticos

E
1. los más + adjective (masc. pl.)
2. la más + adj. (fem. sing.)
3. el más + adj. (masc. sing.)
4. las más + adj. (fem. pl.)
5. Answers will vary.

F Answers will vary. Accept any with expressions of doubt (**dudar que, es dudoso que, es improbable que, no creer que, no es cierto que, no es verdad que, no estar seguro de que**) and the verb in the subjunctive.
1. tenga
2. tome
3. vaya a ser
4. alcance
5. sea

G Answers will vary. Accept any that contain the subjects and verbs indicated, with the verb for the second subject (subordinate clause) in the subjunctive.

Leer

H
1. Cierta
2. Falsa/Es un tipo de árbol.
3. Falsa/Habla de los países tropicales del Golfo de México.
4. Cierta
5. Cierta

I
1. Un periodista la cuenta.
2. El piloto y sus dos auxiliares fueron los héroes.
3. Answers will vary.
4. No había agua
5. Answers will vary.

Cultura

J Answers will vary.
1. Hay festivales donde la gente lleva máscaras gigantes.
2. Dibujaba el perímetro de los objetos con una línea ancha y negra. El resto lo pintaba con colores brillantes para producir un efecto similar a los vitrales.
3. Las circunstancias sociales o políticas de su país, Puerto Rico, influyen en su pintura.
4. El manglar es un árbol muy común de las costas de Puerto Rico.
5. Es dar un poco más de lo que se compra.

Hablar

K Answers will vary.

Escribir

L Answers will vary.

UNIDAD 4

Unidad 4 Answer Key

EXAMEN UNIDAD 4

Escuchar

A
1. Quiere ganar un concurso de composición literaria.
2. Admira la profesión de los bomberos.
3. Admira su espíritu de sacrificio y su valentía.
4. Se sorprende porque pensaba que Alfonso quería ser músico como su papá.
5. Luis quería ser artista, pero ahora estudia medicina.

B
1. Alonso es veterinario.
2. En su infancia, Alonso quería mucho a los perros.
3. Los describe como comprensivos, fieles y cariñosos.
4. Algunos perros sirven de guías y otros trabajan en cuerpos de rescate.
5. Quiere imitar a su tío Alonso.

Vocabulario y gramática

C Accept logical answers. Possibilities:
1. vanidosas
2. generoso
3. presumida
4. desagradables

D Accept logical answers.

E Accept logical answers.

F Answers will vary.

G
1. hagamos
2. diga/cuente
3. hable
4. quieran

H Answers will vary.

I Answers will vary.

Leer

J
1. El Premio Nobel se da en física, química, fisiología y medicina, paz y economía también.
2. Cierta
3. *Diez* de los 100 escritores fueron *hispanohablantes.*
4. Juan Ramón Jiménez lo ganó en 1956.
5. Cierta

K
1. Eran de Chile.
2. Diez lo ganaron.
3. Lo creó Alfred Nobel.
4. Answers will vary.
5. Answers will vary.

Cultura

L
1. Esmeralda Santiago lo escribe.
2. Es una fundación para los que necesitan recursos médicos.
3. Roberto Clemente lo recibió.
4. Félix Sánchez ganó una medalla de oro en los Juegos Olímpicos.
5. Se llama Cristina Saralegui.

M
1. República Dominicana, atleta, (the rest varies)
2. Cuba, periodista, (the rest varies)
3. Puerto Rico, jugador de béisbol, (the rest varies)
4. República Dominicana, cantante, (the rest varies)
5. Puerto Rico, escritora, (the rest varies)

Hablar

N Answers will vary.

Escribir

O Answers will vary.

Midterm Exam Answer Key

EXAMEN DE MITAD DE AÑO

Escuchar

A
1. a
2. b
3. c
4. a
5. b

B
1. a
2. b
3. c
4. a
5. b

Vocabulario y gramática

C
1. d
2. b
3. a
4. b
5. c

D
1. d
2. c
3. a
4. b
5. d

E
1. a
2. a
3. b
4. c
5. d

F
1. a
2. c
3. b
4. b
5. d

G
1. b
2. a
3. a
4. c
5. c

H
1. a
2. b
3. c
4. b
5. b

I
1. a
2. b
3. c
4. c
5. d

J
1. d
2. c
3. b
4. a
5. a

Leer

K
1. c
2. b
3. c
4. a
5. b

Cultura

L
1. c
2. b
3. c
4. d
5. b
6. d
7. b
8. b
9. b
10. a
11. b
12. a
13. b
14. c
15. d
16. c
17. b
18. a
19. c
20. b

Hablar

M Answers will vary.

Escribir

N Answers will vary.

Unidad 5 Answer Key

EXAMEN LECCIÓN 1

Escuchar

A
1. Las bajó porque juega demasiado con la computadora.
2. Los padres de Gabriel piensan que las computadoras son divertidas y educativas.
3. El papá de Gabriel le prometió una computadora portátil.
4. Irma debe pedirles a sus padres que le compren una computadora portátil.
5. Irma dice que es una buena idea.

B
1. Los libros y los periódicos no serán necesarios en el futuro.
2. El escritor puede publicar sus libros en su sitio web personal.
3. La ventaja principal es que puedes enviarle un mensaje a alguien en menos de un minuto.
4. La ventaja principal de charlar por Internet es que puedes hacerlo con varias personas a la vez.
5. Hace nuestro mundo más pequeño cada día.

Vocabulario y gramática

C
1. las gafas de sol/la cartera/el monedero
2. el documento de identidad
3. salones de charlas
4. el escáner
5. la contraseña

D Answers will vary.

E
1. lo que sea
2. donde sea
3. quien sea
4. como sea
5. cuando sea/a la hora que sea

F Answers will vary; accept any that contain the conjunction indicated with the verb that follows in the subjunctive.

G
1. asistan
2. seguir
3. se pongan de acúerdo
4. cometan errores
5. llegar tarde
6. haga
7. guarden
8. llevar
9. puedan usarla
10. llegue
11. dé
12. asistir
13. conozcan
14. jugar
15. no haya

H Answers will vary. For example:
1. Busco una computadora que tenga fácil acceso a la web.
2. Quiero una computadora que conecte bien.
3. Necesito una computadora que tenga un escáner.
4. Es importante que descargue fotos sin problemas.
5. Y, claro, es imprescindible que funcione bien.

Leer

I Answers will vary. A sample paragraph is the following:
Los quipus son un sistema antiguo de nudos. Los incas lo usaban antes de que llegaran los españoles. Los quipus registran datos estadísticos, números y datos históricos. El sistema tiene sentido, es lógico, y la ciencia lo estudia.

J Answers will vary.

Cultura

K
1. Las comidas típicas que se mencionan en el Almanaque cultural son: llapingachos, ceviche, papas a la huancaína, llunca, picante de pollo y fricasé.
2. Las personas famosas que figuran en el Almanaque cultural son: Franklin Briones (director de cine, Ecuador), Tania Libertad (cantante, Perú), Mario Vargas Llosa (escritor, Perú) y Claudia Cornejo (atleta, Bolivia).
3. El lago Titicaca está entre Bolivia y Perú. Se destaca por ser el lago más alto del mundo (3.800 m).
4. Hay una colección de joyería y otros objetos hechos de oro, plata y cobre. Los objetos de oro se guardan en una sección especial. También hay cerámicas incaicas y preincaicas.
5. Las imágenes de la pintura de Tigua reflejan la vida tradicional de este pueblo andino. Reflejan la historia, los festivales y las leyendas de esta comunidad.

Hablar

L Answers will vary.

Escribir

M Answers will vary.

Unidad 5 Answer Key

EXAMEN LECCIÓN 2

Escuchar

A
1. Efraín quiere ir al cine para ver una película de Chaplin.
2. A Juan Carlos no le gustan las películas en blanco y negro. Prefiere los estrenos/las películas nuevas.
3. Efraín le dijo que el cine era muy acogedor y que después de la película tendrían tema de conversación.
4. Juan Carlos quiere ir al concierto el domingo.
5. A Efraín le gusta la idea.

B
1. Mónica perdió una de las fichas de las damas.
2. El hermano de Mónica tiene un grupo musical/juega al ajedrez.
3. Mónica está feliz porque hoy es día feriado y puede relajarse.
4. Mónica quiere dormir una siesta antes de que llegue su amiga.
5. *Seres de otro planeta* es un grupo de música que Mónica quiere ver en concierto.

Vocabulario y gramática

C Answers will vary.
1. Possible vocabulary: rey, reina, torre, caballo, alfil y peón; hacia delante, recto, dos casillas a la vez, de lado
2. Possible vocabulary: discutir, debatir, intercambiar opiniones, formal, informal, acogedor/agradable

D Answers will vary. For example:
1. ¿Qué libro vas a leer?
2. ¿Cuál es el título del libro?
3. ¿Qué es lo más importante?
4. ¿Cuál es la solución?
5. ¿Qué deporte practican ellos?/¿A qué juegan ellos?
6. ¿Cuál es tu deporte favorito?

E Answers will vary. Possibilities include:
1. Escalaría/Observaría las montañas.
2. Compraría/Iría de compras.
3. Dormiría una siesta.
4. Bailaría/Escucharía a los músicos.
5. Asistiría a una reunión.

F Las respuestas varían. Por ejemplo:
1. gustaría
2. iría
3. visitaría
4. tendríamos
5. sería
6. preferiría
7. te quedarías/te relajarías
8. subirías/visitarías
9. podríamos
10. asistiría

G
1. Dijo que estaría libre...
2. Dijo que el viernes tenía que comprar...
3. Pero dijo que el viernes por la noche podríamos...
4. Dijo que su hermano había ido la semana pasada y le había gustado mucho.
5. Y dijo que sus padres nos invitaban...

Leer

H
1. Falsa. Machu Picchu es la ciudad perdida.
2. Falsa. Recomienda el hotel Monasterio de San Antonio Abad.
3. Después de visitar Machu Picchu la excursión vuelve a Cuzco y luego continúa por el norte.
4. Es contemplar la salida del sol.

I Answers will vary.

Cultura

J
1. La música andina es de Ecuador, Perú y Bolivia.
2. Puedes escucharla en las grandes ciudades de todo el mundo
3. Lo más característico son sus instrumentos.
4. La zampoña y la quena son dos tipos de flauta.
5. El charango es un instrumento de cuerdas hecho del caparazón del armadillo

K Las respuestas pueden variar.
1. La civilización inca y la moche
2. Es un lugar importante porque cuando lo descubrieron, todavía estaba intacto.
3. Machu Picchu está en una región montañosa.
4. Pablo Neruda
5. El cóndor

Hablar

L Answers will vary.

Escribir

M Answers will vary.

Unidad 5 Answer Key

EXAMEN UNIDAD 5

Escuchar

A
1. La mamá de Rosario perdió su cartera.
2. La mamá recuperó su cartera al otro día.
3. Había dinero, una tarjeta de crédito y sus documentos de identidad.
4. La mamá sospechó que se le cayó (había caído) la cartera en la calle.
5. Rosario perdió un monedero que le regaló (había regalado) su padre.

B
1. Los padres de Noelia van a una reunión de maestros y padres en su escuela.
2. Llegaron a la conclusión de que necesitaban más computadoras en la escuela.
3. Organizaron una actividad con comida, música bailable y premios.
4. Los asistentes van a intercambiar opiniones sobre los nuevos programas de la escuela.
5. Noelia quiere aprender francés para poder trabajar de traductora o intérprete.

Vocabulario y gramática

C
1. paraguas (un paraguas)
2. imprimir
3. gafas de sol
4. descargamos
5. los salones de charlas

D Answers must use the target vocabulary correctly.

E Answers will vary.

F Answers will vary; verbs must be in the subjunctive.

G Answers will vary. Verbs must be formed correctly in the conditional tense.

H
1. Luisa dijo que ellos intercambiaron opiniones antes de la reunión sobre la fiesta.
2. Luisa dijo que todos se pusieron de acuerdo sobre el grupo musical que va a tocar.
3. Luisa dijo que la hermana dormía una siesta.
4. Luisa dijo que pasaríamos un buen rato esta noche.
5. Luisa dijo los maestros vendrían a la fiesta.

Leer

I
1. cierta
2. cierta
3. falsa/La información nos la da la periodista.
4. falsa/La periodista piensa que los ciudadanos son más importantes que los turistas.
5. falsa/El alcalde quiere las ideas de todos.
6. falsa/Es posible que los turistas visiten esta ciudad.

J Answers will vary.

Cultura

K
1. Está en La Paz, Bolivia.
2. Representa las tradiciones de este pueblo de Ecuador.
3. Sus instrumentos la hacen especial.
4. Las ruinas antiguas son unas de las maravillas de Perú.
5. Sí, se hablan todavía las lenguas indígenas.
6. Se empezaron a usarlos después de la llegada de Colón.
7. Answers will vary.
8. Answers will vary.
9. Answers will vary.
10. Answers will vary.

Hablar

L Answers will vary.

Escribir

M Answers will vary.

Unidad 6 Answer Key

EXAMEN LECCIÓN 1

Escuchar

A
1. Marta vive en Madrid.
2. Marta convenció a Roberto para que comprara un billete de avión.
3. El piso de Marta está desordenado.
4. Roberto necesita ir al cajero automático.
5. Marta va a llevar a Roberto de tapas con sus amigos.

B
1. Eugenio dio "mil" vueltas por la ciudad.
2. Eugenio quiso entrar en la bombonería y la pastelería.
3. Eugenio les sacaba fotos a los escaparates.
4. Eugenio sorprendió a su amiga mientras ella dormía la siesta.
5. Fue a la florería y le compró flores.

Vocabulario y gramática

C
1. el metro
2. el fregadero
3. un lío
4. la zapatería
5. el cajero automático

D Answers will vary. For example:
1. Salir a caminar./Dar un paseo.
2. Una comunidad
3. Salir y tomar aperitivos
4. Donde se mandan las cartas
5. Comprar el billete

E Answers will vary. For example:
1. Las compras están hechas.
2. La casa está ordenada.
3. Las cosas están quitadas.
4. Los platos están lavados.
5. El grifo está cerrado.

F Answers will vary. For example:
1. Ha comprado flores. Las flores están compradas.
2. Ha sacado dinero del cajero automático. El dinero está sacado.
3. Ha ordenado la habitación. La habitación está ordenada.
4. Han arreglado el coche (carro). El coche está arreglado.
5. Ha abierto la chocolatería. La chocolatería está abierta.
6. Ha tocado el timbre. El timbre está tocado.

G Answers will vary. For example:
1. He visto una película.
2. He hecho la tarea.
3. He avisado a mi hermano que vuelva temprano.
4. He escrito a los abuelos.

Leer

H
1. Son frases ingeniosas, pasadas de generación en generación.
2. Su objetivo es enseñar alguna lección.
3. En *Don Quijote de la Mancha* hay muchas refranes.
4. Está preparado para que naveguen y hagan los enlaces sin problemas.

I Answers will vary.

Cultura

J
1. El flamenco es un género musical y un baile tradicional de España.
2. La cultura gitana, árabe y judía han tenido la mayor influencia.
3. Paco de Lucía es un guitarrista de flamenco que mezcla esta música con el jazz y la música clásica.
4. Rosario mezcla el flamenco con el rock.
5. Mezcla el flamenco con el hip-hop, rap, funk, reggae y el son cubano.

K
1. Antoni Gaudí es un arquitecto famoso.
2. Antoni Gaudí es catalán/de Cataluña.
3. El Parc Güell es una de sus obras más famosas.
4. Esta obra es muy conocida porque todas las superficies del parque están cubiertas con mosaicos de colores brillantes.
5. Puedo admirar muchas de sus obras en Cataluña.

Hablar

L Answers will vary.

Escribir

M Answers will vary.

Unidad 6 Answer Key

EXAMEN LECCIÓN 2

Escuchar

A
1. Clara quería visitar Calaceite.
2. Calaceite está en el norte de España (en Teruel).
3. Necesitan asientos cerca de una ventanilla.
4. Explorar la ciudad por su cuenta.
5. Porque pueden perderse.

B
1. Podían verlos desde la ventanilla del tren.
2. La entrada está rodeada de murallas y parece una fortaleza.
3. Las calles son estrechas y el lugar es callado.
4. Son bastante ruidosos.
5. Querían probar todas la especialidades de la región.

Vocabulario y gramática

C Answers will vary. Possible answers.
1. Los chicos miran por la ventanilla del tren desde sus asientos.
2. El ayudante les quita (les toma) los billetes de tren a los pasajeros (inspecciona/recoge los billetes de los pasajeros del vagón…).
3. Los pasajeros esperan el tren en el andén.
4. Los chicos sacan (los) billetes en la taquilla de la estación.
5. La chica lee (mira/estudia) el/un plano (la ruta).

D Answers will vary. Possible answers.
1. preguntar cómo llegar a algún lugar
2. "caer" (estar) en una situación difícil (estar en aprietos)
3. ser (algo) sobre…
4. visitar un lugar con un guía (hacer la visita de algún lugar dirigida por un guía)
5. comer los platos mejor conocidos (comer los platos más típicos)

E Answers will vary.

F Answers will vary. Possible answers.
1. El conductor habrá analizado las posibles rutas (los planes de viaje…) para cuando lleguen los pasajeros al tren.
2. El plano se habrá caído de la bolsa para cuando tú te des cuenta de que no lo tenías (no estaba) bien guardado.
3. Nosotros habremos explorado la ciudad para cuando ustedes regresen (coman, se encuentren con nosotros…)
4. Milagros se habrá perdido para cuando él vaya a encontrarse con ella.
5. El señor Rodrigo habrá llevado plano a la excursión (a la visita guiada…)

G
1. habían asignado
2. habíais perdido
3. había pedido
4. habías abierto
5. había escrito

Leer

H
1. F; ha habido cambios a causa de las obras de construcción
2. C
3. F; el servicio de la taquilla se ha mejorado
4. F; si ha perdido su equipaje, vaya al nuevo puesto de Información.
5. F; el puesto de información está cerca de los restaurantes.
6. C

I Answers will vary. Possible answers.
1. a. en general: saber los cambios que ha habido en las operaciones diarias; b. saber que la taquilla ofrece un servicio más rápido; c. saber dónde está el nuevo puesto de información; d. saber desde qué andén abordar los trenes que llegan de Cierzo y continúan hasta Renda.
2. Porque ha cambiado el andén de acceso a los trenes de esa ruta.

Cultura

J
1. Las diferentes regiones de España se llaman comunidades autónomas.
2. España está dividida en diecisiete comunidades autónomas.
3. Los reyes Fernando e Isabel unificaron España.
4. En Galicia se habla gallego.
5. En el País Vasco se habla euskera.

K Answers will vary.
1. Se encuentran en Toledo.
2. El Greco nació en Grecia.
3. Las caras y manos de sus figuras son alargadas.
4. Utiliza colores muy vivos.
5. El uso de las sombras.

Hablar

L Answers will vary.

Escribir

M Answers will vary.

Unidad 6 Answer Key

EXAMEN UNIDAD 6

Escuchar

A
1. Patricia llamó a Alejandro para pedirle que la acompañara a comprar unos artículos para su piso.
2. Patricia necesita un microondas y un horno para su cocina.
3. Alejandro le propone que haga una fiesta en su casa y que le pida a los invitados que traigan flores.
4. Patricia tiene que limpiar su casa.
5. Alejandro no quiere limpiar ni la bañera ni el lavabo.

B
1. Marcos estaba dando vueltas por el barrio y haciendo varios mandados.
2. Marcos vio que salía agua por debajo de la puerta de la entrada.
3. Se habían roto los grifos.
4. Los muebles estaban cubiertos de agua.
5. Marcos y su hermano sacaron todos los muebles al balcón y limpiaron.

Vocabulario y gramática

C Answers may vary.
1. Tienes que buscar un buzón (la oficina de correos).
2. El timbre de un piso está en la entrada.
3. Tienes que buscar un cajero automático (un banco).
4. Puedes hacer visitas guiadas en un castillo, una fortaleza...
5. Necesitas un horno, un refrigerador, un microondas...

D Answers will vary. Accept sentences showing correct meaning of target expressions.

E
1. Tú rompiste...
2. Ustedes se enteraron...
3. Ella exploró...
4. Yo dejé...
5. Nosotras cerramos...

F Answers will vary.

G Answers will vary.

H
1. Ustedes ya habrán conocido Sevilla.
2. Yo ya habré visto la Torre Agbar.
3. Tomás ya se habrá metido en problemas.
4. Pilar y Jorge ya habrán ordenado el piso.
5. Patricia y tú ya habrán arreglado el grifo.

Leer

I
1. Muchos españoles juegan al fútbol.
2. Pelé nacio en Brasil.
3. El libro dice que no se puede jugar sin entrenar.
4. Pelé jugó para el Real Madrid al final de los años cincuenta.
5. Lo más sorprendente de Pelé son los premios que recibió y sus acciones humanitarias.
6. Pelé ya no juega.

J Answers will vary.

Cultura

K
1. Elvira Lindo nació en Cádiz, pero se crió en Madrid.
2. Ha escrito guiones para programas de televisión y reseñas de libros para varios periódicos.
3. Creó a Manolito Gafotas para la radio.
4. Ha trabajado en el medio de las películas: realizó una película sobre Manolito.
5. Se llaman *apodos.*

L
1. Los motes se basan en las características físicas o la personalidad de una persona.
2. El Greco.
3. Antoni Gaudí.
4. Manolito Gafotas y su amigo Orejones.
5. Federico García Lorca.

Hablar

M Answers will vary.

Escribir

N Answers will vary.

Unidad 7 Answer Key

EXAMEN LECCIÓN 1

Escuchar

A 1. Diego está estresado porque llenó una solicitud de trabajo y no lo llaman.
2. Quiere trabajar de salvavidas.
3. Diego trabajaría en la playa.
4. Diego tiene que dejar de comer comida chatarra.
5. Mariana va a cuidar niños este verano.

B 1. Carolina es la presidenta del comité estudiantil.
2. El anuario sirve para conservar recuerdos.
3. Carolina está solicitando la ayuda de tres voluntarios.
4. El líder tendrá que dirigir y supervisar el proyecto de principio a fin.
5. Es una oportunidad de tomar decisiones que afectarán a todos los estudiantes.

Vocabulario y gramática

C Answers will vary.

D Answers will vary.

E 1. hubiera dado
2. hubiera comido
3. hubieran escrito
4. hubiera estudiado
5. hubiera sido
6. hubieran aprendido

F Answers will vary.

G Answers will vary.

Leer

H 1. Gabriel García Márquez nació en Aracataca.
2. Su primer cuento se llama La tercera resignación.
3. Estudió derecho y ciencias políticas en la Universidad Nacional de Bogotá.
4. En 1982 le dieron el Premio Nobel de Literatura.
5. Su obra incluye novelas y cuentos.

I Answers will vary.

Cultura

J 1. El carnaval es un festival con orígenes religiosos.
2. El carnaval se celebra durante la semana antes de la Cuaresma.
3. La ciudad de Barranquilla es famosa por sus carnavales.
4. Hay música, baile y ropa especial.
5. La UNESCO declaró el carnaval de Barranquilla Patrimonio de la Humanidad.

K 1. Una manera popular de pasar los ratos libres en Venezuela es ver la televisión.
2. Relaciona la cultura y los medios de comunicación con muchos otros países.
3. Venezuela exporta programas de televisión y películas a todo el mundo.
4. Turquía, Mongolia, Egipto, Israel.
5. En casi todos los países de América Latina.

Hablar

L Answers will vary.

Escribir

M Answers will vary.

Unidad 7 Answer Key

EXAMEN LECCIÓN 2

Escuchar

A
1. Falsa. Angélica estudia sus cursos con una beca.
2. Cierta
3. Falsa. Angélica no tiene mucha flexibilidad con los horarios.
4. Cierta
5. Falsa. Angélica piensa que ella puede ofrecerle trabajo a Antonio.

B
1. México/español
2. chino/ruso
3. profesor de idiomas/traductor
4. lingüísticos/países
5. versátil

Vocabulario y gramática

C Answers will vary slightly.
1. traduzca
2. al peluquero
3. abogada
4. arquitectura, ingeniería
5. facultad, universidad, escuela

D Answers will vary.

E Answers will vary.

F
1. fueran/sigan
2. aprendiera/haga
3. ayudara/administre
4. estudie/siguiera
5. especialices/escribieras

G Answers will vary.

Leer

H
1. Falsa. Él es un pintor y un escultor.
2. Falsa. La inició en Colombia.
3. Cierta
4. Cierta
5. Cierta

I
1. 1948
2. Se graduó del Liceo de la Universidad de Antioquia.
3. Estudió en España e Italia.
4. Botero pinta figuras que tienen más volumen.
5. *La alcoba nupcial*, *Mona Lisa a los doce años* y *El quite*

Cultura

J
1. España
2. educación
3. Europa
4. universidad
5. educativos, académicos
6. famosos, destacados
7. gordas
8. esculturas
9. profesiones
10. *Autorretrato*

Hablar

K Answers will vary.

Escribir

L Answers will vary.

Unidad 7 Answer Key

EXAMEN UNIDAD 7

Escuchar

A
1. Gustavo estudia ingeniería.
2. Le faltan tres años para graduarse.
3. Su problema es que no le apasiona la ingeniería.
4. Norma estudiaba arquitectura y perdió la iniciativa.
5. Norma solicitó una beca y empezó a estudiar diseño gráfico.

B
1. Esta semana Carolina se gradúa de la escuela secundaria.
2. Está emocionada porque solicitó una beca para estudiar en la universidad.
3. Se pone triste porque va a extrañar su escuela.
4. Participó de muchas actividades extracurriculares y fue presidenta de la sociedad honoraria.
5. Tuvo que dirigir reuniones y organizar eventos.

Vocabulario y gramática

C
1. conociera
2. tomara
3. escribiera
4. tuviera
5. reflexionara

D
1. F; los abogados estudian en la facultad de derecho.
2. C
3. F; los agentes de bolsa ganan más que los cajeros.
4. F; no necesariamente
5. F; estudian diseño gráfico

E Answers will vary.

F
1. solicitud de empleo
2. parcial
3. salvavidas
4. cuenta de ahorros
5. feriados

G Answers will vary.

Leer

H Answers will vary.

I
1. Rómulo Gallegos fue un novelista y político venezolano.
2. Doña Barbara describe la lucha contra la opresión en Venezuela.
3. Las respuestas varían.

Cultura

J
1. Es de Bogotá, Colombia.
2. Evelio Rosero Diago es periodista y autor.
3. Ganó el Premio Nacional de Literatura en 1992.
4. La literatura latinoamericana.
5. *Cien años de soledad* es su obra más famosa.

K
1. Ganó el Premio Nobel de Literatura.
2. Se llama realismo mágico.
3. Es una mezcla de fantasía y realismo.
4. Nació en Aracataca, Colombia.
5. Es considerada la obra más importante del realismo mágico.

Hablar

L Answers will vary.

Escribir

M Answers will vary.

Unidad 8 Answer Key

EXAMEN LECCIÓN 1

Escuchar

A 1. Los chicos van a leer poesía en casa de Giovanny.
2. Ernesto tiene que llevar sus poemas favoritos.
3. El ritmo juega un papel importante.
4. Alicia compara la poesía a la música.
5. La rima le da ritmo a la poesía.

B 1. *El diamante perdido* es un cuento policíaco.
2. El protagonista del cuento es un detective.
3. Los invitados a la fiesta narran los sucesos.
4. Narran los sucesos desde su punto de vista.
5. El desenlace del cuento es lo más interesante.

Vocabulario y gramática

C Answers will vary.
1. entienda
2. descubra
3. tengas
4. puedas
5. leas
6. termines

D 1. versos-estrofas
2. capítulos
3. actos
4. protagonista

E 1. estábamos leyendo
2. estaban analizando
3. estaban estudiando
4. estaba expresando
5. estaba narrando

F 1. Falso. Es una autobiografía
2. Cierto
3. Falso. Se llama el desenlace.
4. Falso. Es la sátira
5. Cierto

G Answers will vary.

Leer

H 1. están relacionadas
2. según el clima político
3. Juan Zorrilla
4. pequeña
5. tiene una literatura femenina

I 1. Answers will vary.
2. Montevideo
3. Answers will vary.
4. Answers will vary.
5. 4,500

Cultura

J 1. La literatura ha servido de inspiración para hacer películas.
2. Isabel Allende escribió *De amor y de sombra.*
3. El productor de una película americana se basó en esta obra.
4. Esta película le hace homenaje a la libertad.
5. Es una historia de amor que sucede durante sucesos políticos dramáticos en Chile.

K Es un pintor chileno
Nació en Santiago de Chile.
Pertenece al grupo de los surrealistas.
Presenta mundos mágicos, fantásticos y de espacios infinitos.
Matta utilizaba imágenes de sus sueños.

Hablar

L Answers will vary.

Escribir

M Answers will vary.

Unidad 8 Answer Key

EXAMEN LECCIÓN 2

Escuchar

A
1. Berta va a actuar en Romeo y Julieta.
2. Berta está emocionada porque le tocó el papel de Julieta.
3. Berta piensa que es muy triste, pero también es cautivadora.
4. Berta puede pedirle a su madre que lo cosa, puede alquilarlo o puede ver si la escuela ya tiene el vestuario.
5. Berta sueña con convertirse en actriz.

B
1. quisiera ser un escritor profesional
2. historias y personajes
3. bueno y original
4. para el periódico de su escuela
5. lector

Vocabulario y gramática

C Answers will vary.

D Answers will vary.

E Answers will vary.

F Answers will vary.

Leer

G
1. b
2. c
3. a
4. b
5. b

H
1. Pablo Podestá
2. Escribió la letra de muchos tangos.
3. Escribía sobre un orden social muy injusto.
4. La primera y más auténtica expresión del teatro nacional.
5. Se dedica a la dirección teatral.

Cultura

I
1. Los tablados son espectáculos musicales callejeros.
2. Los músicos, dramaturgos y actores participan en los tablados.
3. La crítica de la sociedad y la política del día.
4. Los cantantes y actores tienen que repasar los sucesos más notables del año.

J
1. Se llama el Teatro Colón y está en Buenos Aires, Argentina.
2. Es un estilo italiano con adornos franceses y su construcción duró veinte años.
3. Raúl Soldi realizó la decoración de la cúpula del teatro.

Hablar

K Answers will vary.

Escribir

L Answers will vary.

Unidad 8 Answer Key

EXAMEN UNIDAD 8

Escuchar

A Answers may vary.
1. símil
2. comparación
3. musicalidad/ ritmo

B
1. En la clase de Literatura.
2. Las novelas, los cuentos, los ensayos y los poemas.
3. El tema de la rima.
4. Es un recurso literario muy lindo.

Vocabulario y gramática

C Answers will vary.

D Answers will vary.

E
1. estábamos ensayando
2. estaban buscando
3. estaba analizando/estaba leyendo/estaba aprendiendo
4. estaba escribiendo/estaba analizando
5. estaban corriendo

F
1. leyera /estudiara
2. dirigiera
3. narrara
4. rimaba
5. haya

G Answers will vary.

Leer

H
1. dirigida
2. *Don Quijote de la Mancha*
3. un señor que trabaja en una oficina
4. actualizados
5. Martín García

I Answers may vary.
1. Significa que la obra se representa en la calle.
2. Un señor que trabaja en una oficina desde hace mucho tiempo decide un buen día rebelarse contra el sistema social.
3. La obra es un musical porque todos los personajes cantan y hay una banda que toca en vivo.
4. Ella tenía miedo porque entre Martín García y ella hay una gran diferencia de edad.
5. Las representaciones se dan a las 20 horas, los días 21,22,23 y 24 de abril.

Cultura

J
1. Santiago de Chile es la capital de Chile.
2. Isabel Allende, Pablo Neruda, Gabriela Mistral, Antonio Skármeta.
3. Pacífico

K
1. Buenos Aires, Argentina
2. cúpula
3. Paraguay
4. Antonio Skármeta

Hablar

L Answers will vary.

Escribir

M Answers will vary.

FINAL

Final Exam Answer Key

EXAMEN FINAL

Escuchar

A 1. b
2. c
3. d
4. a

B 1. b
2. d
3. a
4. a

Vocabulario y gramática

C 1. c
2. a
3. d
4. c
5. d
6. b
7. a
8. b
9. a
10. d
11. b
12. d
13. b
14. a
15. c
16. b

D 1. a
2. b
3. c
4. b

E 1. d
2. a
3. b
4. c

F 1. a
2. c
3. b
4. a

G 1. b
2. c
3. a
4. b

Leer

H 1. a
2. c
3. c
4. a

Cultura

I 1. d
2. b
3. a
4. d
5. d
6. c
7. a
8. b
9. d
10. b
11. a
12. b
13. c
14. a

Hablar

J Answers will vary.

Escribir

K Answers will vary.